U0035287

涅槃

下册

——解說四種涅槃之實證及內涵

平實導師　著

ISBN 978-986-96548-4-5

執著離念靈知心爲實相心而不肯捨棄者，即是畏懼解脫境界者，即是畏懼無我境界者，即是凡夫之人。謂離念靈知心正是意識心故，若離**俱有依**（意根、法塵、五色根），即不能現起故；若離**因緣**（如來藏所執持之覺知心種子），即不能現起故；復於眠熟位、滅盡定位、無想定位（含無想天中）、正死位、悶絕位等五位中，必定斷滅故。夜夜眠熟斷滅已，必須依於**因緣**、**俱有依**緣等法，方能再於次晨重新現起故；夜夜斷滅後，已無離念靈知心存在，成爲無法，無法則不能再自己現起故；由是故言**離念靈知心是緣起法**、**是生滅法**。不能現觀離念靈知心是緣起法者，即是未斷我見之凡夫；不願斷除**離念靈知心常住不壞之見解**者，即是恐懼解脫無我境界者，當知即是凡夫。

——平實導師——

一切誤計**意識心為常**者，皆是佛門中之常見外道，皆是凡夫之屬。意識心境界，依層次高低，可略分爲十：一、處於欲界中，常與五欲相觸之離念靈知；二、未到初禪地之未到地定中，暗無覺知而不與欲界五塵相觸之離念靈知，常處於不明白一切境界之暗昧狀態中之離念靈知；三、住於初禪等至定境中，不與香塵、味塵相觸之離念靈知；四、住於二禪等至定境中，不與五塵相觸之離念靈知；五、住於三禪等至定境中，不與五塵相觸之離念靈知；六、住於四禪等至定境中，不與五塵相觸之離念靈知；七、住於空無邊處等至定境中，不與五塵相觸之離念靈知；八、住於識無邊處等至定境中，不與五塵相觸之離念靈知；九、住於無所有處等至定境中，不與五塵相觸之離念靈知；十、住於非想非非想處等至定境中，不與五塵相觸之離念靈知。如是十種境界相中之覺知心，皆是意識心，計此爲常者，皆屬常見外道所知所見，名爲佛門中之常見外道，不因出家、在家而有不同。

——**平實導師**——

如聖教所言，成佛之道以親證阿賴耶識心體（如來藏）爲因，《華嚴經》亦說**證得阿賴耶識者獲得本覺智**，則可證實：證得阿賴耶識者方是大乘宗門之開悟者，方是大乘佛菩提之眞見道者。經中、論中又說：證得阿賴耶識而轉依**識上所顯真實性**、**如如性**，能安忍而不退失者即是**證真如**、即是大乘賢聖，在二乘法解脱道中至少爲初果聖人。由此聖教，當知親證阿賴耶識而確認不疑時即是開悟眞見道也；除此以外，別無大乘宗門之眞見道。若別以他法作爲大乘見道者，或堅執**離念靈知**亦是實相心者（堅持意識覺知心離念時亦可作爲明心見道者），則成爲實相般若之見道内涵有多種，則成爲實相有多種，則違實相絕待之聖教也！故知宗門之悟唯有一種：親證第八識如來藏而轉依如來藏所顯眞如性，除此別無悟處。此理正眞，放諸往世、後世亦皆準，無人能否定之，則堅持離念靈知意識心是眞心者，其言誠屬妄語也。——**平實導師**——

目次

第三篇　大乘涅槃

第一章　必須具足四種大乘涅槃方能成佛

下冊：

第二章　本來自性清淨涅槃

自序

常見外道、斷見外道等邪見滲入佛門已久，若欲促令佛門四眾廣得實證涅槃而復興佛教者，當務之急即是教育佛門四眾普皆捨棄常見、斷見等邪見，不墮五陰十八界有中，方能生起智慧，爾後欲求三乘菩提之實證，斯可期冀。是故解說涅槃之種種義，令當代佛門四眾周知而生起眞實了知涅槃之聞慧，而後如理作意思惟，方可生起正確之思慧，遠離不如理作意之思惟；爾後修學三乘菩提時方有實證之因緣，此乃本書寫作之初因。

二者，無智之人不知涅槃，解脫知見嚴重短缺，何況能證？乃至號稱爲導師之臺灣佛門有名法師，竟於書中宣稱涅槃是不可知、不可說的，下焉者又何有稍知涅槃正理之可能？則證涅槃之緣即告斷絕。今者平實欲令末法時期佛門四眾皆具正見、知涅槃故，促使助人解脫生死之 釋迦如來正法得以久住，廣利人天，自應寫作此書以廣利之。無智之人謂佛門凡夫也，世俗法中之一切凡夫則屬此書之所不論。然而末法時代佛門之中今已凡夫處處，大眾既已歸投佛門之中，上焉者，則我實證涅槃之菩薩當令諸人滅愚生智，此世得證大乘本來涅槃；下焉者，則能因斷我見故得聲聞初果，未來無量世中常離三惡道，最後終得解脫生死，以此第二因緣寫作此書。

然而縱使能知涅槃之理，能否實修而證之？端賴各人離苦之意願與了知離苦之道，然後付諸實修，方能證得涅槃。復次，若是心躁不止之人，性障深重而未曾實修五停心觀，莫說定力未充，其實本無絲毫定力；雖然依此書中正理精心實修，以無伏障得止之故，至多只得乾慧而無證涅槃、獲解脫之實質，於初果之實證依舊絕緣，更恐其犯下大妄語業而致下墜三塗，以是緣故另立專節強調定力之重要。乃因眾生我見、我執、我所執等煩惱極為深重，單憑智慧無以實證初果解脫，更不能得證涅槃，是故經中明載「先以定動，後以智拔」，是之謂也。若是無智之人及以懈怠之者，即無實證涅槃之分，殆無論矣！

譬如《別譯雜阿含經》卷一說：「爾時，世尊即說偈言：我涅槃法，終不為彼，懈怠無智，之所獲得。猶如良馬，上大丈夫，斷除愛結，盡諸煩惱；除祛四取，獲于寂滅；能壞魔軍，住最後身。」由此證知必須實修獲得定心以爲依憑，然後斷除見結、有結，方能實證初果解脫乃至二乘無餘涅槃，並非聞已而知或觀已而知即得謂證，是故本書中特地說明：必須對三乘菩提所說涅槃，得有證轉之能力與功德，方名實證。證轉者，謂已調心而生定力，證得三乘菩提時方能運轉所證智慧而得涅槃。

又如《般若波羅蜜多心經幽贊》卷上所說：「今爲有情結習所蔽，敬受邪教、誹毀大乘，於『空、有』經如言計著，隨印所解互生厭希。設希出要，親依善友，由各迷方邪亂授學，懼廣文海，初不趣求；雖樂略經而不能了，於眞、俗諦競說有無，心、境法中遮生取捨。」已屬像法時代之常態，何況今值末法之際，更屬常事。凡此類人，皆屬聰明伶俐之人，世間學問亦佳，然而並未發起菩薩性，仍非菩薩種姓之人，是故今時諸方大師於空經、有經妄生謬判，錯將如來演述法空之唯識增上慧學經教，誤判爲有經；於心有境無、心無境有等說競相諍論，至今未得決定之說；故於涅槃之中道法性屢生誤會而爭空有，尚不解涅槃之爲何法，何況證之？是故每墮想像之中而強行解義，誤人無數。

又佛菩提道中之涅槃正義及其實證之理，乃我佛 世尊爲菩薩種姓者說，不爲聲聞人說，更非爲不肯一一實修六度之未發起菩薩性者說。三十年來，每見末法時期之大師，率以學羅漢作爲學佛，亦以聲聞解脫道誤認爲佛菩提道；諸多學佛人迷於大師之世俗名聲等表相而盡信之，錯將凡夫大師所知之聲聞羅漢道誤認爲佛菩提道；復因諸大師悉以錯會之羅漢道誤認爲正確之解脫道，致諸學人連解脫道之修學都落入錯知錯修中，更何況佛菩提道而能實證？皆坐假名善知識之誤導所致，非關學人。但學人之廣被誤導，實亦廣有自過；以要言之，則迷信諸方假名大師所營造之名聲、道場、僧相，又復自身多劫以來不曾廣修福德、不曾親近眞善知識所致，是故 窺基大師責之：「今爲有情結習所蔽，敬受邪教、誹毀大乘，於『空、有』經如言計著，隨印所解互生厭希。設希出要，親依善友，由各迷方邪亂授學，懼廣文海，初不趣求；」意謂有情多被情執繫縛，追隨邪師而「敬受邪教」，於是踵隨邪師而「誹毀大乘」之時，仍自以爲正在大力護持大乘正教；於是將地上菩薩方能實修之法空經唯識增上慧學，謗爲說一切法實有之假經，又將演說諸法本母等常住法之《般若經》等眞常經典，謗爲一切法空經；於是錯執於有、錯執於空，雙方互不認同，互相攻訐，便成為佛教凡夫大師之間經常發生的「空有之爭」；於實證的二乘聖人與大乘菩薩之間，則是自古至今都不曾發生空有之爭。

設或有人稍微知道如是眞相，不願再依從這二類凡夫大師之諍論，卻只是投入淨土門中而求往生極樂淨土，都不肯自己試著讀經，也不肯試著閱讀不同說法的眞善知識論著，只願依循弘法者的僧身表相而追隨諸方有名大法師受學；於是學之日久，距離涅槃之實證愈遠，永無可期；盡其一生所學所修，悉皆唐捐其功，苦哉！其間縱有稍具世間智慧，已知諸師所言悉皆依文解義復又錯說，是故自己研經覓論而求；於是「雖樂略經而不能了」，隨後則是「於眞、俗諦競說有無，心、境法中遞生取捨」。如是之事，古時窺基大師已曾言之，遞至今時，於況益烈，幾不可救。然而菩薩由自悲憫心性前導，雖見如是諸事，仍當知其不可為而屢為之，冀能救護末法學人於萬分之一；縱使有智信受、願意受學之人極寡，仍當世世為之，以契悲心，是即此書繕造之三因也。

然而為免重複，節省學人時間，所說涅槃之法不應多有重複；前已曾在別書中敘述之法，除非必要者，於此書中即不再重引而說，著重於實證涅槃之理而非實修之方法。實修涅槃之方法論，已經散見於拙著諸書之中，是故二乘法中之四念處觀、七覺支、五陰之無常、苦、無我等觀行內容，六念、五停心觀、一切處觀……等，皆不在此書中說，唯直述涅槃之理，令得遠離邪見、導歸正道。讀者若欲深入瞭解實修之法者，應當另於《阿含正義》、《識蘊眞義》、《心經密意》與《宗門正眼》等公案拈提諸書，及於《念佛三昧修學次第》、《禪—悟前與悟後》……等書中所說之方法論，依於修學次第付諸實修；或於平實未來另造餘書之中閱讀、思惟、觀行、取證，初入手之要門則是先修學基本定力，靜坐中修得堅固之未到地定，或是依無相念佛行門修得動中未到地定力。

至若大乘法中本來自性清淨涅槃之實證，般若智慧之發起，種智之進修與實證，同皆不在此書中說；故於此書中唯論三乘聖者所證涅槃之正理，旁及現代佛門中實證本來自性清淨涅槃者息息相關之大乘見道內涵，欲令佛門四眾各生正見而得建立實證之正確方向，是故少說實證之方，非欲令四眾讀之即得實證涅槃。謂涅槃要須實修，非唯具足涅槃之正見者即是親證涅槃也，是故實證三乘涅槃之法，已於拙著諸書中別說，欲求實證涅槃之學人，皆應先修定力然後另行廣閱拙著諸書而實修之；至若定力之實修，則以無相念佛最爲快速而且得力，是動中相應之定力故，於三乘菩提觀行之動態中最爲相應故。

復次，欲求實證二乘涅槃之人，應當先自審視：親證涅槃法之前，所應先有之種種**次法**是否已曾先修並得滿足？若不樂修梵行而廣貪諸欲，亦未發起聲聞種性或菩薩種性，本身尚不屬於聲聞種姓、菩薩種姓，亦不信不解涅槃之眞實理，只願信受五蘊或意識爲眞實法之人，則讀此諸書已，縱有定力，仍不得實證涅槃；乃至更將引生煩惱而致毀謗，自造口業已，捨世之後難免墜入三惡道中。修學二乘涅槃者已是如此，修學大乘涅槃者更是如此，末法時代佛門四眾於此悉應引以爲鑑。

例如《雜阿含經》卷四十七所載：「爾時世尊告諸比丘：『……若有比丘不恭敬住，不繫心，不畏愼，不隨他自在諸修梵行上、中、下座，而欲令威儀足者，無有是處！不備威儀，欲令學法滿者，無有是處！學法不滿，欲令戒身、定身、慧身、解脫身、解脫知見身具足者，無有是處！解脫知見不滿足，欲令得無餘涅槃者，無有是處！』」余所謂次法者即上開經文中所說威儀，謂持五戒乃至菩薩戒等威儀，亦謂勤修十善等威儀，亦謂善擇眞正善知識而受學次法：「施論、戒論、生天之論，欲爲不淨、上漏爲患、出要爲上。」實證未到地定或初禪。於此等次法不欲受學、不欲實修，而言求證三乘涅槃欲有所獲者，無有是處。

若在大乘法中求證本來自性清淨涅槃者所應有之威儀，則應更增「廣行菩薩道、救護眾生」而修六度波羅蜜等事，藉此實修以發起菩薩性而入菩薩種姓之中。若不修如是相應之次法而欲具足應有威儀，欲證聲聞或菩薩涅槃者，無有是處。復次，次法之初，所謂「施論、戒論、生天之論」，若於釋迦如來所說如是三論內涵，心中生疑不信者，於布施之未來世可愛因果、持戒得解脫之因果、修習十善業及禪定得生諸天之因果，心中都無大信，則亦不能理解三界不同層次之境界，自無出離三界生死之智慧，則屬於不信因果者；是故對於布施所得因果及持戒所得因果等，心中都無所信，當知無有可能信受三界不同境界；是人不具信受三界境界之信根、信力，修行之後若非墮入欲界即是墮入色界，若非墮入色界即是墮在無色界而自以爲實證涅槃，都無出離三界生死之可能，難離大妄語業而致下墜。

次法之末所應修學者，即是「欲為不淨、上漏為患、出要為上。」然後才為學人演說解脫之法。是乃一切求證三乘涅槃之學人都應留心者，今於此序文之中苦口說之，都屬「老僧」常談而不易實行之理。然而世尊度眾之時每說此等道理，說為諸佛常法；是故凡有親近 世尊學法者，世尊都依如是次第而為說法，即是《阿含經》中常常可以讀到的開示：「時，婆羅門取一小座於佛前坐，世尊即為婆羅門說法，示教利喜：『施論、戒論、生天之論，欲為穢汙，上漏為患，出要為上。』演布清淨。爾時，世尊知婆羅門心已調柔、清淨、無垢，堪受道教，如諸佛常法，說苦聖諦、苦集聖諦、苦滅聖諦、苦出要諦。」

願我佛門四眾悉能體悉佛意而實行之，普當專心作意於次法之修學；然後求證涅槃，斯可期冀。於繕造此書之前，觀察時勢因緣，發抒感慨而書此文，即以為序。

佛子 **平實** 敬序

公元二〇一二年初秋，於竹桂山居

涅槃——下冊

第三篇 大乘涅槃

第一章 必須具足四種大乘涅槃方能成佛

第四節 相見道位的加行及入地前的四加行（第一、二、三節詳上冊）

第一目 總說

般若別相智必修非安立諦三品心，才能完成三賢位的般若別相智，這就是大乘真見道後應修的三品心智慧；修完這三品心的智慧時，可以完成「內遣有情假緣智、內遣諸法假緣智、遍遣一切有情諸法假緣智」，完成三賢位的修行，即是《大品般若經》六百卷所說的內涵。至於修完這三品心而完成非安立諦的實修及轉依以後，欲求入地之時，則是應該實修大乘四聖諦而作大乘四聖諦的四行觀，此時應實修安立諦大乘四聖諦的十六品心，方能證得阿羅漢果而故意起惑潤生，或是證得頂級三果（可以中般涅槃）而留惑潤生；然後依憑三賢位中所修入地時應該具備的廣大福德，以及初分無生法忍及十大願的增上意樂而得入地「**成佛子住**」，名為「**超愚夫地，生如來家，住平等忍**」，因為已經遠遠超越於聲聞阿羅漢、緣覺辟支佛的愚夫境界。

以此緣故，依實相般若的修學而言，大乘眞見道位後的相見道位中，還要再作相見道位的觀行，才能具足實相般若的總相智與別相智，否則將只有眞見道位所得的總相智，也就是只有根本無分別智而無後得無分別智，不得入地。當別相智—**相見道位非安立諦的三品心**—完全修習完成時，就得設法轉入初地心成為聖位菩薩，正式成為佛菩提道中的修道位菩薩，成為聖種性者而超越習種性、性種性、道種性。但這非安立諦三品心實修完成以後，在入地之前猶如眞見道前的加行一樣，也要有加行才能入地；不是單有廣大福德與十無盡願的增上意樂就行了。這時要作的加行就是藉大乘四聖諦的四行觀，來完成永伏性障如阿羅漢的解脫道果證——獲得頂品三果或阿羅漢向的解脫果，或者同時證得通教阿羅漢果而故意留下最後一分思惑，以潤未來世生；也藉此觀行而同時發起最初一分無生法忍智，才算是具足圓滿大乘四聖諦十六品心的安立諦觀行智慧，才能說是已經完成入地前的加行。

這十六品心的觀行，不是二乘四聖諦的觀行所需要的，所以不是二乘聖者所能觀行的；因爲這是依第八識眞如心的本來無生，依於眞如心本來無生之法的安忍而發起智慧，來觀行自己的五蘊十八界及一切心所法等，都是自心眞如所出生，都附屬於自心眞如而成爲無生之諸法；因此這十六品心的法智與類智全都是初分無生法忍的範疇，而能附帶引生第四果的解脫功德，當然不屬於雖聖而愚的不迴心阿羅漢們所能理解，當知彼等無法作此觀行。因爲這四種加行十六品心的內涵，是依眞如心而作的無生法忍觀行，不是未證眞如心的二乘聖者所能猜測臆想；所以在二乘菩提的第四果修證中，對四聖諦不需要依眞如而作這十六品心的觀行，只要斷除五個上分結而證得阿羅漢果就行了。縱使二乘聖者想要作這四加行的觀修，也沒有能力作觀，更無可能完成這十六品心的觀行。

想要完成入地功德前應有的這個最後加行，並不是眞見道之後隨即可以實修的；必須是依實相般若所作大乘眞如境界等法的觀行，是眞見道證得眞如以後，先有了根本無分別智（總相智），轉入相見道位中繼續作三品心的觀行而發起後得無分別智，在最後圓滿這三品心的觀行，具足相見道位的後得無分別智；同時也得努力修集入地所必須的廣大福德，主要是救護一切眾生離眾生相，就是破斥邪說而引導眾生回歸八識論如來藏妙法，快速具足法布施的大福德。這些都是應該要先修行的內容。

所以，這個相見道位應該修習的別相智，可以粗分爲二大類：相見道位的三品心及入地前四聖諦加行的十六品心。意謂相見道位的漫長修行過程中，不但應修廣大福德，也應同時勤修非安立諦三種智慧的觀行，目的是要完成眞如妙法的所有別相智慧，就是相見道位中應修的「**內遣有情假緣智、內遣諸法假緣智、遍遣一切有情諸法假緣智**」等三品心，這就是《大品般若經》六百卷所說的內涵。最後是十迴向滿心位，此時若是尚未證得解脫道的第四果者，想要進入初地時才應該作這四種觀行——分爲苦、集、滅、道等四個階段各有四品心來修觀行，因此同樣可以稱爲四加行。因爲這是依大乘般若而作大乘四聖諦十六品心的四種觀行，故此加行亦有四種。

所有戒慧直往的菩薩們，完成**相見道位**的三品心而到達十迴向位滿心時，想要進入初地之際，必須對大乘四聖諦所說的苦、集、滅、道四種加修的觀行全部完成，才能發起滿分初禪而斷除五上分結，留惑潤生而永伏性障如阿羅漢；並且現觀二取皆是如來藏空性，因此不再有能取**相**及所取**相**的現行（不是像眞見道前的四加行只能「遠離能取見與所取見」），因此而生起第一分無生法忍。此時再依增上意樂（發十無盡願）而留惑潤生，永伏性障如阿羅漢；或者已證阿羅漢果而起惑潤生進入初地；這就是入地前應有的四加行，是相見道位的最後階段。這才是入地前的加行，要現觀大乘四諦十六品心而斷盡思惑，依於初地的眞如智而住於初地所證的唯識性中，然後起惑潤生而於佛像前發起十無盡願，名爲增上意樂成就，即得轉入初地，永遠不入無餘涅槃，開始修習十度波羅蜜多，繼續邁向佛地。

以此緣故，平實說加行位非唯眞見道前有，於資糧位亦有加行，因爲資糧位中也必須聽聞熏習如來藏阿賴耶識眞如等法，以及唯識增上慧學所說的八識心王等妙理，才不會誤入歧途也不會轉成聲聞性而成爲聲聞種姓，佛菩提道的實修方有成功之日。所以眞見道位後亦有智慧加行，藉以觀察如來藏的眞如法性在諸法中運作的各種法相，是故名爲相見道。乃至入地之前仍須有「苦、集、滅、道」大乘四聖諦四種加行中的各四品心加行，亦皆名為四加行。

同理，《成唯識論》卷九云：「近見道故立加行名，非前資糧無加行義。」加行位其實是在見道前的資糧位中已經處處皆作，但眞見道前若不作煖等四加行的觀行及精修未到地定的定力，即無可能獲得眞見道功德；設使善知識大力幫助而得實證空性心如來藏，雖能現觀眞如而悟入唯識性，不幾年後依舊會再回到識陰境界中，就是因為資糧位中的加行還不夠圓滿，導致沒有未到地定來動搖識陰常住的我見煩惱，我見不能眞正拔除；又因為這四加行沒有修好，導致「悟後」遇到外緣影響時，他的能取見與所取見又再度現行而無法對治，便成為退分菩薩。觀乎正覺同修會三次退轉者造成的法難事件本質，屢次加以檢討的結果，都是回墮能取心中，誤認為是更高層次的眞如，在在皆可以佐證如是道理。

又眞見道證眞如後若不再勤作別相智（後得無分別智）的加行，即無可能完成相見道位的種種功德，當知不能從第七住位次第轉進而到第十迴向位。是故眞見道位以後，仍須廣作各種眞如智慧境界的加行，才能完成對眞如境界各種別相的觀察；於圓滿相見道位的修行功德時方能再作最後的加行——深觀大乘四聖諦十六品心及九品心，完成這個安立諦的觀行，才能藉解脫果及初地眞如智來通達見道位的最後一分功德而入初地。但這個通達位雖屬初地，只在入地心中，仍屬見道位攝，名爲見道的通達位。於此通達位中安住，或是一世、或是十百千世、或是一小劫不等，各依其通達位無生法忍及聖種性的多分、少分而有差異，並非立即轉入修道位的初地住地心中。

由此緣故，《成唯識論》中說：若已圓滿十迴向位的其他功德了，這時想要進入通達位而成爲初地菩薩時，必須另外加修入地前的大乘四聖諦加行，才有智慧能現觀所證的眞如智慧與所證的眞如本身，其實不一不異而無分別；成就如是平等智觀而遠離能取相與所取相的現行，這時是初地眞如與眞如智平等平等，才是獲得初地入地心的眞如智，才能達成初地入地心的無生法忍果；同時也達成永伏性障如阿羅漢的解脫果修證，才是眞的入地而成爲通達位的初地初心菩薩。以此緣故，《成唯識論》卷九對證悟般若（眞見道證眞如）之前的加行說過了，接著對證眞如而證悟般若後的加行和入地前的加行，以及進入通達位時所證的初地眞如，都有所說明，詳見以下《成唯識論》本文：

論曰：若時菩薩於所緣境，無分別智都無所得，不取種種戲論相故；爾時乃名實住唯識眞勝義性，即**證真如**。**智與真如平等平等**，俱離能取所取相故；能所取相俱是分別，有所得心戲論現故。……加行無間，**此智生時體會真如**，名通達位。

初照理故，亦名見道。然此見道略說有二：一、眞見道，謂即所說無分別智；實證二空所顯眞理，實斷二障分別隨眠；雖多刹那事方究竟，而相等故，總說一心。……

二、相見道，此復有二：一、觀非安立諦，有三品心：一、內遣有情假緣智，能除軟品分別隨眠；二、內遣諸法假緣智，能除中品分別隨眠；三、遍遣一切有情諸法假緣智，能除一切分別隨眠。前二名法智，各別緣故；第三名類智，總合緣故。法眞見道二空見分，自所斷障、無間解脫；別總建立，名相見道。有義：此三是眞見道，以相見道緣四諦故。有義：此三是相見道，以眞見道不別緣故。[1]

1《成唯識論》卷9，《大正藏》冊31，頁49，下18-頁50，上20。

《成唯識論》又說：

二、緣安立諦，有十六心。此復有二：一者，依觀所取能取，別立法類十六種心。謂於苦諦有四種心：一、苦法智忍，謂觀三界苦諦眞如，正斷三界見苦所斷二十八種分別隨眠。二、苦法智，謂忍無間，觀前眞如，證前所斷煩惱解脫。三、苦類智忍，謂智無間，無漏慧生，於法忍智各別內證。言後聖法，皆是此類。四、苦類智，謂此無間，無漏智生，審定印可苦類智忍。如於苦諦有四種心，集、滅、道諦，應知亦爾。此十六心，八觀眞如、八觀正智。法眞見道，無間解脫；見自證分差別建立，名相見道。

二者，依觀下上諦境，別立法類十六種心，謂觀現前不現前界，苦等四諦各有二心：一、現觀忍，二、現觀智。如其所應法眞見道，無間解脫；見分觀諦，斷見所斷百一十二分別隨眠，名相見道。

若依廣布聖教道理，說相見道有九種心，此即依前緣安立諦二十六種止觀別立；謂法、類品忍智合說，各有四觀即爲八心；八相應止，總說爲一。雖見道中止觀雙運，而於見義觀順非止，故此觀止開合不同，由此九心名相見道。

諸相見道，依眞假說；世第一法無間而生及斷隨眠，非實如是，**真見道後方得生故**；非安立後起安立故，**分別隨眠真已斷故**；前**真見道**證**唯識性**，後**相見道**證**唯識相**，二中初勝，故頌偏說。[2]

關於以上《成唯識論》中所說的眞實義，容於以下第二目、第三目中解說，讀者自可理解眞見道位證眞如以後，如何觀修相見道位中應該觀修的般若內涵，如實觀修之後即可漸次發起後得無分別智，方能完成三賢位對於實相般若的修行內涵。

第二目 相見道位應修非安立諦三品心—完成三賢位的般若別相智

般若別相智即是後得無分別智，即是相見道位所應修學的實相般若。於眞見道位證眞如以後，轉入相見道位時所應修的後得無分別智就是非安立諦三品心：內遣有情假緣智、內遣諸法假緣智、遍遣一切有情諸法假緣智。就是此前第一目中所援引的《成唯識論》第一段論文所說法義，即是相見道位中應該觀修的般若別相智。今於此第二目中應加以語譯及略說，以免有文字障的已悟菩薩閱讀論文時不能理解，滋生誤會以後往往自誤誤

2《成唯識論》卷 9，《大正藏》冊 31，頁 50，上 20-中 16。

人。如實理解這三品心的觀修以後，可以避免增上慢的生起，也可以如實了知三賢位中的別相智所觀修的大約內涵，故今**語譯如下**：

【論曰：假使修學到了一個時候，菩薩對於所緣的境界，依無分別智觀察而現觀都無所得，已不攝取種種戲論相的緣故，這時才可以稱爲眞實住在唯識的眞勝義性中；也就是證眞如的智慧已經與眞如平等平等而得通達，二者全都遠離能取相與所取相的緣故（註：未入地時不能完全遠離能取、所取二相，這是最後入地時眞如智已經與眞如完全平等時的境界。煖等四加行位圓滿時只能伏除**分別所生**的二取見，在事行上仍然未能遠離二取相）；能取相與所取相同樣都是分別相，落入六塵相中的有所得心是因爲諸法戲論而顯現的緣故。……長劫之中不間斷地加行而沒有被疑心所間斷，這樣具足了別相上的全部眞如智慧生起時，再來體會眞如，使他證眞如引生的智慧能和所證的眞如平等平等，就名之爲通達位的菩薩。

菩薩們第一次明照眞如正理的緣故，也可以名之爲見道（不是侷限相見道及通達位才說爲見道）；然而見道的內涵，大略而說則有二種：第一、**眞見道**，這是說第一次證眞如時所說的根本無分別智，在第一次證眞如時就可以實證人我空與法我空，由這二種空所顯示出來的眞實如如之理已經明白了，於是確實斷除煩惱障與所知障中與意識相應的分別隨眠；雖然是要很多刹那（很多天、很多月、很多年）繼續觀行以後，這個眞見道的事情方能究竟，然而所觀的眞如法相是前後平等的緣故，前後所有的期間總合起來就說是眞見道位的一心。……

見道位的第二部分是**相見道**，這個相見道位的修行內涵又分爲二種：

第一種觀行內涵是觀察非安立諦有三品心：

一、「**內遣『有情假緣智』**」。就是向內針對自身這個有情五蘊的虛假，了知只是緣於種種境界而有覺知心等自我存在的事實，今依眞如心重新加以深入觀察，轉依心眞如而住時，心眞如的境界中連這種智慧也不復存在，就遣除了「有情假」這種緣於五蘊的觀察而有的智慧，轉依心眞如而住於無智亦無得的境界中。這樣轉依眞如而住的依「**內遣有情假緣智**」，能夠斷除軟品的意識相應的分別隨眠；這是悟後想要圓滿十住位的人必須觀察的內容與所證的智慧，一般而言，歷時第一大阿僧祇劫的三十分之四——從第七住位的初入心到第十住位的滿心。

二、「內遣『諸法假緣智』」。前面一品心的智慧是針對自己這個有情的五陰虛假而作的觀行，如今這個第二品心是針對有情五陰所函蓋的諸法加以觀察，細觀五陰中的七識心王、心所法、十一個色法……等一切法，都是虛假不實、暫時而有；但五陰等諸法卻能使有情由於這些法的運作而認知到自己的存有，墮入五陰等諸法之中而不自覺，所以認爲五陰等諸法爲眞實有，執著爲常住不壞的人我、法我。眞見道而證眞如並修完第一品心之後轉入初行位了，應在五陰所函蓋的諸法上面細加觀察，證明這些法全都是由於心眞如而輾轉出生，實證「諸法假」而發起這個現觀的智慧。但這個現觀的智慧是緣於「諸法假」而有，所以名爲「諸法假緣智」。最後依心眞如的絕對寂靜境界來觀察這個智慧時，在心眞如自住境界中連這智慧也無，於是究竟依於這個心眞如的無所得境界而住，如是轉依成功就稱爲「內遣諸法假緣智」。當這個智慧生起時，便能如實轉依心眞如境界而安住，就能夠斷除意識相應的中品分別隨眠，這是想要滿足十行位的菩薩們在相見道位中所應觀行的內容。

三、「遍遣『一切有情諸法假緣智』」。前二品心是法智，因爲全都是緣於自身的心眞如及五蘊……等諸法而作的觀行，不及於其他有情，故是法智而非類智；而且所觀境界只及於欲界中的自身，不能遍及三界九地一切有情身心，故屬於法智而非類智。但這第三品心則是要把前二品心的觀行結果所得智慧，用來觀察一切有情；要遍及三界六道一切眾生都加以觀察，因此而能遍觀三界九地一切有情身心，然後遍知三界九地一切有情五陰及同時存有的諸法全部虛假。已能如實觀察三界九地一切有情全都虛假以後，於一切有情種類的「**有情假**」、「**諸法假**」，都已全部如實思惟觀察，即是遍知一切有情諸法假，證得一切「**有情假**」、一切「**諸法假**」的類智。接著繼續觀察二乘菩提及大乘菩提等一切諸法，乃至三十七道品等諸法亦是緣於有情身心諸法而有，依心眞如的境界而觀時，並沒有這一切諸法的存在，於是遍遣如是諸法而得解脫；不但自己如是，一切有情莫不如是；這種類智是緣於一切有情的「**有情假**」與「**諸法假**」，不是無所緣的智慧，所以名為「**一切有情諸法假緣智**」。最後要依心眞如的自住境界來觀察究竟無所得，因此而普遍遣除「**一切有情諸法假緣智**」，如實轉依心眞如的境界，就稱為「**遍遣一切有情諸法假緣智**」。已經「**遍遣**」時就能夠斷除意識相應的一切分別隨眠，這時已經快要證得通教阿羅漢果了，但卻是緣於大乘眞如妙法而作的觀行，不是緣於二乘解脫道智慧而只作人空的觀行。

前二品心的二種智慧都名爲法智，因爲各有不同所緣之故：第一品心是緣於「有情假」而有的智慧，第二品心是緣於有情的「諸法假」而有的智慧（證得如是智慧以後，還要在最後階段加以遣除，轉依心眞如而住，成就法智）；如今第三品心的智慧則是類智，是把法智的各別所緣總合起來依據三界各種不同種類有情諸法而作觀察的緣故，也就是分門別類而將三界九地的一切有情，以及三乘菩提中所有一切諸法，都以同類的智慧加以觀察而遣除，於如是一切諸法都能遣除而無執著，成就「遍遣『一切有情諸法假緣智』」的境界，所以稱爲類智。

這是效法眞見道對第八識「心眞如」的觀行而作更深入的觀行，是在人我與法我的各種法相上面一一加以觀行，故名相見道；而這三品心的觀行是側重在人空與法空，特別是注重見分上面來作觀行，從所斷除的煩惱障與所知障中，藉著這樣的觀行而心心無間獲得解脫。由於這是從別相智上面來作觀察而得到的智慧，與眞見道只是在心眞如與欲界五蘊的總相上面所作觀察不同，因此就從別相智慧與總相智慧的差別來作不同的建立，就把眞見道後這個階段的觀行名爲相見道。

有義——有人這麼說（這句「有義」是指那些主張真見道是漸悟、漸證、漸斷的法師們的說法）：「**這三品心都是眞見道，因爲相見道是要緣於大乘四聖諦而作觀行的緣故。**」有義——有人這麼說（這句「有義」才是玄奘菩薩的說法）：「**這三品心的觀行都是相見道，這是由於眞見道只緣於心眞如的總相而不對各種別相另有所緣之故。**」】

在此必須特別咐囑的是：在相見道位中這三品心的完成，必定會有相應的現觀在最後階段出現；若沒有相應的這三種現觀隨之全部完成，即是還沒有完成這三品心的觀行；若沒有遵循這個道理，自認爲已經完成這三品心的觀行而宣稱入地了，即無法免除大妄語業，三惡道的後有種子已經形成，後世將不會繼續生在人間。由此可見大乘見道所斷的異生性極爲寬廣難斷，非唯一世、一劫所能斷盡；若對此不能警覺而產生未證言證之大妄語業——特別是宣稱已經入地之大妄語業，此世及後世廣行菩薩道之說，都成空談。

這三品心的觀行，最主要的證明即是三種現觀：「**內遣『有情假緣智』**」圓滿時獲得的現觀是「**如幻觀**」，不但要在觀行上以智慧證實五蘊身心都是假緣而有，還得要有對五蘊身心親見如幻不實之現觀，這是要眼見爲憑而非單憑智慧觀察而得，然後依心眞如的境界而遣除之，都無執著，方能將「有情假緣智」成功「內遣」而有第一種法智。

「內遣『諸法假緣智』」，是從初行位開始，不斷地在十行位中修習，到達第十行位圓滿時，獲得的現觀是自己的能取心猶如陽焰攀緣不住，確定非實有，只是虛幻地暫時存在，陽焰觀具足成就；然後才能依心眞如的無所有境界來遣除這個智慧而不執著，生起第二種法智。

「遍遣『一切有情諸法假緣智』」，要從初迴向位開始修習，直到第十迴向位滿心時，大多已有二禪（至少已有具足圓滿而深厚的初禪）定力，雖無宿命通，卻已能在等持位看見往世多劫來的許多行道事相；再以此世的各種弘道事相比照時，現觀此世的一切行道事相與本質，都與往世類同而如此世之夢中無異，成就如夢觀的現觀，然後始能依心眞如的無所有境界，遣除對於「一切有情諸法假緣智」的執著，成就類智。具足這三觀時，對自己的來歷已經有所了知，方能說自己對這三品心的觀行已經圓滿了。

第三目　大乘四聖諦四行觀修十六品心——證阿羅漢果及初分無生法忍

相見道位第一部分的三品心修行完成而具足三種現觀時，若是入地之前應有的廣大福德也已經具足了，才可以開始作入地前的加行——大乘四聖諦十六品心的四種觀行。把大乘四聖諦依眞如而觀行圓滿時，必然會依大乘無生法忍而證得阿羅漢果；再於佛前發起十無盡願，而此十大願之增上意樂已得清淨時，即是初地之入地心菩薩，名爲見道的通達位。這個入地前的最後加行，因爲仍在通達位前，因此定位在相見道位中；但因爲是相見道位的最後加行，是在即將入地之前所作，也是入地之前所必作，所以也特別定義爲加行——入地前的加行，當然仍屬相見道位。

在這一目中，延續上一目所說相見道的內涵，繼續語譯前面所摘錄《成唯識論》相見道位的最後階段加行內容如下，以供讀者瞭解：

相見道位的第一種觀行內涵，分爲三品心；【到了相見道位的最後是應作**第二種**觀行，是要緣於安立諦（因爲不是像眞見道直接緣於眞如，所以名爲安立諦）而作觀察，總共有十六品心。這個相見道位最後的第二種觀行內涵，又區分爲二種：這個即將入地前的**第一種**觀行是依於觀察所取與能取的精神，另外建立法智類智等十六種心；這是說，依於苦諦的觀察有四種心：一、**苦法智忍**，是說觀察三界九地中的苦諦眞如，確實斷除於三界觀察所知苦諦所斷的二十八種分別隨眠。二、**苦法智**，是說對於苦法智觀所得結果已能接受（生忍），因此心中都無懷疑而不間斷地觀察前面所證的眞如，證得前面觀察後所斷煩惱而得解脫的智慧。三、**苦類智忍**，是說對這個智慧都無懷疑而無間斷的緣故，解脫於三界九地的無漏智慧出生了，在法忍、法智上面的各別自內所證，說實證後的聖法都同樣是這一類而無猶疑，心中已經得忍。四、**苦類智**，是說對於苦法智已能接受以後，有不間斷（不懷疑故此智「無間」，若生起懷疑即是此智「有間」）的無漏智出生了，重新加以細細檢驗決定無誤而印可了苦類智忍，因此而有了苦類智。（以上就是大乘苦聖諦依眞如所觀察的四品心。）猶如在苦諦的觀行上面會有四種心，在集、滅、道諦的觀行上面應當知道也是如此各有四種心。這十六品心，其中的八個是觀行心眞如，其餘八個是觀行所得正確而眞實的智慧；比照眞見道觀行而證眞如的道理，這四諦十六品心的觀行可以證得無間解脫——證得心中毫無猶豫而不會有時起疑以致間斷的解脫；這樣子親見意識心見分觀察二諦，在眞如及法智、解脫智上面的自證分，所以有前三品心及後十六品心的差別建立，名爲相見道。

入地前四諦的**第二種**觀行，是以眞如智依於觀察下界與上界的四聖諦境界，另外建立法智忍、法智、類智忍、類智等十六種心；這是說，觀察現前的欲界、不現前的上二界的苦等四諦，都各有二心：一、**現觀忍**，二、**現觀智**。如同四諦各有所應的道理，就猶如眞見道的道理一樣，現觀這四聖諦以後，心不猶疑而決定解脫；這是以見分詳觀四聖諦到很分明時，斷除了見道所應斷的一百一十二種分別隨眠，名爲相見道。

除了上面所說各有十六品心的相見道最後階段觀行，若是依廣布聖教的道理，就又說相見道有九種心：這就是依前面所說緣於安立諦兩類的十六種止與觀而各別建立，也就是說，緣於眞如而觀察所得的法智、類智，依四聖諦各有二觀，就已經是八心的觀了。由這八觀之心而相應於止，則是四聖諦的法智忍、類智忍，都相應於止而同屬於「**止**」，合起來總說爲「**止**」一心；這個「**止**」一心，連同八觀之心總共是有九心。雖然在見道之時，是止與觀平行雙運的，但是在見道的實義上應該說是觀比較隨順，而不是止比較隨順，所以這裡說的觀與止，分開來說或合起來說，是有所不同的。

由於有這九心，同於前面說的十六品心，只是歸納的差別，所以這最後十六品心的觀行，同樣名爲相見道（這十六品心、九品心四聖諦都屬於『安立諦』）。

諸多相見道的過程與內涵，其實都是依於眞見道爲基礎而假名說爲相見道；所謂的世第一法心心無間都不懷疑而產生了眞見道，以及相見道位中斷除二種分別隨眠的事，其實不是眞的如此；因爲這些都是在眞見道以後次第觀行方得生起的緣故，是以眞見道爲基礎故；是在『非安立諦』之後才起修入地前的四聖諦『安立諦』的緣故，而分別所斷隨眠在眞見道時已經斷除的緣故。前面的眞見道是證得唯識性，後面的相見道是證唯識相；這二種見道之中還是以第一次見道的眞見道最爲殊勝，所以唯識三十頌中強調眞見道等說法。】

依據前面的論文，明確舉出：一、大乘眞見道後才修相見道位的三品心，在相見道位三品心修學完成以後才修四聖諦十六品心及九品心，而三品心的修習是在眞見道後才修的；這三品心是依所證眞如而觀修的，但眞如不是安立法，所以這三品心就名爲非安立諦，由此證明眞見道不是入地心，尚未修習相見道位的三品心故，也還未修得三品心後的安立諦十六品心、九品心故。《成唯識論》中已說相見道位四聖諦等十六品心的觀修，是「眞見道後方得生故；『非安立』後起『安立』故」；也就是說，這三品心屬於非安立諦，必須證得眞如成爲眞見道以後，才能觀修，一定要先有非安立諦的實證以後才能觀修安立諦的緣故，也是要先有眞見道智慧以後才能生起相見道的觀修能力故。

二、沒有外於眞見道而單獨存在的相見道位功德，必須依於眞見道位的眞如智慧與眞如智忍總相智——根本無分別智，才能進修相見道的別相智——後得無分別智。藉眞見道的總相智作爲依據，修完了相見道位的別相智三品心以後，始有能力再修大乘四聖諦二種十六品心（後一種又稱爲九品心），才能獲得第一分無生法忍而得通達眞如，以及獲得大乘的無漏解脫果——阿羅漢果，配合廣大福德及增上意樂而留惑潤生，才能入地——生如來家、成佛子住。至於迴心阿羅漢證悟般若現觀眞如以後，若不依眞如而修相見道位第一種觀行的非安立諦三品心，及相見道位最後入地前的大乘四聖諦十六品心，仍然不可能入地，因爲仍欠缺無生法忍智及大乘無漏智（大乘解脫智）。

由此故說，二乘聖者所證的有餘涅槃、無餘涅槃，都屬於菩薩入地之前應證之法，然後留惑潤生成頂品三果人或阿羅漢向，是故已入地菩薩並非尚未證得二乘涅槃；而且這個有餘、無餘涅槃是依大乘見道的眞如智慧而修證的，不是依人無我的二乘解脫法義而修證的。但菩薩七地滿心前的第八識仍名阿賴耶識，非如聲聞阿羅漢第八識已名異熟識而捨阿賴耶識名，只是因爲留惑潤生以便世世受生行菩薩道的緣故，故意保留最後一分思惑不斷而在捨壽後不入無餘涅槃，使其第八識依舊名爲阿賴耶識，仍不能捨棄阿賴耶名，令阿賴耶的體性保持不滅[3]，由此才能受生繼續廣行菩薩道，實質上並非沒有證得聲聞四果聖者所證的有餘及無餘二種涅槃。菩薩入地修道之後，直到七地滿心位前方才斷盡故意保留之思惑，煩惱障所

---

[3]《瑜伽師地論》卷 51：「又阿賴耶識體是無常，有取受性；轉依是常，無取受性；緣眞如境聖道方能轉依故。」（《大正藏》冊 30，頁 581，下 9-11）此謂阿賴耶識執藏生死種子之體性可以滅除，滅除阿賴耶體性以後改名異熟識，故說「阿賴耶識體是無常」——收集生死種子的阿賴耶體性無常而可滅除，只改其名，不改其心，仍是第八識心體。菩薩在第二大阿僧祇劫中滅除三界生死的習氣種子以後進入第八地，方改名異熟識。二乘無學聖者只滅三界分段生死的現行，未斷習氣種子，即在捨壽時入涅槃，已無阿賴耶識性的現行，故亦可名異熟識。請詳本會結緣書《辨唯識性相》說明。

攝的三界生死習氣種子此時也已同時斷盡，非阿羅漢所能斷盡。由此也證明別教戒慧直往菩薩，在入地前至少應該證得極品三果——捨壽後能取中般涅槃，已能斷盡思惑而留惑潤生，或者已證阿羅漢果而起惑潤生；有這樣的解脫果作爲入地條件之一，方能入地。

當十迴向位菩薩把入地前必須具足的**廣大福德**修集完成，三賢位的三品心智慧觀行也具足完成，已**具足如幻觀**、**陽焰觀**、**如夢觀**；然後是入地前應修的**大乘四聖諦加行十六品心**、**九品心**，也已在最末階段觀行完成，這時所觀的眞如與所證的眞如智是平等平等的，這就是已證**初地眞如**的菩薩；但這時還不足以成爲初地入地心的菩薩，還必須發起**增上意樂**，也就是對十無盡願具足了意樂，於是在佛像前勇發十無盡願，十方諸佛、諸大菩薩都將頓知，具此才能成爲入如來家、成佛子住的初地入地心菩薩。

第四目　新學菩薩對見道與加行的疑惑

問：大乘四聖諦十六品心的加行，位在眞見道前嗎？

答：大乘相見道即將滿心時，已修完三品心，最後即將入地之前，才需要、才有能力作大乘四聖諦十六品心的現觀；這十六品心仍是相見道位所攝，但因是入地前的最後加行，是突破入地前最後階段障礙的觀行，故亦名爲加行。即使是三明六通大解脫的阿羅漢，當他們迴心大乘而證悟以後想要入地時也是如此。因爲這與二乘聖人的四聖諦觀行有所不同，他們未證眞如，無法依眞如作四諦十六品心的觀行；而二乘聖人觀行四聖諦時只需斷除五個上分結就行了，不必觀修這十六品心。不但成實宗修習的二乘法中沒有這十六行觀，徵之於俱舍宗及古天竺聲聞佛教，以及尚存最具足結集之聲聞解脫道法教《阿含經》中明載，莫不如是；所以是欲入初地的相見道位最後心菩薩們，方才應修的四諦十六品心的觀行。尚未修完三賢位三品心的已證眞如菩薩，尚且不得實修這十六品心，何況未證眞如的聲聞阿羅漢？故說這個四諦十六品心的加行，不通二乘聖者所觀行的四諦。

　　爲何說這不是二乘聖者所能觀行？因爲菩薩修完相見道位十住、十行、十迴向的非安立諦三品心，仍有其他所應有的觀行含攝於這三品心中：眞見道悟得眞如以後，必須進而對七眞如起觀察，並證知五法、三自性、七種第一義、七種性自性、二種無我法等，全部觀察而無遺餘時，才能完成「內遣有情假緣智」、「內遣諸法假緣智」、「遍遣一切有情諸法假緣智」，而這些觀行所完成的無所得智慧境界都屬於非安立諦，全都是依眞如而作的觀行，與安立諦的四聖諦本質不同。在此之後，相見道位也還沒有圓滿具足，最後還得再依眞如而作大乘四聖諦十六品心的安立諦觀行，才能入地。是故即使「菩薩從眞見道後亦不出觀隨即轉入相見道位，仍不可能於多刹那（註）完成相見道位三品心的觀行，何況能於多刹那的十五心」尚未完成最後一心的觀行時，即可完成相見道位智慧而轉入初地？（註：多刹那是說心心無間始終不曾懷疑，則不論開悟明心的眞見道已經過了幾年，都說是多刹那無間。若是悟後心中有所懷疑，就不能稱爲「無間」見道，已成爲「有間」見道，不再是多刹那心心無間了，因爲這幾年中間曾有疑心插入而非都無猶豫的心心無間了。）

對於眞見道位的菩薩而言已是如此，更何況對於尚未悟得眞如的凡夫菩薩？由此可見，眞見道位菩薩不可能跳過相見道中非安立諦三品心的觀修，直接具足相見道位功德而入地，除非是往世已經入地了，今世因有胎昧所遮障的乘願再來菩薩，才有可能在眞見道後，心心無間而在眞見道後五年、十年之內完成所有相見道位的功德；因爲他只是回復往世的所證而已，並非新修。或譬如妙覺菩薩在成滿地，依第四禪而在人間見道的示現成佛，才能於眞見道位具足一切功德；但這已是二大阿僧祇劫前就已完成眞見、相見、通達等見道位全部功德了，這時的眞見道只是一種示現而已，已非第一大阿僧祇劫的菩薩眞見道、相見道、通達位的過程了，本就不該援引於尚未完成三賢位三品心觀行者的身上一體適用。否則，誤將入初地前相見道位的四諦十六行觀，援引爲二乘人初果時的入諦現觀，豈非二乘初果人一旦迴向大乘之後，只要一開悟就立刻成爲初地菩薩了？過失大也！若有人將這四諦十六品心的觀行，引來眞見道位前修之，然後在善知識助悟而獲得眞見道功德時，自認爲已經入地了，其實仍未修完三賢位的三品心，對於四諦十六品心的觀行必然是不能成就的，卻自己妄想已經入地了，這是極危險而又魯莽的愚蠢行爲。

在這一節的最後，平實給予所有讀者的誠懇建議如下：《成唯識論》不是未入地的已悟眞如菩薩所能具足理解的內涵，更非未悟眞如的菩薩們所能絲毫理解，只能依文解義，勸請眞見道以後能在眞善知識的指導下修學；若是眞想修學，萬勿自以爲是，應該存心於「**自己對《成論》閱讀後的所解，未必完全正眞**」，以免生慢而起大過。因爲其中義理深妙而且難解，又兼語文太過簡略；若非往世已經通達而入地者，勸請勿要自行研究，因爲必然自生誤會而自以爲已經通達，然後自以爲已經入地或已到三地等，因此犯下大妄語業，成增上慢，求榮反辱、求升反墮，無益自他。若更因此而私底下聚眾反對善知識對眞見道、相見道、通達位的如實演繹，堅決認定眞見道即是已入初地，堅決認定禪宗開悟明心時未證眞如，要到入地時方證眞如，或者意欲外於阿賴耶識心體別覓眞如，必然產生諸多妄說妙法之過失，也必然會影響不少已悟同修隨之同入邪見中，非唯成就謗勝義僧之罪，亦且成就誤導眾生同犯大妄語業之重罪，捨壽後難逃異生法界之果報，仍屬求升反墮之愚行。

第五節　與大乘見道相關的其餘疑惑

由於正覺同修會中，曾有人針對大乘見道之法義提出不同見解，用以質疑平實所說大乘見道之內容，認爲與《成唯識論》中所說有異。然實無異，只是質疑者自身智慧粗淺而不足以理解《成唯識論》正理，自生誤會而生煩惱所致。爲斷絕當代及後世如是類人對大乘見道眞義之誤會情況繼續發生，今將其質疑全部臚列於後，並一一加以論證，以求斷絕未來同類解悟《成論》者再有如是大妄語業及謗法、謗賢聖之重業繼續發生。

壹、質問者言：煖等四善根唯在色界，未得色界定者不能證真如。

提出此說者所依據之《成唯識論》文字如下：

菩薩起此煖等善根，雖方便時通諸靜慮，而依第四方得成滿，託最勝依入見道故。唯依欲界善趣身起，餘慧厭心非殊勝故。此位亦是解行地攝，未證唯識眞勝義故。[4]

姑且假認如是主張者所援引的古德論中文字並非斷章取義，暫且認爲古德的文字是如其所說，平實今作如下的應對。**先援引正確的註釋如下：**

《註成唯識論》卷十七：

初修煖等四善根時，通前靜慮。若成滿位，要依第四，託最勝依入見道故，然所依身必是欲界。善趣身者，色、無色身，彼之厭心非殊勝故。欲界惡趣，彼之慧心非殊勝故。顯揚十六頌云：極感非惡趣，極

4《成唯識論》卷 9，《大正藏》冊 31，頁 49，下 10-14。

欣非上二；唯欲界人天，佛出世現觀。[5]

《成唯識論自攷》卷九：

菩薩下，明所依靜慮。善根者，四位觀智；眾善之根，能生一切功德故，成就一切佛法故。問：此四加行，諸靜慮皆可脩，何故有言唯屬第四？釋云：方便通前，成滿**局後**。託**最勝依**一句，釋成依第四；第四靜慮，捨、念清淨故，遠離喜樂覺觀故，**諸佛於此證果故**。功德佛法依此生故，故名**最勝依**。[6]

依法反問云：

一、眞見道前的加行位必須先有初禪或四禪嗎？

二、請問：您見道了沒有？

三、您證得第八識以後還沒有般若正觀嗎？若說沒有，爲何卻懂得般若諸經的眞如、般若等義理？爲何能知一切有情如來藏在何處？

5《萬續藏》冊 79，頁 907，上 3-7。

6《萬續藏》冊 82，頁 348，上 14-下 1。

四、您現在有初禪或四禪的實證嗎？

五、您已入地了嗎？（答：沒有。）那麼您是尚未證悟的凡夫嗎？（答：有悟。）那麼且不說第四禪，您有證得初禪嗎？

六、您有證得第四果嗎？您是留惑潤生嗎？若禪定證量皆沒有，則依您自己的說法，怎能說是見道了？

七、若是如此堅持禪定修證，您是否主張經典所說次第非眞，菩薩三地心主修的禪定應移來您說的眞見道位前修證嗎？

八、慧解脫阿羅漢迴心大乘，仍未得第四禪時，不能入眞見道位證眞如嗎？

又當知：見道通達位的入地心，應有四果解脫的果證。聖教依據：

《大乘阿毘達磨集論》卷七〈得品 第三〉說：

又諸菩薩已得諦現觀，**於十地修道位**唯修所知障對治道，**非煩惱障對治道**。若得菩提時，頓斷煩惱障及所知障，頓成阿羅漢及如來。此諸菩薩雖未永斷一切煩惱，**然此煩惱猶如呪藥所伏諸毒，不起一切煩惱**

過失，一切地中如阿羅漢已斷煩惱。[7]

《成唯識論》卷十亦說：

煩惱障中見所斷種（煩惱障中大乘見道所斷種子），**於極喜地見道初斷**（不會再有三界愛的現行）；**彼障現起，地前已伏**（地前至少要證頂品三果的修證）。修所斷種，金剛喻定現在前時一切頓斷。彼障現起，地前漸伏；**初地以上能頓伏盡，令永不行如阿羅漢；由故意力，前七地中雖暫現起，而不為失。**[8]

以上所舉聖教依據，都主張入地之時應具備阿羅漢或向阿羅漢的果證：「（菩薩）**一切地中如阿羅漢已斷煩惱**」、「（菩薩）**初地以上能頓伏盡**（煩惱障之現行），**令永不行如阿羅漢**」；若眞見道時即入初地，則是眞見道之前一剎那，必須至少具足圓滿的初禪及向阿羅漢的解脫果。若自身於此二種功德俱皆欠缺，而言自己眞見道時即是入初地，老是向他人諍論說證悟般若時即是初地菩薩，念念愛戀初地果位名目，乃至生起增上慢心，自認為

7 《大正藏》冊 31，頁 692，下 5-10。
8 《大正藏》冊 31，頁 54，上 6-11。

證量或智慧簡擇遠遠高於自己已有無師智的上師，不服指正，捨壽後難免大妄語業等不可愛異熟果，孰智？孰愚？應當有智分別而利自他，亦免誤人。

貳、質問者言：四善根在通達位前（初劫滿）已修習圓滿，故見道時即是初地通達位。

質疑者援用的疑似錯誤註解：

《成唯識論述記》卷九：

四善根初劫滿，已修習故。……又此論四善根中，亦言初劫順解脱滿已修，豈即彼非勝解行攝。滿心修相好，亦是劫中收。滿心修四善根，定是初劫所攝。

《大乘法苑義林章》卷一：

大劫修滿方起加行，等持位中作唯識觀。

古德以上說法是否確如引述者所說，抑或提出主張者錯會而成爲斷章取義之說，暫置不論，姑且當作彼等援引之說並未斷章取義。今作**如下反問**：

一、權當援用者並未斷章取義，而是依窺基法師此說（其實窺基之意本非如此），然則《菩薩瓔珞本業經》中 佛說六住菩薩修學般若之時，「**正觀現在前**」的見道位爲第七住位，並不是初劫已滿，請問：是 佛錯說了嗎？

二、眞見道位有無證眞如？

三、眞見道位有沒有「**般若正觀現在前**」？（難道您認爲可以「**正觀**」般若「**現在前**」時，見到「眞如」，依此而說證得大乘「人無我」時，這見到「眞如」不是見「道」？或是您以見何者爲「見道」？還是您懷疑「**般若正觀現在前**」沒有見到「眞如」？那您又認爲到底「**般若正觀現在前**」的「**面前正觀**」是哪一個法呢？您總不能說是見到三界萬法虛妄相而說是「**般若正觀現在前**」吧？）

四、眞見道位是入地了嗎？或是第幾住位？

五、「**四善根**」加行位應在眞見道後？或應在相見道後？

六、相見道位依眞如法性所應修的「觀非安立諦三品心：內遣有情假緣智、內遣諸法假緣智、遍遣一切有情諸法假緣智」而滿足三賢位的果證，以及入地前緣安立諦十六品心、九品心的大乘四聖諦觀行而證阿羅漢果，也應該在眞見道之前嗎？

七、窺基所說是否全部如您所說之意思呢？《成唯識論述記》卷九：【論：「二、加行位」至「順決擇分。」述曰：即在煖等**四善根**中，此在初劫，下文等言**勝解行地攝**故。】證知窺基有時所言非指**初劫滿足**方有煖等四善根。

八、《成唯識論述記》卷九：【二障中若麤、若細所有隨眠，由能對治止、觀力微，未能伏、滅；初起止觀未勝順心，不如**四善根**中能伏二細分別現種；其俱生現、種，皆少（稍）亦能伏。**次加行位，及第十卷皆有此文**。】[9] 由此亦證明窺基主張**四善根在加行位**，又加行位必在眞見道前，「非安立諦」三品心的觀行又是在眞見道之後，「安立諦」十六品心、九品心的觀行又在「非安立諦」三品心之後；如是，您

9《大正藏》冊 43，頁 563，上 1-5。

還認爲十六品心、九品心的觀行是在眞見道前嗎？

九、《成唯識論述記》卷九：【**此四善根非資糧道，加功而行初位，亦名加行；近見道說：獨此得加行名。**】[10] 此「**四善根**」既然在此也說爲「**加行**」，而又說爲「**近見道**」，此即是說「**尚未見道**」，是處於「**見道**」位前，而說「**近**」；而此處之「**見道**」攝「**眞見道**」故，亦證明窺基主張加行位在眞見道前，非在相見道位後的入地之前。

復次，窺基所說是否全部如同質疑者所說之意思呢？但依文字表面觀之，窺基之演繹似乎**自相矛盾**，此非唯一之處。例如《成唯識論掌中樞要》卷二：【**四善根既唯色界五地，却照無色，無無漏見道，故是有漏修也，如前說。**】[11] 然而窺基此處所說四善根，是否即爲引述其文前來質疑者所說之四加行？實有疑義。因窺基所說並非援引者所說之義，只是文字相似而被援引，其實是質疑者有所誤會。今舉其原文如下，證明援引其說來指稱四加行應該只在色界中才有（指稱必須證得第四禪以後才能實修四加行），

10《大正藏》冊 43，頁 564，下 19-21。
11《大正藏》冊 43，頁 654，下 2-3。

是對窺基所說斷章取義以後之誤會所說：

《成唯識論掌中樞要》卷二：

三十七品以九法爲體。遍行一，謂喜受。別境三，謂念、定、惠。善有四，謂信、進、捨、輕安。色法一，謂道共無表。喜爲一，謂喜覺支。念爲四，根、力、覺、道各一。定爲八。四神足、根、力、覺、道各爲一。惠爲九。四念住、根、力、覺支各爲一。道支爲二，謂正見、正思惟。思惟自中，是依惠尋。佛果唯惠。瑜伽五十七云：「三十七品與五根云何相攝？道品攝根，非根攝道，謂語、業、命、喜、安、捨。」故正思惟，其體即惠。信爲二，謂根、力。精進爲八，謂四正斷，根、力、覺、道中各爲一。捨爲一，謂捨覺支。輕安爲一，謂安覺支。無表爲三，謂正語、業、命，故九，開成三十七。四攝事，施以無貪及三業爲體，愛語以語業爲體；利行、同事三業爲性，謂無貪及思，假實和合說故。四無量，以三法爲體，謂無瞋、不害及捨；喜以不嫉爲體，體即無瞋，故唯三法。六度合以八九法或十一法爲體，遍行一，謂思。別境四：欲、勝解、定、惠。**善有四：信、精進、無貪、無瞋**。並身、語業表無表色，如應當知，下自廣說同下六度中。

四善根既唯色界五地，却照無色，無無漏見道，故是有漏修也。[12]

顯然，窺基說的四善根是**信**、**精進**、**無貪**、**無瞋**，不是質疑者所指的煖等四加行善根，質疑者是讀不懂《成唯識論述記》的文字而張冠李戴，以致斷章取義了。

又如窺基的弟子慧沼所著《成唯識論了義燈》卷七說：【然**四善根**及持、任等，**皆初祇滿心方始修之**。】[13] 質疑者錯會四善根為四加行，引為四加行等善根是在第一阿僧祇劫滿心位方始修之，因此而振振有詞地強行主張眞見道位必定在初地入地心，其實是誤認為在十信、十住、十行、十迴向等四十心後，方始修習煖、頂、忍、世第一法等四加行，當然也就誤會而主張眞見道時應在初地入地心。此外，《成唯識論了義燈》卷七這段文字中說的四善根，同樣不是質疑者所指的煖等四加行。慧沼所說四善根的前後文如下：

問：准雜集十一，復修瑜伽有其五種，謂持、任、鏡、明、依。依謂

12《大正藏》冊 43，頁 654，中 11-下 3。

13《大正藏》冊 43，頁 794，下 2-3。

轉依，即是見道。持、任、鏡、明此四爲因，得轉依果。（問：）持、任等四依何位起？復是何法？答：准彼論云，**依煖等位，即通四善根**，皆有此四。持即聞惠，任即思惠，鏡即修惠，明謂所觀無能所取。或鏡即定，明者是惠。煖頂忍三，各因此四方得修滿，入世第一。或無持、任，以上品忍，唯一剎那即入世第一法，唯定時促，故無持、任。但依此位，有持、任等，非必四位各有四種。又解：四位各有此四。持、任二行非是聞、思，以在定中依憑聖教故以爲持，論云如所多聞安立止觀所緣境故。與定相應如理作意以爲任，無倒思惟任持心故，即所依定名爲鏡云，此三摩地猶帶相故；能觀之智名爲明云，謂能所取無所得智。又釋持、任等，唯除眞見及佛果位，佛果位中更無果故，眞見位中無影相等故，通所餘位。故顯揚二十云：「有五種法能攝一切瑜伽行者諸瑜伽地。」八地以上，義說聞、思亦緣教等，故通爲正。又四善根亦親蒙佛而爲教授，故莊嚴論第七頌云：「自後，蒙諸佛法流而教授。」釋云：「從此已後，蒙諸佛如來以修多羅等法而爲說之。」准此文意，或蒙教授已，修「**持**、**任**、**鏡**、**明**」；持謂於教起六種心，任即次起十一作意，鏡即修九種住心，明又依智作諸神通，或不配此。**然四善根及持、任等，皆初祇滿心方始修之**，莊嚴論第七云「行盡一僧祇，長信令增上」等，已後方說起四善根，諸教皆同。自古諸師意解不同，取文各別，不得教意。教意：**菩薩修四善根，有正修滿位，有仰修習位**。**仰習作觀，通三十心**；如唯識觀等，成就在見。學即通前，此亦應爾。學雖通前，正修成滿，即在於後；資糧等位，可得仰習，觀所取無，伏我法執；觀能取無，能伏法執。不爾，如何能伏二執？雜集、莊嚴、此唯識論等，據正修位，不通資糧。《瓔珞本業經》云「住於十住修學四善根」者，是仰學修習。然梁攝論云：如須陀洹道前有四方便，菩薩亦有四方便，謂四十心者。或如小乘五停心觀、總相念處、別相念處，合四善根爲四方便；如四十心，非四善根名四方便。或言總意別，意取四十心滿修四善根，文言略故，但云四十心，或翻譯謬。[14]

既然此段論文中說：「准彼論云，**依煖等位，即通四善根**，皆有此四（四謂持、任、鏡、明等善法）。」表示四善根是與煖、頂、忍、世第一法並存之法，謂依煖等四位仰修之時，可通四善根，即可獲得「持、任、鏡、明」等四個善法；當知即是前面說的信、精進、無貪、無瞋等四個善根，不是

14 《大正藏》冊 43，頁 794，中 5-下 19。

四加行等四法。

又此段文中說：「莊嚴論第七云『行盡一僧祇，長信令增上』等，已後方說起四善根，諸教皆同。**自古諸師意解不同，取文各別，不得教意**。教意：菩薩修四善根，有正修滿位，有仰修習位。**仰習作觀，通三十心**；……」縱使強行指稱四善根即是煖等四加行，但文中說四善根仍非一定在初阿僧祇劫滿位方可修之，因爲文中已說「**有正修滿位，有仰修習位**」故，證明十住、十行、十迴向等諸位之中也都可仰修，都可修學，非唯入地之時；因爲論中已說「**仰習作觀，通三十心**」。隨後又言：「**學雖通前，正修成滿，即在於後；資糧等位，可得仰習，……**」然後又言：「**據正修位，不通資糧**。《**瓔珞本業經**》**云**『**住於十住修學四善根**』**者，是仰學修習**。」證明信、進、無貪、無瞋等四善根，並非可以強行定位於初大阿僧祇劫滿心位所修習者，因爲連資糧位中也都可以仰修，何況十住、十行、九迴向位而不能修？由此證明，縱使質疑者所指稱的四善根就是四加行，將四善根引爲眞見道者定在初地心，仍屬誤會論意、斷章取義而援引錯誤。

參、質問者言：依《成唯識論》明文，說四加行在大乘見道的通達位之

前，**是故明心證真如時必是初地入地心**。

答：《成唯識論》卷九有云：【**此加行位**未遣相縛，於粗重縛亦未能斷，唯能伏除分別二取，**違見道故**。於俱生者及二隨眠，有漏觀心，有所得故，有分別故，未全伏除，全未能滅。此位菩薩，於安立諦、非安立諦，俱學觀察；**為引當來二種見故**，……。】[15] 顯然《成唯識論》所說，與彼自稱此說內涵即是此論所主張者互為角立。今**反問如下**：

一、《成唯識論》說四加行「**違見道故**」，義說「**四加行**」不是「**見道**」，後又說是「**為引當來二種見故**」，即是說「**二種見**」包含了「**真見道**」以及「**相見道**」，而「**當來**」意指「**現下尚未證得**」，您還認為應該在真見道後的入地之前才修四加行嗎？真見道不是屬於「**見道**」嗎？

二、既說四加行是「**為引當來二種見故**」，顯然四加行是在真見道前，因為真見道是「**二種見**」中的一種。佛陀又說第六住菩薩修學般若「**正觀現在前**」時，若有諸佛菩薩攝受保護而得不退時始為第七住位；若是心中有疑，猶如這個四加行法之質疑者，即非住於第七住位中，

15《大正藏》冊 31，頁 49，下 4-8。

彼之「**見道**」已成**有間**而非**心心無間**，甚至已經是退回第六住位中了；如此還可以說煖等四加行是在即將入地之時才修的嗎？難道第七住位的眞見道不是見道嗎？

三、既說四加行是「**爲引當來二種見故**」，因此四加行必定俱在眞見道與相見道二者之前；若強說四加行是相見道位完成後的瀕臨入初地前才修，然後得以入地，依此邏輯而論，則入地時當爲「**眞見道**」，那麼您是要把相見道位排在入地之後嗎？

四、當知初入地時已經是見道位的通達，不必再修相見道等法，當然入地後已是修道位而非見道位了，絕對不能把修道位撥出一段時程自行建立爲見道位，否則即是其心顚倒而錯將相見道位放在通達位後，以通達位後必無相見道位之法故。故知堅持四加行是入地前修，再依「**爲引當來二種見故**」，則必然以入初地爲眞見道，則地上之修道位中已無任何相見道位的空間，如此必悖反經論所言之眞實義，處處窒礙。

由以上事實，證明煖等四加行不在即將進入通達位之前——不是入地前的加行，而是在眞見道位之前——第七住位親證般若的眞見道位之前。煖等四加行更不可能在相見道位之後，因爲相見道位在眞見道位之後，而四加行必須在眞見道之前便已修學滿足，方有可能見道。又初地入地心已是通達位，不該通達之後更修相見道位之法，相見道仍是見道而非通達故，更非修道故。

又《成唯識論》卷九：【次**加行位**，其相云何？頌曰：現前立少物，謂是唯識性；以有所得故，非實住唯識。論曰：菩薩先於初無數劫，善備福德智慧資糧；順解脫分既圓滿已，**爲入見道住唯識性**，復修加行伏除二取，謂煖、頂、忍、世第一法。此四總名順決擇分，順趣眞實決擇分故；**近見道故立加行名**，非前資糧無加行義。】是故**反問如下**：

一、論說「爲入見道住唯識性」故修煖等四加行，這加行位四個善根可能是在眞見道之後的入地前嗎？

二、論說「近見道故立加行名」，是見道前必須有四加行，請問：眞見道前不必修煖等四加行嗎？還是等到入地之前才修此四加行？

三、眞見道位所證的眞如已超越世第一法，才能說是眞見道的證眞如。

四加行之最高層次是世間的第一法，仍在世間法中；若四加行的「世第一法」是在眞見道後的入地前，應已遠超眞見道位的第七住位功德與智慧，那就是否定了眞見道位證眞如的功德，也違背「世第一法」的世間法法性了。這時，您還認爲四加行是應該在相見道位後的入地之前才修的嗎？

又《成唯識論》卷九：【由此九心名相見道。諸相見道，依眞假說；世第一法無間而生及斷隨眠，非實如是，（如是九心）**眞見道後方得生故**；非安立後起安立故，**分別隨眠眞已斷故**；前**眞見道**證**唯識性**，後**相見道**證**唯識相**，二中初勝，故頌偏說。前眞見道，根本智攝；後相見道，後得智攝。】[16]不理解眞義而導致斷句錯誤時就成爲如是斷句：【由此九心，名相見道；諸相見道，依眞假說。**世第一法**無間而生，及斷隨眠非實如是，**眞見道後方得生故**。……】就成爲加行位的煖等四種加行應在眞見道後，因此自行解釋爲入地前修此四加行才證眞如而入初地；錯會論意之故，於是對自己所證第八識的眞如性就不敢相信、不敢受持，不信自己能現觀第八識的眞

16《大正藏》冊 31，頁 50，中 11-17。

如性時就是證眞如，再三向上師質問證眞如的事，或者另行提出「宗門的證眞如（見道）與教門的證眞如（見道）有差異性」。這其實都是自己嚴重誤會所致，因爲外於第八阿賴耶識即無絲毫眞如可觀可證，但質疑者被人反質時，卻將四地心的無生法忍錯認爲眞見道的證眞如境界，拿來搪塞善知識的反問而鬧出笑話，終究無法指出初地心所證的眞如究竟是何物。在此狀況下只能懺悔了事，若再另行建立別的題目重作諍論，都屬愚癡之行爲。

又《成唯識論》卷九：

次通達位，其相云何？頌曰：若時於所緣，智都無所得；爾時住唯識，**離二取相故**。論曰：若時菩薩於所緣境，無分別智都無所得，不取種種戲論相故；爾時乃名實住唯識眞勝義性，即**證真如**。**智**與**真如**平等，**俱離能取所取相**故；能所取相俱是分別，有所得心戲論現故。[17]

依據論中所說，於是**反問如下**：

17 《大正藏》冊 31，頁 49，下 14-22。

一、入地前的全部加行是什麼？不是「**內遣有情假緣智**」等三品心及大乘四聖諦依眞如觀十六品心、九品心的加行嗎？難道入地前的加行只是煖等四加行嗎？

二、入地前對十六品心、九品心的加行，與眞見道前的四加行相同嗎？

三、入地前依眞如對大乘四聖諦十六品心、九品心所作的觀行，可以不必先修相見道位的三品心等觀行，而跳過去直接修十六品心、九品心就能證得初地眞如嗎？因此就能入地嗎？

四、依上舉《成論》中的開示，顯然證得初地眞如時，必須同時證得大乘阿羅漢果；此時已是「**俱離能取所取相故**」，不只是眞見道位的「**俱離能取所取見故**」。這也證明四加行位必然在眞見道位前，而入地前另有不同的加行——能斷我執成大乘阿羅漢；「**俱離能取所取相故**」，不是只如四加行圓滿時「**俱離能取所取見故**」。

肆、質問者言：大乘見道時就是入地了。

再舉聖教，《菩薩瓔珞本業經》卷上〈賢聖學觀品 第三〉：

若修第六般若波羅蜜，**正觀現在前**，復值諸佛菩薩知識所護故，出到**第七住**，常住不退。自此七住以前名爲退分。佛子！若**不退者**：入第**六般若**，修行於空、無我、人、主者，畢竟無生，必入定位。[18]

語譯如下：

【假使修習第六住位的般若波羅蜜，當他的**般若正觀顯現在眼前時**；又有好因緣而得值遇諸佛與菩薩等善知識所護念的緣故，就可以出離第六住而進到**第七住位**，自此以後常住不退。從這個第七住位以前，都稱之爲退分的菩薩。佛子！如果是**不退**的人，進入**第六住位修習般若**，精勤修行於空，無我、無人、無主的人，一定會證得無生，必定會進入決定位。】

意思是說，般若正觀現前時，必須有諸佛菩薩等善知識所護念而指導他，才能出離第六住位，進到第七住位常住不退。若是沒有應身佛或菩薩護念指導，或是雖有菩薩護念指導，但他心中生慢、自以爲是，不肯接受菩薩護念及指導，堅持己見，就無法眞的進入第七住位中常住不退。這是還沒有進入第七住位中，不是進入了以後退失第七住位的功德；本質是由

18 《大正藏》冊 24，頁 1014，下 2-7。

於他只知道眞如的密意就開始生慢了，於是成爲世間法中說的「**只知其然而不知其所以然**」的愚人，無法成功轉依，表示他的五善根（信、進、念、定、慧）尚未具足亦未圓滿，還沒有生起點滴的五善之力。依此而作**下列反問**，或許可以驚醒夢中人：

一、經中 世尊說的這個第七住位般若正觀現在前，是不是見道？這應該是眞見道或相見道？甚或即是見道最後的通達位？

二、般若的「**正觀現在前**」仍在加行位中嗎？您又有何根據而把修習相見道的非安立諦等三品心置於眞見道位之前？否則怎能把眞見道判爲初地心？

三、或者經文應該改爲般若「**正觀現在前**」是入初地而非第七住位？

四、或是不誑語的 佛陀一時打誑語了嗎？

五、不必先修相見道位的種種觀行及修集廣大福德，堅決主張眞見道即是入地心而與善知識爭執的人，極力用心於果位的爭取，是曾在第六住位「**精勤修行於空，無我、無人、無主的人**」嗎？是已經實修過四加行而觀得人我空了嗎？或是已經落入「**我、人、主**」之中呢？

六、像您這樣子誤執眞見道必是初地心，而且幾年之中始終不肯依善知識的攝受解說而改正，能不能像 佛陀經中說的「**一定會證得無生，必定會進入決定位**」？您可以自己靜心思惟：自始至終都不肯接受善知識攝受指導而主張眞見道即是入地，如是高抬眞見道位菩薩果位的人，是 佛所說的第七住位常住不退的人嗎？

又，**見道有三：眞見道、相見道、通達位**。《成唯識論》卷九：

如自證分緣見分時不變而緣，此亦應爾；變而緣者便非親證，如後得智應有分別，故應許此有見無相。**加行無間，此智生時體會真如，名通達位**。

初照理故，亦名見道。然此見道略說有二：一、**真見道**，謂即所說無分別智；實證二空所顯眞理，實斷二障分別隨眠；……二、**相見道**。此復有二：……法眞見道二空見分，自所斷障、無間解脫；別總建立，名相見道。……此三是相見道，以眞見道不別緣故。19

19《大正藏》冊31，頁50，上1-20。

質問者就是死在這一段文字上，因爲誤會論意了；也因爲跟著未證的凡夫所作錯誤斷句而作了錯誤解讀，便跟著凡夫註解者一起誤會論意了。既然主張見道必是初地的人，所據聖教是《成唯識論》，平實便依上舉論中文字提出**下列反問**：

一、您不承認大乘見道有三個分位嗎？

二、您認爲眞見道前不必有加行位的四種加行嗎？

三、加行位不是在眞見道前嗎？而是您所認爲應在眞見道與相見道位之後的通達位前嗎？

四、眞見道位沒有證眞如嗎？您以爲「實證二空所顯眞理」的「眞理」是什麼？您以爲可將言語文字上或思惟想像的體會而稱爲「實證」？

五、眞見道位沒有般若正觀嗎？您以爲的眞見道位的「道」在「體、性、相、用」各是什麼？又是因爲什麼而稱爲「見」、而稱爲「般若正觀現在前」？

六、三賢位觀修非安立諦三品心的相見道位沒有證眞如嗎？要等到入地時才證眞如？

七、通達位的證眞如，與眞見道、相見道的證眞如，差別在哪裡？您知道嗎？若不知道，可以自行主張「四加行必定在眞見道、相見道位之後」嗎？

八、已證眞如者追隨未證者的錯誤斷句而信受不疑，未稍疑心，是有相見道位般若別相智慧（後得無分別智）的人嗎？無「後得無分別智」的人可能是入地者嗎？

九、《成唯識論》卷九中說：【菩薩得此二見道時，生如來家、住極喜地。】您第一次眞見道就想進入極喜地？您不必像一切人一樣修完相見道位的三品心及入地前的十六品心等相見道智慧，單修四加行而得眞見道時就可以入地？是誰特准您有這個特權的？沒有相見道位等智慧與功德，就算有大菩薩特准您入地了，會有入地時應有的功德（特別是見道通達位的智慧與解脫道的正受）嗎？

伍、質問者言：經教中的修法（加行）是有次第性——燸、頂、忍、世第一法。而教外別傳的禪宗法門是無次第性。但二者的見道內容卻是一致的。再者！二者的判果位階也不太一樣。

答：若禪宗參禪之修法（加行）無次第性，則應該不必平實施設參禪方法等修學次第，以及舉辦禪三精進共修的幫助，該質問者此世學佛之後應該就能自己悟入，又何需平實為伊教授三年半的禪法知見及禪三參禪時的幫助？事實上是禪宗證悟之時無次第性，但證悟前仍有許多修學上的次第性（加行）。唯識學上的眞見道也是一樣，眞見道證眞如之時固無次第性，但證眞如前仍同禪宗一般必須有修學過程及參禪過程，這也是加行。修學次第的過程，與證眞如的一念相應，不應混淆。由是而舉下列反問，以利彼等作正確的思惟：

反問一：

1、您打禪三前有無參加禪淨班的課程增長「空、無我、無人、無主」等慧力？這是不是禪宗開悟前的加行？

2、您有無作無相念佛的拜佛功夫修學定力？這是不是禪宗見道前的加行？

3、您有沒有將無相念佛功夫轉為練習看話頭功夫增長定力？這是不是禪宗見道前的加行？

4、您見道前有沒有修集應有的福德？這是不是禪宗見道前的加行？

5、您見道前有沒有消滅性障？這些是不是有次第性？是不是禪宗見道前的加行？

6、您是自己參究出來的嗎？或是在平實的引導下參出來的？這引導是不是禪宗見道前的加行？

7、您說早年曾進入未到地定過暗，是何時？是幾次？是張眼而坐嗎？若非張眼而坐，又不會無相念佛、看話頭，顯然那次坐入「過暗」境界中，只是昏沈睡著而昧略了五塵境界，醒來時誤以為已證未到地定過暗境界，只是誤會一場。

8、有未到地定的人，不必定力極深就會無相念佛了；何況有未到地定過暗境界的更深定者，不可能不會無相念佛，那麼您為何在三、四年前即將開始執教時，還要在電話中問我無相念佛的念是什麼？等我講解了才會。既有未到地定過暗的極深定力，當年我在臺中禪淨班以許多方便法講解無相念佛的淨念時，您應該一聽就會才是，為何後來執教之前還不會，還得再請問？（編案：這種到執教前都還不會無相念佛的親教師，在正覺教團的親教師中，只有在早期人手不足的時候才有可能發生，而且是極少數的個案；這類極少數的個案，也終究難以抵禦種種造成退轉的惡因緣或習氣。」

9、縱使您眞的體驗過一次未到地定過暗的境界，現在仍可在您想要進入時便能同樣進入否？若非想要進入未到地定過暗境界便能進入，即非親證；只是偶然撞見一次，便不是親證。例如平實曾經進入過色陰盡境界中，曾在十餘年前公開講解《楞嚴經》時說明過色陰盡的境界，後來並已整理成文具載於《楞嚴經講記》第十四輯中，已在二〇一二年出版了；然而平實終究不敢自稱已經實證色陰盡，因爲後來想要重新再進入時，那個色陰盡的境界終究未再現前。

此如《大佛頂如來密因修證了義諸菩薩萬行首楞嚴經》卷九 佛所開示：【又以此心研究澄徹，精光不亂；忽於夜合，在暗室內見種種物，不殊白晝；而暗室物，亦不除滅；此名心細密澄其見，所視洞幽；**暫得如是**，非爲聖證；不作聖心，名善境界；若作聖解，即受群邪。】[20]以是緣故，平實終究不曾認定自己已證色陰盡境界，因爲是「暫得如是，非爲聖證」；

20《大正藏》冊 19，頁 148，上 3-7。

若能「**不作聖心**」，可以「**名善境界**」，仍不得當作已證色陰盡境界。慢心深重之人若因此而自以爲實證色陰盡境界了，公開宣示於大眾之中，則佛已預先爲此人開示說：「**若作聖解，即受群邪。**」同一道理，縱使您眞的體驗過一次未到地定過暗境界了，但是後來想要同樣進入此一過暗境界時都未能入，即非實證未到地定過暗境界之人；應當如 佛所說而視爲「**暫得如是，非爲聖證；不作聖心，名善境界**」。若不聽平實此言，佛已說在前頭：「**若作聖解，即受群邪。**」何況您那個「**入定**」只是昏昧不知而非入定，因爲您是連無相念佛功夫都不會的人，連粗淺的「未到地定」都不可能有，更不可能有「未到地定過暗」的定力。這是有智之人思惟即知的道理，千萬別把自己未來無量世的道業拿來開玩笑。

反問二：

1、您說「**但二者的見道內容卻是一致的**」，所以您認爲禪宗的見道內容，是一時具足了《成唯識論》所說眞見道、相見道、通達位的見道嗎？

2、您認爲四加行是通達位前應修，而認定見道就入地，那麼證悟的禪宗祖師全都入地了嗎？則爲何六祖沒有道種智？爲何僅能止於般若總相、別相上說法？又依您的邏輯，為何禪宗祖師都「入地」了，卻不盡然皆有禪定證量？這是經論錯了，還是您說的「**但二者的見道內容卻是一致的**」有誤？或是您堅持的「四加行是唯有通達位前修，而認定見道就入地」的見解偏執？還是您要再改口說禪宗祖師的見道不是經論上說的見道？若是如此，那又是何種「離經叛教」的見道？佛法中有這樣的「見道」嗎？

3、您既然見道了，為何您現在還沒有道種智，以致於無法通達見道位的種種表相，導致提出質疑時處處破綻？

反問三：

1、您說：「**再者！二者的判果位階也不太一樣。**」既然見道內容一致，為何宗門的見道與教門的見道判果會不一樣？為何如此邏輯不通？

2、您認為 釋迦如來的所悟不同於悟後演說出來的教門佛法嗎？否則為何判果的位階會不一樣？

3、您認為禪宗的見道可以自外於大乘佛法嗎？可以與教門諸經所說的見道有所差異嗎？

4、若見道內容相同而證果不同，則所悟般若應當不同，是耶、非耶？

5、若所判果位不同，一定是所悟般若不同，所以見道內容應也不同；請問宗門見道與教門見道所見內容何處不同而導致判果位階不同？

結論：若同是親證第八識眞如，依於所證時同一種深淺程度的判果內涵，當然應該完全相同；因此，實證時只有所悟深淺差別導致位階高低差別而已，但位階高低的判果標準完全相同，不該主張判果會有不同。

花絮：

關於《成唯識論述記》的名稱，一般認為是玄奘大師口述之時或之後，由窺基大師手記，是故立此《述記》之名。然而，觀乎玄奘大師譯經數量之龐大，又觀其譯經時對「信、達、雅」三大原則之如實履踐，而且完全符合三量的精準情況，再考量玄奘大師回國後之處理寺院事務，或不時承蒙皇帝召見等等，如是時間寶貴而難得空暇情況，當知《成唯識論述記》絕無可能是於口述之時，基師立即逐字逐句筆記，再由玄奘大師當場認可而完成之；因爲這必須花費大量時間於等候筆記及潤飾上面，如此又必然累及玄奘大師色身心力，而基師身爲弟子，又何敢再勞煩師尊於辛苦口述之後，再來補正其筆記上的缺失呢？所以基師之手記必在逐次耳聞之後的夜晚或次日另行逐次整理爲之。如是情況下，難免有聽聞之時無誤，但無法完全理解而導致後時已失去**念心所**功德，手記之時只能由自己所知而作註解，便有錯誤產生。例如平實早年詳細講解《成唯識論》時，有不少同修聽聞之時能知其意，但歸家之後重讀《成唯識論》時，竟已無法理解；而如是之人不在少數，衡之於窺基在《述記》中之註釋錯誤情況，以及他在《心經幽贊》中對大乘見道的判教全違《成唯識論》聖教的情況，已可理解也。

又，《成唯識論》是玄奘大師爲令正法久住，而精心著述、辨正法義所特地寫下來之重要著作，其中法義論述之次第皆是自己建立及闡釋者，立義次第之精準與詳實，迄今依舊無人可以稍微比擬之；徵之於造論者通常僅能於論中顯示出其廣大智慧中之一小部分，非能顯示造論者全部智慧之事實，當知玄奘自身對於《成唯識論》之法義嫻熟無比，焉有可能教授予窺基時竟然自相違背而作出錯誤口述的行爲？觀乎窺基《述記》中的註釋與玄奘大師在《成唯識論》中的論證不全然相同，亦可證明《述記》的文字內容並非玄奘口述，窺基當場筆錄而經玄奘所認可者。何以故？若窺基的《述記》是當場筆錄而經玄奘大師閱讀認可者，絕無可能產生與玄奘大師論中法義互相違背的情況，否則即表示玄奘大師對自己所造的論中法義依舊懵然不懂；然而世間不可能有如是不通的邏輯推論得以成立，是故傳言中所說的「**玄奘口述、基師手記**」的事情縱使屬實，亦必是耳聞之後次日筆記或後時筆記，便與平實講授時大眾聞之得能信解，隨後返家重閱之時又有疑惑而致不解的情況，如出一轍。

若窺基的手記稿件曾經玄奘大師過目而作修正時，必然不可能產生與《成唯識論》內容相違的情況，因爲玄奘必然要加以修正使其無誤。然而，今從《述記》中的見道法義內涵，及其《心經幽贊》中所說大乘見道、加行、資糧位的判教嚴重違背《成唯識論》等大過以觀，顯示其與玄奘《成唯識論》中所說內涵嚴重背反，法義正訛之相差距離已經不可以道里計，簡直就是天地懸隔。若是手記之後曾由玄奘過目核可者，必不可能發生如是現象；由此證明，縱使「**玄奘口述**」屬實、「**基師手記**」亦屬實，但絕非當場手記而由玄奘當場過目核可；而其手記完成時，亦必定未經玄奘審定，是故乃有平實如上辨正所顯示之種種大過。眞有內明智慧而達七住位、十行位、十迴向位或已入地之一切菩薩眾，閱讀平實上來說明及論證以後，必當認同平實如是所言，凡夫論師即無論矣！

咐囑：

經過上面的舉證、說明、探究、反問之後，大眾對大乘見道的內涵應該已有基本的理解了，此時平實不免引出百丈禪師的話警覺佛門四眾：「**見與師齊，減師半德；見過於師，方堪傳授。**」黃蘗禪師自始至終都只認定自己的師父是百丈禪師，不曾妄想要跳過百丈禪師而直接承嗣馬祖大師。悟後的見地若能與幫助自己證悟的上師相等，所能獲得的功德也才只有上師的一半，因爲自己在般若上的悟入是由上師幫助才成功的；悟後的見地若能超過幫助自己證悟的上師，方能堪受上師在悟後給予教導，畢竟上師開悟的時節遠早於自己，智慧增上的時間已很久了。而且，這還是談論同樣受人指導而悟的人，尚未論及有沒有自然智、無師智的差別。因此說，沒有**無師智**的人，切勿質疑幫助自己證悟的上師，更何況是質疑已有**無師智**的上師，否則即是愚人也！

無師智的意思是說，未離隔陰之迷的再來菩薩，雖然被凡夫或邪師誤導了，他仍然可以自行建立功夫、證得深定，然後自己悟入而不依憑上師；表示這是往世早已證悟的再來菩薩，不必依靠上師幫助便能自己悟入，乃至禪悟的知見已被上師誤導至完全錯誤的方向時也是一樣。如果徒弟是在這樣具備無師智的上師幫助下才悟入的，縱使悟後見地能與上師相等，他所能受用的功德也不到上師的一半，因爲是在上師的幫助下才能悟入，但上師有無師智而非由他人幫助方悟的緣故。然而話說回頭，在如此前提下，徒弟再怎麼聰明伶俐，他的見地事實上終究不可能眞的超越上師；設或有一天眞的超越了，也才只是堪受上師的悟後指授而已，因爲上師已經悟後進修很久了，見地必然勝過當初教導徒弟之時。

由於此故，平實於此誠懇奉勸少數會眾（不論他們在會裡的地位如何）：若不想好好閱讀、思惟平實寫出來的書，只想自己直接鑽研故紙就妄想入地者，都是愚癡人。若能把平實的每一本書都好好閱讀、仔細思惟，全都沒有誤會了，見解自然通透，就不會有這種愚癡心想及行爲。上面所提的這些問題，其實在《燈影》中已有詳細說明，而此師經過多年之後竟然還讀不懂《燈影》的內容，又不知道自己的主張有很多的大過失；此類愚行，都是由於親近惡知識所致，非是有智、有福之人。請這些極少數的會眾，要記得平實這些勸請，以後要多讀同修會裡的書、多在了義正法道場廣修福德、多除性障；也要少作白日夢，別老是想要一飛沖天、平步青雲一悟入地；能如此者，在道業上面才會快速進展。若不想在入地時應有的無生法忍及廣大福德、修除性障如阿羅漢等實修上面努力，只是繼續不斷地妄想高證果位而引據經教出來爭執，正是在不斷地增長異生性，捨壽之後，來世將會獲得的異熟果報也就可想而知，悲矣！

第六節　無住處涅槃

無住處涅槃爲最勝涅槃、究竟涅槃，《成唯識論述記》卷十云：

述曰：一切有情若凡、若聖皆有初一，由此，經說一切有情本來涅槃。凡夫、二乘有學，未證後三涅槃。二乘無學不定性、未入地者，有初二；定性者有初三。直往入地菩薩，有初及第四。無學迴心入地菩薩，有初二及第四。如來具四種。有此六位差別故，若斷縛得及得位次，同時異時，各應廣說。餘者如文可解，即三乘具不具也。[21]

引述《成唯識論》卷十原文如下：

涅槃義別，略有四種：一、本來自性清淨涅槃，謂一切法相眞如理；雖有客染而本性淨，具無數量微妙功德，無生無滅湛若虛空，一切有情平等共有，與一切法不一不異，離一切相一切分別，尋思路絕，名言道斷，唯眞聖者自內所證，其性本寂故名涅槃。二、有餘依涅槃，謂即眞如出煩惱障，雖有微苦所依未滅，而障永寂，故名涅槃。三、無餘依涅槃，謂即眞如出生死苦，煩惱既盡，餘依亦滅；眾苦永寂，故名涅槃。四、無住處涅槃，謂即眞如出所知障，大悲般若常所輔翼，由斯不住生死涅槃，利樂有情窮未來際，用而常寂，故名涅槃。一切有情皆有初一，二乘無學容有前三，唯我世尊可言具四。[22]

這意思是說：本來自性清淨涅槃是一切有情都同樣已有，但是凡夫乃至二乘聖者皆未能實證，並非已經實證。窺基把論中這個「有」字誤解作「證」字，所以說爲「凡夫、二乘有學，未證後三涅槃」，語意則成爲「凡

21《大正藏》冊 43，頁 596，下 25-頁 597，上 3。

22《大正藏》冊 31，頁 55，中 7-20。

夫、二乘有學已證本來自性清淨涅槃」。然而實證本來自性清淨涅槃的人，都是眞見道位的第七住菩薩，若如窺基所說，則是一切凡夫及二乘愚人都已證本來自性清淨涅槃了，則世間不應仍有凡夫及二乘愚人可以如是名之，顯然窺基的說法錯了。

又窺基說：「二乘無學不定性、未入地者，有初二；」這意思是主張未入地菩薩全都已證三果了，才會有有餘依涅槃的實證；然而根本論中說，菩薩在入地前只要有初果的實證就夠了，不必然都要有三果的實證；直到即將入地之時加修安立諦十六品心及九品心時，方證第四果或頂品三果而得入地，所以窺基如是註解顯然錯了。

窺基又說：「直往入地菩薩，有初及第四。」這便是主張戒慧直往的入地菩薩都有本來自性清淨涅槃及無住處涅槃的實證，然而世尊聖教及根本論中所說，都是諸地菩薩有親證本來自性清淨涅槃，容有二乘涅槃的實證而起惑潤生，但皆仍未證得無住處涅槃；因爲所有菩薩都是要留惑或起惑潤生的，修至七地滿心之前的第八識都仍然名爲阿賴耶識，乃至八地心後尚未成佛之前猶名異熟識而非無垢識，當然還沒有無住處涅槃的實證，所以窺基的說法不正確。

窺基又說：「無學迴心入地菩薩，有初二及第四。」則是認爲二乘無學聖者迴心修學大乘法而得開悟之後，繼續進修而得進入初地，即有本來自性清淨涅槃及無住處涅槃；然而《成唯識論》卷十明明說，諸地菩薩只證得本來自性清淨涅槃，未證得諸佛的無住處涅槃，所以窺基對《成唯識論》的註解仍然錯了。但窺基的《述記》所說太廣，其中繁文並非初悟之人所能稍知，何況解悟及未悟如來藏之人，又何能知？萬勿以己解悟之心據其謬說而執以爲眞，反來質疑並無謬說之上師，否則即是無智之愚人也。

無住處涅槃之定義，《合部金光明經》卷一〈三身分別品第三〉云：

善男子！如是受化之眾、諸弟子等，是法身影。以願力故，應於二身現種種相貌；於法身地，無有異相。善男子！依此二身，一切諸佛說有餘涅槃；依法身者，說無餘涅槃。何以故？一切餘究竟盡故。依此三身，一切諸佛說無住處涅槃；何以故？爲二身故不住涅槃，離於法身無有別佛。何故二身不住涅槃？二身假名不實，念念滅，不住故；數數出現，以不定故；法身不爾，是故二身不住涅槃。法身者不二，是故不住於般涅槃，依三身故說無住處涅槃。[23]

別譯《金光明最勝王經》卷二〈分別三身品 第三〉：

復次，善男子！譬如無量無邊水鏡，依於光故，空影得現種種異相，空者即是無相。善男子！如是受化諸弟子等，是法身影，以願力故，於二種身現種種相，於法身地無有異相。善男子！依此二身，一切諸佛說有餘涅槃；依此法身，說無餘涅槃。何以故？一切餘法究竟盡故；依此三身，一切諸佛說無住處涅槃。爲二身故，不住涅槃，離於法身，無有別佛。何故二身不住涅槃？二身假名不實，念念生滅，不定住故，數數出現，以不定故；法身不爾，是故二身不住涅槃，法身不二，是故不住涅槃，故依三身說無住處涅槃。[24]

以上經文的意思是說，諸佛如來所度化之眾弟子等，都是由各人的**法身**所生顯之影子。同樣的道理，諸佛如來以度化眾生願力的緣故，應於報

23《大正藏》冊 16，頁 363，中 5-14。
24《大正藏》冊 16，頁 408，下 27-頁 409，上 10。

身與應身示現種種相貌；然而於法身的境地之中，諸佛如來並沒有不同的各種異相可說。所以是依於報身與應身的境界，一切諸佛宣說有餘涅槃的境界；若是依法身而說涅槃時，就只說爲無餘涅槃，因爲蘊處界等一切所餘究竟滅盡而只剩下法身獨存的緣故。然後再依法身、報身、應身，一切諸佛說無住處涅槃；這是由於恆時都有報身及應身接引眾生的緣故而不住涅槃，但若離於法身時就再也沒有其他的任何諸佛可得。爲何說報身與應身不住於涅槃中？是由於這二身假名不實，念念生滅，不得常住的緣故；而且報身與應身數數出現於眾生面前，由於不一定出現也不一定永滅的緣故；法身則不是如此，由這個緣故，說報身與應身不住於無餘涅槃中。然而法身是永遠不二的，所以法身也不住於般涅槃境界中，於是依此法身、報身、應身等三身的緣故而說諸佛的無住處涅槃。

無住處涅槃，是諸佛之所住。《三無性論》卷二說：【八、佛住者，謂佛不住生死、不住涅槃，住無住處涅槃也。】[25] 無住處涅槃之實證，其實是究竟滅除二乘涅槃貪，是滅除了對有餘涅槃及無餘涅槃的貪著，已經實

25《大正藏》冊 31，頁 874，下 28-頁 875，上 1。

證此二種涅槃而又遠遠超越這二種涅槃（因為更進一步滅除習氣種子及所知障所攝的過恆河沙數上煩惱了），又已滅盡所知障所攝的變易生死了，當然可以不住於生死之中，但卻又不入於二乘涅槃之中，於十方三界之中利樂有情永無窮盡，所以名為無住處涅槃。

在世親菩薩所著的《攝大乘論釋》卷六〈釋應知勝相品 第二〉中說：

論曰：住於**佛住**。謂不由功用，不捨如來事，佛住功德。釋曰：此顯無住處涅槃，不在生死故無功用心，不在涅槃故不捨如來利益眾生事。如此二義，由無住處涅槃故得成立，故說此涅槃名為**佛住**。[26]

語譯如下：

【《攝大乘論》中說：住於諸佛的所住。是說不由種種行而獲得功德力用，但也不捨離如來所行諸事，是諸佛所住的功德。釋論說：這是顯示無住處涅槃，由於早已不住在生死中的緣故而沒有絲毫需要再藉由修行而獲得功用的心行，又因不住在無餘涅槃的緣故而不捨離如來種種利益眾生之

26《大正藏》冊 31，頁 195，下 25-29。

事。像這樣的二種眞實義，是由無住處涅槃的緣故而得成立，所以說這個涅槃名爲**佛住**。】

《攝大乘論釋》卷八〈釋應知入勝相品　第三〉：

論曰：四、由涅槃差別。謂攝無住處涅槃，以爲住處。釋曰：此涅槃非是道果，是道住處。何以故？由菩薩行般若，觀察生死過失，故修道不在生死。由菩薩行大悲，觀眾生苦，起救濟心；雖不在生死而不捨生死，故不住涅槃。由道住此處，不執眞俗二相生，故名無相道。小乘道則無此事。27

語譯如下：

【《攝大乘論》說：第四、由於有涅槃的差別。是說攝受無住處涅槃，作爲如來的住處。釋論說：這個無住處涅槃不是修道所得的果報，而是修道最後的住處。這是什麼緣故呢？由於菩薩修行般若，觀察生死流轉中的種種過失，所以修道以後便不住在生死流轉之中。又由於菩薩行於大悲，觀察眾生的無量苦惱，生起了救濟眾生之心；因此雖然不住在生死之中而

27《大正藏》冊 31，頁 210，上 19-25。

又處處受生以救護眾生，所以就不捨離生死，以此緣故而不住於無餘涅槃中。這是由於佛道而住在這個地方，也不執著眞諦、俗諦二相的出生，所以名爲無相道。小乘道的二種涅槃中可就沒有這樣的事情了。】

《攝大乘論釋》卷十二〈釋依慧學差別勝相品第八〉：

論曰：由無住差別，住無住處涅槃故。釋曰：聲聞住著涅槃，如凡夫住著生死；菩薩不爾，見生死涅槃俱是分別所作，同無相性故，不住二處。[28]

語譯如下：

【《攝大乘論》說：由於無所住的差別，住於無住處涅槃故。釋論說：聲聞聖者住著於無餘涅槃，猶如凡夫住著於生死一樣；菩薩就不像這樣子，看見生死與涅槃二者全是分別心之所作，同樣都沒有眞實相性的緣故，所以便不住於生死及涅槃等二處。】

爲何名爲無住處涅槃？《攝大乘論釋》卷十二〈釋依慧學差別勝相品 第

28《大正藏》冊 31，頁 245，下 29-頁 246，上 3。

八〉：

論曰：由恒差別，於無餘涅槃不墮斷盡邊際故。釋曰：二人於無餘涅槃有差別故，智慧有差別。二乘於無餘涅槃無應化二身，以不觀他利益事故；無應身故墮斷，無化身故墮盡。菩薩於無餘涅槃恒起二身，無有邊際，何況法身？以自利利他圓滿故，有應身故不墮斷，有化身故不墮盡。29

語譯如下：

【《攝大乘論》說：由於常恆而有差別，諸菩薩於無餘涅槃不會墮於斷盡邊際的緣故。釋論說：聲聞人與菩薩於無餘涅槃的現觀有差別的緣故，智慧便有差別。二乘無學聖者於無餘涅槃沒有應身與化身，是因爲不觀察他人解脫利益等事的緣故；他們沒有應身的緣故墮於斷絕，沒有化身的緣故墮於滅盡。諸地菩薩則於無餘涅槃之中恆常生起應身與化身，沒有中止的時候而不會有邊際，何況是第八識法身？是因爲自利利他已經圓滿的緣故，所以有應身的緣故而不墮入斷絕，有化身的緣故而不墮入滅盡。】

29《大正藏》冊 31，頁 246，上 4-10。

《攝大乘論釋》卷十三〈釋學果寂滅勝相品 第九〉：

論曰：諸菩薩惑滅，即是無住處涅槃。釋曰：二乘與菩薩同以惑滅為滅諦。二乘惑滅，一向背生死，趣涅槃；菩薩惑滅，不背生死，不背涅槃，故異二乘。菩薩此滅，於四種涅槃中，是無住處：一、本來清淨涅槃，二、無住處涅槃，三、有餘，四、無餘。菩薩不見生死涅槃異，由般若不住生死，由慈悲不住涅槃。若分別生死，則住生死；若分別涅槃，則住涅槃；菩薩得無分別智，無所分別故無所住。

論曰：此相云何？釋曰：無住處涅槃，以何法為相？

論曰：捨離惑與不捨離生死，二所依死，轉依為相。釋曰：若菩薩在轉依位，不與諸惑緣起處，故名捨離。或在出觀位，必起分別故，名不捨離生死。若偏觀前後明此二義，亦得一時具二義。若雙觀二義，必在一時。此二義並以依他性為依止，無住處涅槃以轉依為相，即轉二著。凡夫著生死，二乘著涅槃；菩薩得無分別智，不見生死涅槃有差別；雖滅惑，不住涅槃；雖起分別，不住生死。故此涅槃以轉依為相，此轉依即依止依他性。[30]

語譯如下：

【《攝大乘論》說：諸菩薩的煩惱障惑及所知障惑滅盡時，就是無住處涅槃。釋論說：二乘聖人與菩薩同樣以無明的滅除作爲滅諦。但二乘聖人的無明滅盡時，一向都是背離生死，趣向無餘涅槃；菩薩的無明滅盡時，不背離生死，也不背離無餘涅槃，所以異於二乘聖人。菩薩這個無明滅盡時，於四種涅槃之中，是沒有住處的：一、本來自性清淨涅槃，二、無住處涅槃，三、有餘涅槃，四、無餘涅槃。菩薩依眞如境界而不見生死與涅槃有什麼差異，又由於實相般若的親證而不住於生死中，再由慈悲利眾的緣故而不住於無餘涅槃中。若是分別生死時，則是住於生死之中；若是分別涅槃時，則是住於涅槃中；菩薩由於證眞如的緣故而證得無分別智，依眞如而無所分別的緣故所以都無所住。

《攝大乘論》自問說：這無住處涅槃的法相如何？釋論語譯說：無住處涅槃，是以什麼法作爲其相？

30《大正藏》冊 31，頁 247，上 27-中 18。

《攝大乘論》說：捨離無明與不捨離生死，二種所依的分段生及變易生都已經死了，轉依智慧及解脫作爲無住處涅槃的法相。釋論說：如果菩薩在轉依位，不與種種無明緣起安處，所以名爲捨離。或者在出觀之位中，必定會生起分別的緣故，名爲不捨離生死。如果偏觀前後而明白這二種正義，也可以一時具足這二種正義。若是雙觀二義時，必定是在同一時中。這二種正義同以依他起性作爲依止，才能在三界中示現及宣說；無住處涅槃則是以轉依作爲法相，即是轉易二種執著。凡夫執著於生死，二乘聖者執著於涅槃；菩薩證得無分別智，依眞如而不見生死與涅槃有什麼差別；雖然滅除了無明，卻不住於涅槃中；雖然生起了分別，卻又不住於生死之中。所以說這個無住處涅槃是以轉依作爲法相，這個轉依即是依止於依他起性的蘊處界諸法而顯示出來。】

《成唯識論述記》卷十：

論：四、**無住處涅槃**至故名涅槃。述曰：所知障者，顯唯菩薩得，非二乘。二乘不能出所知障故。大悲般若常所輔翼者，顯緣此涅槃，生智、悲故。或由智、悲，緣證如故，於生死、涅槃二俱不住。緣此雖起悲、智二用，體性恒寂故名涅槃。[31]

語譯如下：

【《成唯識論》所說：「四、無住處涅槃」到「故名涅槃」。窺基述曰：提出所知障的意思，是表顯這個無住處涅槃只有菩薩能夠證得，不是二乘聖者。二乘聖者不能出離所知障範疇的緣故。「大悲般若常所輔翼」這句話的意思，是表顯說，緣於這個無住處涅槃，出生智慧、大悲心的緣故。或者是由於智慧、大悲心，緣於親證眞如的緣故，對於生死、涅槃二邊全都沒有所住。緣於這個無住處涅槃雖然生起了大悲、智慧二種神用，體性卻是永遠寂滅的緣故而名爲涅槃。】

窺基的弟子惠沼在《成唯識論了義燈》卷一中有著不同的說法，若從分證上面來說，亦可名爲已得無住處涅槃：

問：「菩薩得無住處涅槃已不？」答：得。何以得知？《攝論》〈智殊勝〉中云：「菩薩遠離如是處所，般若、大悲皆具足故，能正安住無住涅槃。」

31《大正藏》冊 43，頁 596，下 16-21。

又〈辨菩薩．聲聞智差別〉中云：「謂無住涅槃爲所住故。」「若爾，亦云菩薩四畢竟差別者，謂住無餘依涅槃界無斷滅故。」答：此非成難，下論釋中「又若諸菩薩得成佛時所證法身，窮生死際無斷盡故」，無住處中直云菩薩住，不言成佛故。[32]

這就是說，《成唯識論》中是以嚴格標準而說賢位菩薩上至妙覺位中，都只證得本來自性清淨涅槃，未證無住處涅槃；但惠沼是從分證的層面來說，亦可說菩薩們開悟後證得本來自性清淨涅槃時，就已分證無住處涅槃了。因爲無住處涅槃的建立，是由本來自性清淨涅槃的實質而施設的緣故。

依本質說，如來所證方是究竟清淨涅槃，《大般涅槃經》卷十八〈梵行品 第八〉：【菩薩施時如法求財，不侵彼施此，是故成佛得清淨涅槃。】[33]意思是說，諸佛如來於菩薩位中行施之時，不以非法所得財物布施，全都是如法求財而行布施，絕不以侵欺眾生所得的財物而作布施，以此緣故成佛時所證的涅槃是清淨涅槃；這與二乘聖者尚有往世業行習氣種子未得全

32《大正藏》冊 43，頁 673，上 3-12。
33《大正藏》冊 12，頁 470，下 8-9。

部清淨，所證涅槃即非清淨而有不同。

又《四童子三昧經》卷二：

佛告阿難：「阿難！汝見此四童子已不？從四方來，面如滿月，過日光明，蔽四天下，威德特尊；齒白明耀，發智慧光，得大精進，入甚深智，成就功德；識智了達，有深信行，謙卑慚愧行業滿足，意見深遠得正念定，智慧善巧有大方便；第一總持，爲諸眾生隨順說法；增長善本，於無量億百千佛所種諸善根。各住四方，各於佛剎聞我涅槃，各從彼剎諸如來所諮發啓請，生此剎土，欲聞見我及我名稱、說法利益功德之事，觀看今日如來後夜分時，於力士生地娑羅雙樹間，當入無餘涅槃、不思議涅槃、一切世間無等涅槃、一切世間希有涅槃、一切世間安樂涅槃、一切世間難伏涅槃、一切世間斷離諸趣清淨涅槃，如來當取如是微妙最上涅槃。」[34]

這段經文中所說，如來「當入無餘涅槃、不思議涅槃、一切世間無等涅槃、一切世間希有涅槃、一切世間安樂涅槃、一切世間難伏涅槃、一切世間

34《大正藏》冊 12，頁 934，下 20-頁 935，上 5。

斷離諸趣清淨涅槃，如來當取如是微妙最上涅槃」，是由於 如來已斷除分段生死煩惱的現行，於成佛前二大阿僧祇劫已證得有餘涅槃、無餘涅槃；又斷除煩惱障的習氣種子隨眠，證得色陰盡、受陰盡、想陰盡境界，都無三界愛的絲毫習氣種子隨眠。又進而斷盡所知障隨眠，渡過變易生死而致無垢識中一切種子都不再變異；此時已盡識陰習氣種子，證得行陰盡、識陰盡境界，再也沒有無記性種子的生滅變異了，此時六根互通運作而無阻隔，才能證得「如是微妙最上涅槃」，這才是無住處涅槃的實證。

諸佛無住處涅槃，要依菩薩因地所證本來自性清淨涅槃而得。《金剛仙論》卷十已有明文：

明諸佛如來得出世正觀，見有爲法本來寂滅即是涅槃性，不同聲聞見世間異涅槃，故厭捨有爲而取涅槃。今言有爲即涅槃者，是佛性妙有常住涅槃；**明諸佛如來觀有為法即是性淨涅槃**，既見性淨涅槃，斷二障永盡，得此妙智正觀時，能即得彼現果方便涅槃故，不捨有爲而住涅槃也。[35]

[35]《大正藏》冊 25，頁 873，下 16-23。

若究其實，此論已說「明諸佛如來觀有爲法即是性淨涅槃」，是故諸佛的無住處涅槃，要因本來自性清淨涅槃的實證，然後次第漸修而得，並非一悟可幾。又《華嚴五十要問答》卷一：

無住處涅槃通因及果。此有二種，約理量分二釋，如《攝論》。若一乘教，即唯有一大般涅槃，無有差別，廣說如《華嚴經》。[36]

亦同此理，謂無住處涅槃之因，即是本來自性清淨涅槃；一切菩薩無不由於因地所證本來自性清淨涅槃而現觀眞如，然後生起實相般若，次第進修八識心王唯識增上慧學而得無生法忍，然後進修十度波羅蜜多，次第滅盡五陰習氣種子，證得五陰盡智慧境界而得成佛。

《大乘玄論》卷三說：

涅槃備於三德，謂法身、般若、解脫。所以三德爲涅槃者，略有四種義：生死與涅槃相對，生死有三障，謂煩惱業苦；對報障故名法身，對業障故辨解脫，對煩惱障說於般若。二者欲顯如來三業自在，有法身故身業

36《大正藏》冊 45，頁 523，下 1-4。

> 自在，具般若故口業自在，有解脫故意業自在。三者無境不照名爲般若，無感不應名法身，無累不盡稱解脫故，三德爲宗。四者爲對二乘三德不圓，有身智解脫不足，解脫亦圓則無身智，故名如來三德圓備。[37]

意思是說，三德的圓滿具足，其實也是由本來自性清淨涅槃之實證而次第漸修完成。證得第八識如來藏阿賴耶識時，即可現觀如來藏自身之眞如法性，由眞如法性而得現觀如來藏是本來自性清淨涅槃，雖然此一涅槃本來而有、非修而成，卻是不修菩薩道即不得實證。親證第八識如來藏時即知此心是萬法之所依身，名爲證得法身，但法身德仍不具足，要待成佛方始具足。親證如來藏時即知本來自性清淨涅槃，現觀一切眾生本來涅槃而一切眾生不知不見，凡夫眾生因此繼續輪迴；雖聖而愚的二乘無學因此而不得實相般若，捨壽即入無餘涅槃，無益於廣大眾生，是故二乘無學聖人皆無法身德；菩薩則因證得如來藏而有眞如智，有智慧觀察實相法界而有般若德，但仍要待成佛之時方始圓滿具足。又因親證如來藏故現觀自身及一切有情同有本來自性清淨涅槃，然而一切有情不能知見、更不能證，

37《大正藏》冊 45，頁 47，上 20-中 1。

如是現觀而有基於實相般若所生之解脫德，是故不急於斷盡我執而取無餘涅槃，次第修習三賢位之法，依相見道位之般若智慧修習，漸次邁向初地。如來則是三業自在：「**有法身故身業自在，具般若故口業自在，有解脫故意業自在。**」以三德悉皆具足圓滿故。故知「**一悟即至佛地**」之說，只是方便攝受眾生之語；一切菩薩要因實證眞如而證得本來自性清淨涅槃，方能次第進修而漸至初地，然距離佛地猶遙。

入地以後應修十度波羅蜜多，但入地後應先側重於擴大六度波羅蜜多的修行，是依無生法忍而重新廣修六度波羅蜜多；於三地滿心位成就三昧樂意生身，證得色陰盡的境界（至遲應在五地滿心位前生起三昧樂意生身及證得色陰盡境界），此後每天若處在暗夜之時，永遠都是視物猶如白晝。於六地滿心位應證得受陰盡的境界，覺知心可以在自己的色身內外去住自由，不需入定以後才能進出，沒有任何障礙。然後轉入第七地中，修習方便波羅蜜多；到第七地滿心位已經是想陰盡的大菩薩了，這時由於三界愛的習氣種子已經斷盡了，所以任何離語言文字的極微細妄念（念頭、話頭）也都不存在了，終日都無任何一種離語言文字之極微細念現行，永遠如此，除非他依於願力而思惟應該爲眾生作什麼，或爲有緣人開示佛法；這時是「一倫死生，首尾圓照」，在三界中的生來死去、何去何從都已事先預知了；而且從此時開始，眠熟時也不再有無記性的夢境出現了，才能說是想陰已盡。從初地入地心至第七地滿心修行完成，歷時一大阿僧祇劫。

七地滿心時已得念念入滅盡定之後，恐有不慎進入無餘涅槃之虞，世尊必然會來攝受，傳予「**引發如來無量妙智三昧**」，令七地滿心菩薩繼續趣向佛菩提道而不會誤入無餘涅槃，此時即轉入第八地中。轉入八地心以後，應該修習願波羅蜜多，於八地滿心位應證得「**如實覺知諸法相意生身**」，於相於土變化自在，行陰習氣種子已滅除一部分。然後轉入第九地中應修習力波羅蜜多，滿心位應證得「**種類生無作行意生身**」，同時具足圓滿了四無礙辯，行陰習氣種子又滅除一部分。接著轉入第十地中應修習智波羅蜜多，於滿心位證得行陰盡的境界；這時行陰習氣種子已經斷盡了，凡有所思、凡有作言、凡有所作，都因自意欲作而作，非無意義之事；一切無記性的身口意行，再也不會無意之間現行了，才算是圓滿十地心。這時十方世界諸佛共同爲他遙作灌頂而成爲法王子，菩薩道滿足，準備轉入等覺位中。等覺位菩薩猶如諸佛故名等覺，從此以後百劫修相好，無一時非捨命時，無一處非捨身處，世世布施外財與內財而無猶豫，藉此斷盡識陰習氣種子；

凡有起念，都屬故意所作之念，永遠不再有不經意而生的無記業等念。如是百劫滿已，成就大福德後，方能轉入妙覺位中，觀察因緣而下生人間示現成佛、八相成道、三轉法輪而示現滅度。

始從初地心開始，到十地滿心位，地地各有二障二愚應當修除，這個內涵，不屬於本書所應宣演之內容，是故只於前面略說修證得果後之功德法相，以免增上慢者悟後尚未通達前，妄自尊大而導致捨壽後下墮三塗。如上所說修證上應發起之功德，從七地滿心到十地滿心位，仍然要歷時一大阿僧祇劫方得成滿。關於滅除五陰習氣種子的五陰盡境界，詳細說明之內容請詳拙著《楞嚴經講記》，此書中不作細說；因爲對一般讀者而言，這沒有迫切的關聯性——與讀者眼前的修證沒有直接的關聯性，更與本書想要闡釋的涅槃無直接關聯，是故不說。

這十度波羅蜜多，總共歷經二大阿僧祇劫方得圓滿。關於十度波羅蜜多的詳細修學內容，並非本書所應或所欲解說之內涵，僅於正覺同修會增上班課程中爲諸已悟同修論說，是故本書僅針對與現代佛弟子容易淆訛及可能相關之見道與加行內涵而作說明，因爲本書所說的內涵是涅槃及與本來自性清淨涅槃有關之見道，並非闡釋修道之次第與內涵故。詳說見道與加行的關聯，目的是鑑於佛弟子四眾往往悟後尚未斷盡大乘見道所斷異生性，易被大乘見道通達位方能斷盡之邪見遮障；往時亦多有悟後被惡知識或被自己的慢心所遮障，導致退轉而自以爲增上，實質上已不能在第七住位常住不退，乃至於未來世必將下墮三塗；爲預防如是惡事繼續發生於佛弟子身上，是故不得不說。

第二章　本來自性清淨涅槃

第一節　本來自性清淨涅槃之本質即是眞如

本來自性清淨涅槃是施設法：依第八識心體之自性而說有眞如，依眞如法性而說有本來自性清淨涅槃。那麼眞如究竟是什麼？**眞如**即是第八識如來藏的眞實而又如如不動的自性。

所謂**眞**，是因爲如來藏眞實存在故說爲眞，也是因爲如來藏能生萬法而有其外於七轉識之自性故說爲眞。復次，如來藏能生五陰世間故眞，共業有情之如來藏能生共業有情所住的器世間故眞；如來藏能執持有情所造一切善業種、惡業種、無記業種、淨業種故眞；如來藏永遠沒有斷滅之時故眞。以諸佛的宿住隨念智力窮究如來藏至無始以前，依舊無法了知如來藏是何時出生的，因爲本來無生故說爲眞。如來藏是能生萬法之心，能生之心不可能被生，由此證明祂本自無生、法爾如是，故說爲眞。阿含部的聖教中說如來藏是「**諸法本母**」，證悟之後的現觀亦復如是，依如是聖教量及現量所觀，當然必定說如來藏心爲眞。若依實證而能詳細思惟者，當有更多如來藏眞實之理可得，故說如來藏眞實。

所謂**如**，是因爲如來藏於一切世間境界都如，永遠不會因爲任何境界變化而動其心；不論八風之中有哪一種風吹來，如來藏都不動其心；假設八風一起吹來，如來藏亦復如如不動其心，決不動轉，故說爲如。有情造作善業應生欲界天上，如來藏即爲其造作來世欲界天身，正當該有情大肆享樂之時，其如來藏依舊如如不動而名爲如。有情造作禪定業應生色界天中，如來藏即爲其造作來世色界天身；正當該有情住於禪定享受禪悅之時，其如來藏依舊如如不動而名爲如。有情造作無色定業應生無色界天中，如來藏即爲其造作來世無色界之受想行識等「名」；正當該有情住於離念境界之時，其如來藏依舊如如不動而不領會其定境，故名爲如。有情造作惡業應墮三惡道，如來藏即爲其造作來世三惡道下劣欲界身；正當該有情受苦難過之時，其如來藏依舊如如不動而名之爲如。眞見道後於一切時中現觀，復於相見道位一切時中現觀，至通達位的初地心中及十地諸地位中，乃至成佛後的諸佛境界中現觀，如來藏心莫非如是如如不動，故當名之爲如。

合如是眞實與如如之自性，如來藏名爲眞如。由如是永遠不變之眞如自性故，說如來藏本來存在、法爾而有，非從他生亦非自生，更非因緣生及共生，本來而有、法爾如是；以此緣故，如來藏心即是本來自性清淨涅槃之體，是故說如來藏心有本來而有的種種自性，即是本來自性清淨涅槃中之「**本來**」正義。

本來自性清淨涅槃之「**自性**」者，謂如來藏有各種自性，謂其不生不滅、不來不去、不增不減、不一不異、不垢不淨……等無量自性之外，尚有能生萬法、能持一切種子之自性，是宇宙中一切萬法之本源，因果律實行之主體，並非純屬名言施設之形而上學一類名詞；更非六識論的應成派中觀師所說「**緣起性空之別名爲如來藏**」，因爲如來藏有其種種自性故，故名「**自性**」。

本來自性清淨涅槃之「**清淨**」義者，謂如來藏心本來清淨，迴無染汙，於三界六道有情身中永遠不動其心，是故永無愛厭取捨之心性。既無愛厭取捨之心性，則如來藏於各自有情身中運作不斷之時，即無所謂行善或造惡之心行。既無行善或造惡之心行，純一無記之性，則有情造惡之時，如來藏不墮惡性之中；有情行善而對善業之未來世果報生起執著之時，如來藏亦不執著，由是二故說如來藏本來清淨。縱使如來藏所含藏的有情種子有各種染汙，然而如來藏將這些種子流注現行出來時，其染汙性仍由有情五陰身心領受及運作，不與如來藏相應，故說如來藏本來之自性原已清淨。

本來自性清淨涅槃之「涅槃」者，謂如來藏無始劫來不生不滅，永離生死；不像識陰六識世世出生以後又復死亡（中陰身入胎時即告滅失不復現起），世世之識陰六識都不能去到下一世，當知不從前世來。每一世之識陰六識等覺知心，全部都是嶄新的識，從來沒有從上一世移轉到此世來的識陰六識覺知心，因此人人都有胎昧，不離隔陰之迷，唯除已得三明六通或滿三地心之菩薩摩訶薩已有意生身者。但如來藏心無始恆存、本來而有、法爾如是不從他生，本來自在，即由如是本來自己已在、不生不滅、永無生死等自性，說如來藏本來涅槃。又二乘四果聖人不迴心者（屬於定性聲聞聖者），捨壽而入無餘涅槃時，滅盡此世五蘊身心、滅盡自己十八界而不受後有，迴無一法存在時，仍然只是各自的第八識如來藏獨存，離見聞覺知又無證自證分，迥然無我而不知自己正在無餘涅槃中，無知無覺之境界中無智亦無得，永離三界分段生死而名無生，名爲無餘涅槃，其實仍是如來藏獨存之離見聞覺知境界。

合如是**本來性**、**自性性**、**清淨性**、**涅槃性**四者，名爲**本來自性清淨涅槃**。然而如是本來自性清淨涅槃之境界，其實即是第八識的眞如境界，乃依第八識的眞實與如如境界而施設本來自性清淨涅槃。若非第八識如來藏恆時不斷地顯示其眞如法性，則本來性、自性性、清淨性、涅槃性等四者都將無所成立，是則本來自性清淨涅槃即不能現觀，則無能實證之。然諸菩薩摩訶薩隨　世尊修學，由實證第八識如來藏故，能轉而互相傳授於有緣者，皆能不斷地重複實證而持續驗證之，即能觀察如來藏之本來性、自性性、清淨性、涅槃性；由心得決定及本有定力伏惑之緣故，必能轉依成功而依止眞如法性，即得現觀如是四種自性，發起實相般若之根本無分別智，名爲眞見道；繼續進修相見道位的各種智慧而名爲相見道位之實修，以發起後得無分別智。至三賢位滿足時便能具足觀察如來藏之本來性、自性性、清淨性、涅槃性，名爲具足親證三賢位之本來自性清淨涅槃者，即將轉入初地心中。以是緣故，說本來自性清淨涅槃依如來藏的眞如法性而施設建立，故說本來自性清淨涅槃之本質即是眞如。

由世間法與本來自性清淨涅槃俱是第八識如來藏心之所顯性故，說本來自性清淨涅槃與生死流轉等悉皆不二，《攝大乘論》卷二〈應知勝相品　第二〉：

有生無生無二，有滅無滅無二，本來寂靜、不寂靜無二，本來涅槃、非涅槃無二，生死涅槃無二。由如此等差別，諸佛如來依義密語，由此三性應隨決了。[38]

語譯如下：

【有生與無生不是二法，有滅與無滅不是二法，本來寂靜與不寂靜不是二法，本來涅槃與非涅槃不是二法，生死與涅槃不是二法。依於像這樣解說的種種差別，諸佛如來依眞實義而說種種祕密法語，由這些道理，圓成實性、遍計執性、依他起性的正義，應隨於如是正義而得決了。】

因爲經由證眞如而現量觀察，生與無生等二邊諸法全都是如來藏一心之所顯示、之所出生、之所壞滅，本來就應攝屬於一心如來藏，何處而有角立或互離之可說？故說本來自性清淨涅槃一切眾生亦有，一切證悟菩薩悉皆如是現量觀察無誤，只是凡夫、愚人不能證得眞如而無法現觀。

38《大正藏》冊 31，頁 121，上 24-28。

亦如《涅槃宗要》云：

眞如法性本來無染，故曰性淨，亦名本來清淨。涅槃即如如理，凡聖一味，是故亦名同相涅槃。[39]

語譯如下：

【眞如法性是本來就無雜染，所以名之爲自性清淨，又名之爲本來清淨。本來自性清淨涅槃其實即是如來藏心本來如如的道理，不論是在凡夫或聖人身中，如來藏的本來自性清淨涅槃永遠都是同一法味，由這個緣故就名之爲同一法相的涅槃。】

又如《起信論疏》卷上說：

如大品經言：「以是智慧，斷一切結使，入無餘涅槃。」元是世俗法，非第一義。何以故？空中無有滅，亦無使滅者；諸法畢竟空，即是涅槃故。又言：「何義故爲菩提？空義，是菩提義；如義、法性義、實際義，是菩提義。復次，諸法實相不誑不異，是菩提義故。當知此中約於性淨菩提，本來清淨涅槃，故諸衆生本來入也。非可修相者，無因行故；

---

[39]《大正藏》冊 38，頁 243，上 21-23。

[40]非可作相者，無果起故；畢竟無得者，以無能得者，無得時、無得處故。」

語譯如下：

【譬如《大品般若經》所說：「由於這個智慧，斷除了一切結使，進入無餘涅槃。」原本是世俗法，並非第一義諦。何以故？因爲空性眞如的境界中沒有斷滅，也沒有能使其斷滅的法；諸法推究到最後時畢竟都是空性眞如，眞如即是涅槃的緣故。又說：「以什麼道理而名爲菩提？空性之義，即是菩提之義；如如之義、法性之義、實際之義，即是菩提之義。復次，一切諸法的實相是不欺誑也沒有殊異，即是菩提正義的緣故。應當知道這裡面的道理是植基於自性清淨菩提，是植基於本來清淨涅槃，所以是一切眾生本來已入的不生不死境界。這個本來自性清淨涅槃不是可以經由修行而得的法相，是因爲沒有任何一個因由可以實行成就這個涅槃的緣故；說不是可以造作而成就本來自性清淨涅槃的法相，這麼說的原因，是因爲沒有果報在這個涅槃中生起的緣故；說這個涅槃是畢竟無所得的意思，是因

40《大正藏》冊 44，頁 213，中 8-17。

爲證得本來自性清淨涅槃時並沒有誰是能得的人，因爲證得這個本來自性清淨涅槃時，是沒有得到的時候，也是沒有得到的處所的緣故。」】

這意味著說，本來自性清淨涅槃是本來涅槃，不是經由修行而成就的，因爲顯示這個本來自性清淨涅槃解脫境界的心是如來藏，而第八識如來藏的眞如性是本來恆時如此，不是修行以後才生起眞如法性的；所以如來藏心本來而有、本來眞如、本來涅槃，顯示本來自性清淨涅槃是本來就涅槃而非修行所成就的；諸菩薩眾都是隨從諸佛如來修學佛法，然後親自證實這個涅槃是本來而有，自己只是經由修行而加以證實，不是經由修行而加以生起及成就的。

如上論疏之中如是宣說，《維摩詰所說經》卷一〈菩薩品 第四〉中也如是說：【諸佛知一切眾生畢竟寂滅，即涅槃相，不復更滅。】[41]

語譯如下：

【諸佛都知道一切眾生推究到最究竟心的地步時，其實同樣都是本來已

41《大正藏》冊 14，頁 542，中 18-19。

是寂滅，因爲眾生的最究竟心即是如來藏眞如心，而此心的境界中是本來就離語言相、文字相、覺知相；在這個境界中從來沒有諸法的生滅相，不生不滅之相也就是涅槃相，所以不必另外再滅除什麼法，本來就已經是涅槃了。】

這就是本來自性清淨涅槃的道理。

又如《大寶積經》卷八十六說：

復次，超眼境界非色法故，是名神變。超耳境界非聲法故，乃至超意境界非意法故，不可顯示，非智所知，是名神變。復次，空無相願，不可言說，而說於空、無相、無願，是名神變。無起無作、無性無相、無生無滅，本來涅槃不可言說，而說涅槃，是名神變。 42

語譯如下：

【復次，超過眼根、眼識境界而不是色塵之法的緣故，這就是我說的神變。超過耳根、耳識境界而不是聲塵之法的緣故，乃至超過意根、意識境

42 《大正藏》冊 11，頁 493，中 11-17。

界而不是意根、意識、法塵境界的緣故，本來自性清淨涅槃不可顯示，不是世間智慧之所能知，這就是我說的神變。復次，空、無相、無願，不可用言說來顯示，而竟演說於空、無相、無願等法，這就是我所說的神變。無生起也無造作、無三界性也無世間相、沒有出生也沒有死滅，本來已是涅槃而不可言說，如是而演說涅槃，就是我所說的神變。】

這也證明本來自性清淨涅槃是本來已是不生不死的境界，唯證乃知，不是藉由學問研究、經籍訓詁而作思惟所能得知。而空三昧、三乘菩提等世間法、出世間法、世出世間法，其實也都是依於眞如心的本來自性清淨涅槃而施設、而敷演。

又如《大集大虛空藏菩薩所問經》卷五云：

> 被聞一切法不驚不怖不畏甲冑，知一切法如幻夢光影谷響水月故；被大悲甲冑，知諸有情本來涅槃悉成就故。被善巧方便甲冑，聞空無相無願無行，一切法不生，而能示現處生死故。[43]

43《大正藏》冊 13，頁 635，中 28-下 3。

語譯如下：

【身上披著聽聞一切法不驚不怖不畏的甲冑，因爲了知一切法如幻夢光影谷響水月的緣故；披著大悲甲冑而利樂眾生，因爲了知一切有情本來涅槃原本已經成就的緣故。披著善巧方便的甲冑，是因爲聽聞空、無相、無願、無行，了知一切法本來不生，而能夠示現處於生死之中的緣故。】

這其實也都是因爲親證第八識如來藏時，現量觀察第八識心的眞如法性，由第八識心的眞如法性而顯示出本來自性清淨涅槃的緣故。

又如《大集大虛空藏菩薩所問經》卷六說：

云何無所執？不執色是常、無常，不執受想行識是常、無常；不執色是苦、是樂，不執受想行識是苦、是樂。不執色是我、無我，乃至不執識是我、無我；不執色是淨、非淨，乃至不執識是淨、非淨；不執色是空、非空，乃至不執識是空、非空，即獲無所執著三摩地。得是三摩地已，常起大悲度諸有情，不見流轉生死煩惱，所以者何？生死、涅槃，性無別故。於諸有情現見涅槃，亦知自身本來涅槃，是名菩薩般涅槃行。善男子！云何菩薩般涅槃行？般涅槃者名無有觀行，迴向薩婆若。於薩婆若不作色求，不作受想行識求，以無求心住清淨戒，滿足本願；於一切法不見增減，獲於平等住於法界。由住法界行菩薩行，亦無行法而爲所行。善男子！是爲菩薩般涅槃行。[44]

這道理也是一樣，都因爲菩薩證得猶如虛空的如來藏阿賴耶識，現量觀察如來藏心的眞如法性永遠不變不動，恆時顯示眞如法性而有本來自性清淨涅槃的事實，是故經由現量觀察而證實此段經文中所說的「於諸有情現見涅槃，亦知自身本來涅槃」，諸佛菩薩也都因此而說這就是「菩薩般涅槃行」。然而推究一切涅槃時，卻都是源於如來藏的眞如法性而有本來自性清淨涅槃之可證。

於《深密解脫經》卷二〈聖者成就第一義菩薩問品 第八〉中也說：復次，成就第一義！第一義者，依無我得名，是故我意依第一義無體相故，說言諸法本來不生。何以故？成就第一義！以第一義法無我得名，是故名爲第一義諦無自體相；常常時、恒恒時，一切法體常住，謂無爲體離諸一切煩惱相應。若法常常時、恒恒時，依彼法體住，彼

44 《大正藏》冊 13，頁 636，中 12-27。

法不生不滅，以無爲故。若法無爲，彼法本來寂靜；若法本來寂靜，彼法本來涅槃，以遠離一切煩惱毒相應故。是故，第一義法無我得名，我說諸法無自體相：一切法本來不生，一切法本來不滅，一切法本來寂靜，一切法本來涅槃。[45]

這就是說，所說第一義諦的道理，是依法無我而得名，因爲一切法若依第一義諦而觀察時，全都沒有自體相的緣故，全都是依無生無滅的眞如心而說諸法本來不生。這是因爲第一義諦是依法無我而得名，由這個緣故而名爲第一義諦無自體相；一切法自始至終都依於眞如心而存在，但眞如心始終是無生無滅的常常時、恆恆時示現，永無生滅，所以一切法的自體其實即是依於眞如心而得常住，所以說無爲之體離於一切煩惱相應的境界。如果有一個法是常常時、恆恆時，永遠無生滅的時候，那麼一切法都可以依於那個法體而住，而那個法是不生不滅的，因爲那個法是無爲法的緣故。如果有一個法是無爲的，那個法則是本來即是寂靜的；如果那個法是本來寂靜的，那個法就是本來無生無滅的涅槃，因爲本來已經遠離一切

45《大正藏》冊 16，頁 671，上 17-28。

煩惱毒相應的緣故。所以 世尊說第一義是依法無我而得名，也因此而說諸法無自體相：一切法本來不生，一切法本來不滅，一切法本來寂靜，一切法本來涅槃。這就是在演說眞如心的本來自性清淨涅槃，如果已經證得眞如心，便能理解這一段經文中所說的妙理了；以此緣故，說大乘法中的本來自性清淨涅槃是依眞如而說的。

又《深密解脫經》卷二〈聖者成就第一義菩薩問品 第八〉也說：

成就第一義！復有衆生，衆生界中不能種諸一切善根，乃至不能成就功德智慧之業，無直心、無直意。而彼衆生知：是法、是非法，是可取、是可捨。自智生，見是可取、是可捨。而彼衆生聞我所說甚深之法，不知我意，是故不知如實之法；不知如實法故，不能覺知一切諸法，聞聲執著，義亦如是。是故，彼諸一切衆生說如是言：「諸法無體相，一切法本來不生，一切法本來不滅，一切法本來寂靜，**一切法本來涅槃**。」而彼衆生依因此見，於諸法中起於邪見，無諸法相；墮於邪見，以見諸法無無相；以見諸法無無相故，而謗一切諸法爲無，所謂虛妄分別相、因緣法體相、第一義法體相。46

這就是說，凡夫有慢的眾生，聽聞 世尊演說本來自性清淨涅槃時，不懂那是依第八識的眞如法性而說的，誤以爲一切法空的斷滅空就是涅槃，就主張說：「一切法緣起性空，但憑父精母血即可共生五陰，不必有第八識如來藏爲根本因；若人懂得一切法空，理解一切諸法緣起性空，即是證得佛菩提道，所以四阿含諸經所說的解脫之道即是佛菩提道，所以阿羅漢即是佛陀。」這一類人雖然極力弘揚三論，卻不知道自己已違背三論所說的「諸法不自生、不他生、不共生、不無因生」之理，而反落入邪見中，還自以爲懂得全部佛法而宣稱已經成佛了；如是之人主張的人間佛教，何有絲毫可取之處？不過是自誤誤人之邪說罷了。由是緣故，平實說，證眞如才是一切學佛而非學羅漢者所應修學之法，因爲本來自性清淨涅槃是依第八識的眞如法性而建立故。

又，諸經中說一切法本來涅槃，但一切法仍是空性如來藏的自性，非一切法自己有性、能常住而可說爲涅槃，例如《大般若波羅蜜多經》卷三

46《大正藏》冊 16，頁 672，中 6-19。

九四〈嚴淨佛土品 第七十二〉說：

「一切法皆無自性，無性故空，空故無相，無相故無願，無願故無生，無生故無滅。是故諸法本來寂靜自性涅槃，若佛出世、若不出世，法相常爾，謂一切法無性、空等。」……彼有情類了達諸法皆即眞如、法界、法性、不虛妄性、不變異性，一切是法，無非法者。[47]

語譯如下：

【「（眞如所生的）一切法都沒有常住不壞的自體性，沒有自體性的緣故所以歸於空無，空無的緣故就無相，無相之故所以無願，無願之故而不再受生，所以未來世無生，未來世無生之故也就無滅。由於這個緣故而說諸法本來寂靜自性涅槃，如來出世開示、或者不出世開示這個道理，諸法的法界則是本來如是常住，就是說一切法沒有常住不壞的自性、歸於空無等。」……他們那些有情眾生了知而且通達諸法全部都是眞如、法界、法性、不虛妄性、不變異性，一切諸法都是佛法，沒有非法可說。】

如是證明，本來自性清淨涅槃之法，仍是依眞如法性而施設、而建立、

[47]《大正藏》冊 6，頁 1038，中 9-23。

而實證，因爲本來自性清淨涅槃也攝在一切佛法之中。

第二節　本來自性清淨涅槃非斷滅空

菩薩所證本來自性清淨涅槃不是斷滅空的境界，二乘無學聖者所證的有餘、無餘涅槃也不是斷滅空的境界，因爲全部都依第八識之眞實性而得現觀其眞實故。近代佛法可傷，遭殃於外道研究佛學者；彼等諸人本是一神教信仰者，或是無信仰而專事學問、研究經論者，並非專修實證之佛門中人，雖以世間法之知識而鑽研佛教經論，目的只是要博取個人在學術界之地位，以謀取名聞利養；或是基於維護一神教之神格，出之以崇尙學術研究之表相，意欲達成貶抑佛教而推崇一神教之目的。更有日本人意欲脫亞入歐而擺脫中國佛教，刻意貶抑中國佛教而加之批判手段，作諸毀敗中國大乘佛教之謬論言說，增之以錯誤取材而作偏頗之考證，企圖誤導中國大乘佛教之一切學人；不幸的是，竟有無知於此類人企圖之佛教法師、居士，迷於學術考證之表相，盲從於彼等不事實修之學術界人士，跟隨其後自我貶抑而致大乘佛教實義不彰，逐步傾向世俗化、學術化而隨其墜入外道六識論中，成爲穿如來衣、食如來食、住如來家而破如來法的獅子身中蟲。

如是類人，或是法師、或是居士，一窩蜂踵隨學術界的邪思，心中從來不信有第八識如來藏之實存，或爲貶抑佛教正法之崇高地位而擴展其所信仰之一神教勢力，或爲提升一己在學術界之地位而博取名聞利養，寫作種種非議大乘經教之謬說。由是緣故，「**大乘非佛說**」之邪說流行於近代佛學界，終則滲透於佛教中，率皆不信大乘經教所說智慧境界眞實可證，認爲只是佛學、玄學，判爲哲學類而認爲是不可實證者。乃至也有佛學學術界人士公然主張「**佛經中說識唯有六，經中從未說過識共有八**」的謬論，於是認爲：大乘菩提諸經中所說本來自性清淨涅槃，亦是不可知、不可證的玄學之說，皆屬後人爲懷念偉大的 佛陀而創造之新說。由是頓棄三轉法輪諸經中之種種實義及文字證據於不顧。

由如是心態不一之佛學界人士積極營謀推廣之緣故，逐漸滲入佛教界中，如今影響所及已經遍布於海峽兩岸之佛教界；長久以來影響所及非僅佛學界及佛學院而已，已將邪見經由佛學院中受學的僧人於畢業之後回到佛教寺院中，開始對所有尚在凡夫位的大部分僧人廣爲教育，亦往往帶入各種講經說法場合，將其邪見內容公開講授給佛教界人士；流風所及，不單影響出家僧人而已，乃至在家修學之更廣大居士群同受深廣影響，導致邪見充斥於臺灣佛教界中；時日既久，亦漸漸影響大陸佛教界，乃至大陸官方亦盲目踵隨而出版了《修剪菩提樹》一類破壞中國佛教的邪書。若非正覺同修會之努力弘法及力行法義辨正，如是邪見流風所及，佛門大師及一切學人，不久之後將無譙類矣！[48] 則實修親證之士亦將永絕於人間，一切學人之法身慧命殆將永無出生之日也！

如是六識論邪說在臺灣肇始之明顯事例，即是繼承宗喀巴六識論邪見的釋印順，以及密宗黃教達賴喇嘛等人之各類邪書。更嚴重者是隨後跟進之新竹鳳山寺日常法師等眾，遵奉**假藏傳佛教**達賴喇嘛教諭，極力推廣六識論之《廣論》，公然否定 釋迦如來之第八識如來藏眞正法教。如是類人，自身不信有第八識如來藏、不信可以現觀本來自性清淨涅槃也就罷了，還努力影響全臺灣乃至大陸許多法師一同信受。至於密宗黃教等**假藏傳佛教**人士，不論身在大陸、臺灣或海外，皆同一心否定第八識如來藏之實存，

48 編案：「譙」乃譴責、破斥之義；所謂「無譙類」意指無有能拈提、破斥邪見而予以辨正者。

以圖落入識陰境界之雙身法得以繼續傳揚；如斯人等無視於自己身中的如來藏大慈大悲善護他們的五陰身心，乃竟長年之中日日否定之，心中都無點滴生信及感恩，自絕於佛法實證大門之外而宣稱已得阿羅漢果乃至菩薩果，甚至自稱即身成佛而陷入大妄語及破壞佛法之大惡業中，彼等諸人捨壽後之未來世異熟果報令人憂心，而彼等全無所覺。

為何平實言三乘聖者所證涅槃都不是斷滅空？譬如大乘賢聖菩薩所證的本來自性清淨涅槃，如前第一節所詳說的「**本來自性清淨涅槃之本質即是眞如**」，是因為第八識如來藏的眞實性，才會有本來自性清淨涅槃的本來性可言；是因為第八識如來藏眞實存在能生萬法的自性，才會有本來自性清淨涅槃的自性性可言；也是因為第八識如來藏的本來清淨而不可被染汙的心性，才會有本來自性清淨涅槃的清淨性可言；更是因為第八識如來藏不生不滅的眞實性與如如性，才會有本來自性清淨涅槃的涅槃性可言；以此緣故，說「**本來自性清淨涅槃之本質即是眞如**」。然而眞如只是第八識的識性，由第八識在三界中運轉時顯示出祂的眞實性與如如性，再由祂這個眞如性而表顯了如來藏心的本來自性清淨涅槃。既然本來自性清淨涅槃是由如來藏心的眞如性所顯示，當然如來藏必定眞實存在，而其所顯示出來的本來自性清淨涅槃自然不是斷滅空。

乃至由菩薩所證如來藏心的眞如性所顯示的本來自性清淨涅槃，也可以爲未證如來藏心而不證眞如的定性聲聞阿羅漢們，證實二乘無學聖者死後入無餘涅槃時，同樣不是斷滅空。二乘無學聖者之能解脫三界生死痛苦，是因爲死後「**不受後有**」，未來世不再有五蘊十八界的生起而名爲「**我生已盡**」；既然不再有後世的名與色等十八界中的任何一界出生，即無五蘊身心重新出現在三界中，當然就無生死流轉中的種種痛苦。然而這個「**不受後有**」卻是要由斷除我見、我執、我所執來達成，不是覺知心自己想要「**不受後有**」就能「**不受後有**」；因爲我見不斷時，或者我見雖斷而我執、我所執仍存時，死後必定會有中陰身而再受後有，不能說是「**我生已盡**」。是故若有人將十八界中的意識界認定爲常住不壞的眞實自我時，不論其所說的意識是粗意識、細意識、遠意識、近意識、現意識，全都不外於識陰假我，必因如是意識我見而在死後生起中陰身，爲保持意識的繼續存在而不得不重新受生，於是就繼續輪迴生死、痛苦不斷。但不迴心的聲聞阿羅漢們死時入無餘涅槃，確實是「**我生已盡、不受後有**」而滅盡一切粗細意識與意根，但死後入無餘涅槃時其實是無所入，只是把此世的五蘊十八界身心滅盡而不再受生於三界，而其第八識獨存時都無見聞覺知即是無餘涅槃；這雖然是我見、我執俱在的凡夫大師們所無法接受的聖教與事實，卻是必然如此的，因爲不論是現量、比量、聖教量上，二乘涅槃的實證都必然如此。

當不迴心阿羅漢們入無餘涅槃時，其中迴無絲毫五蘊十八界存在，二乘聖者如是滅盡無餘之後，卻仍然是大乘賢聖菩薩們所證的本來自性清淨涅槃，從來不外於此一涅槃。因爲，阿羅漢們捨棄此世五蘊身心之後的無餘涅槃非境界的境界中，仍然是他們各自的第八識獨存而非斷滅空。此際的第八識離見聞覺知而又沒有意根可以處處作主，十八界中的六塵界也都不再現前，絕對寂靜，故名涅槃寂靜；此際既無五蘊諸行，便遠離諸行的無常苦；此際也無色蘊，亦離色身之不淨；此際迴無六塵，是故「有受皆苦」的苦「觸」也不復存在，無想、無思、無七識領受諸法，如此才能符合二乘菩提的三法印。菩薩們依本來自性清淨涅槃而現量觀察到此地步時，必然證實一個眞相，就是二乘聖者所入的無餘涅槃中，仍然是賢聖菩薩們所證的本來自性清淨涅槃；只因二乘聖者未證第八識如來藏而無法現觀本來自性清淨涅槃，所以不知道這個正理，於是斷盡我執、我所執以後，入了無餘涅槃而不再有名色時，仍然不知法界的實相。但菩薩卻能如此爲二乘聖者證明：二乘涅槃絕非斷滅空！賢聖菩薩們，如是以本來自性清淨涅槃成就二乘涅槃正理，如是善護二乘正法，令二乘菩提正法立於不墮之地，一切外道所不能摧破，亦令斷見外道所不能夤緣攀附。大乘賢聖菩薩所證的本來自性清淨涅槃，既然也能爲二乘菩提護持、印證，明確顯示不是斷滅空，自然更能證明大乘菩薩所證的本來自性清淨涅槃絕非斷滅空。

誠如四阿含諸經中所說，阿羅漢們所證的涅槃是「眞實、寂靜」，也是「常住不變」的。《中阿含經》卷四〈業相應品 第二〉：

「有五因緣，心生憂苦。云何爲五？婬欲纏者，因婬欲纏故，心生憂苦。如是，瞋恚、睡眠、掉悔、疑惑纏者，因疑惑纏故，心生憂苦。是謂五因緣，心生憂苦。有五因緣，心滅憂苦。云何爲五？若婬欲纏者，因婬欲纏故，心生憂苦；除婬欲纏已，憂苦便滅。因婬欲纏，心生憂苦，於現法中而得究竟，無煩無熱，**常住不變**，是聖所知、聖所見。如是，瞋恚、睡眠、掉悔，若疑惑纏者，因疑惑纏故，心生憂苦；除疑惑纏已，憂苦便滅。因疑惑纏，心生憂苦，於現法中而得究竟，無煩無熱，**常住不變**，是聖所知、聖所見。是謂五因緣，心滅憂苦。

復次，更有現法而得究竟，無煩無熱**常住不變**，是聖所知、聖所見。云何更有現法而得究竟，無煩無熱**常住不變**，是聖所知、聖所見？謂八支聖道，正見乃至正定，是為八。是謂更有現法而得究竟，無煩無熱**常住不變**，是聖所知、聖所見。」佛說如是。彼諸比丘聞佛所說，歡喜奉行。[49]

又如《長阿含經》卷十二：

或有外道梵志作是說言：「沙門釋子有不住法。」應報彼言：「諸賢！莫作是說：『沙門釋子有不住法。』所以者何？沙門釋子，其法常住不可動轉。譬如門閫**常住不動**，沙門釋子亦復如是，其法**常住**，無有移動。」[50]

如是二經出於阿含部，都說佛法中之修證，不論是聲聞、緣覺菩提，抑或大乘佛菩提，全都是常住不壞法，差別只是二乘菩提的觀行對象是世間法的蘊處界無常生滅、苦、空、無我，但同樣必須信受有常住不動之如

49《大正藏》冊 1，頁 445，上 5-23。
50《大正藏》冊 1，頁 75，中 21-25。

如心永住不壞，是為無餘涅槃之「本際」，《阿含經》中已曾具體開示，讀者若欲知者，請詳拙著《阿含正義》之舉證。這個本際眞識，修習解脫道的阿羅漢們不必實證，卻必須信受 佛陀此說眞實而不猶疑，方能眞斷我見、我執，否則於斷我見之時不免「因外有恐怖、因內有恐怖」，斷我見即成為不可能，猶如現代佛門大法師等人相同無異。而菩薩們除了必須修證二乘菩提以外，也必須另修四加行之後再觀修常住不動的諸法「本際」第八識心，實證之後確認祂的金剛不壞性，現觀祂的常住性而證實祂所顯示出來的本來自性清淨涅槃一樣是常住法。

末如《央掘魔羅經》卷三所說，亦證明大乘涅槃是指明心證得如來藏：

云何名為八？所謂八聖道，是則聲聞乘，斯非摩訶衍；大乘八聖道，聞說如來常，經耳因緣力，終到涅槃城。如來常及恒，第一不變易，清淨極寂靜，正覺妙法身；甚深如來藏，畢竟無衰老，是則摩訶衍，具足八聖道。51

51《大正藏》冊 2，頁 532，上 23-中 1。

亦如《大乘起信論》卷下說：

法我見者，以二乘鈍根，世尊但爲說人無我，彼人便於五蘊生滅畢竟執著，怖畏生死，妄取涅槃。爲除此執，明五蘊法本性不生；不生故亦無有滅，不滅故本來涅槃。若究竟離分別執著，則知一切染法淨法皆相待立。是故當知：一切諸法從本已來非色、非心、非智、非識、非無、非有，畢竟皆是不可說相；而有言說示教之者，皆是如來善巧方便，假以言語引導眾生，令捨文字入於眞實。若隨言執義增妄分別，不生實智、不得涅槃。[52]

這便是依阿賴耶識一心二門而說涅槃，所謂心眞如門與心生滅門。心眞如門者，即是阿賴耶識本覺之性永遠眞實如如，能生名色萬法而與名色等萬法和合似一；心生滅門者，即是阿賴耶識所生七轉識之生滅不住，而與阿賴耶識和合似一，同共運作而生萬法。然阿賴耶識心體自身永遠眞實而如如，依於眾生之業緣而生三界六道之有情，也依於三乘賢聖而顯示本來自性清淨涅槃，令諸賢聖據以修斷煩惱而證菩提、而取涅槃。然而三乘

52《大正藏》冊 32，頁 588，下 16-25。

賢聖所證涅槃，悉依本來自性清淨涅槃而作施設、而作建立、而得實證，是故本來自性清淨涅槃不是斷滅空。

又《楞伽經》言：【菩薩一闡提常不入涅槃。】此謂菩薩一闡提人是「爲無始眾生起願」，是故永遠不入無餘涅槃，例如《大乘入楞伽經》卷二〈集一切法品 第二〉：

> 復次大慧！此中一闡提，何故於解脫中不生欲樂？大慧！以捨一切善根故，**為無始眾生起願故**。云何捨一切善根？謂謗菩薩藏言：「此非隨順契經、調伏、解脫之說。」作是語時，善根悉斷，不入涅槃。云何爲無始眾生起願？謂諸菩薩以本願方便：「願一切眾生悉入涅槃；若一眾生未涅槃者，我終不入。」此亦住一闡提趣，此是無涅槃種性相。[53]

由於菩薩實證如來藏心阿賴耶識以後，能善知一切諸法本來涅槃的緣故，即不需急於取證無餘涅槃，是故能「爲無始眾生起願」，若有眾生仍未能證涅槃者，自己終不入無餘涅槃。由此當知諸佛法門固然非一，隨順不同根器而有種種所說，然而相互之間都無障礙亦不錯亂。雖然如此，菩薩

53 《大正藏》冊 16，頁 597，下 9-16。

一闡提人雖然不入無餘涅槃，但如是菩薩勝於凡夫及一切二乘有學、無學，都因善知本來涅槃的緣故，能入涅槃而不入故，不同凡夫不知不入涅槃故。由此亦可證明三乘菩提中的賢聖們所證涅槃，不論任何一乘所證，全都是常住而非斷滅的。

第三節　佛法三乘菩提所說的涅槃都是可以實證的

本來自性清淨涅槃即是指第八識如來藏，即是法身，絕非外道神我；外道錯認爲眞實常住不壞的神我、眞我，事實上只是第六意識故，是被第八識如來藏所出生的生滅心，是故如來藏並非外道所說之眞我。此如《楞伽阿跋多羅寶經》卷二〈一切佛語心品 之二〉明載：

佛告大慧：「**我說如來藏，不同外道所說之我**。大慧！有時說空、無相、無願、如、實際、法性、**法身**、涅槃、離自性、不生不滅、本來寂靜、自性涅槃；如是等句說如來藏已，如來應供等正覺，爲斷愚夫畏無我句故，說離妄想無所有境界如來藏門。大慧！未來、現在菩薩摩訶薩，不應作我見計著。譬如陶家於一泥聚，以人工、水木輪繩方便，作種種器；如來亦復如是，於法無我離一切妄想相，以種種智慧善巧方便，或說如來藏，或說無我。以是因緣故，說如來藏不同外道所說之我，是名說如來藏。開引計我諸外道故，說如來藏，令離不實我見妄想，入三解脫門境界，希望疾得阿耨多羅三藐三菩提，是故如來應供等正覺，作如是說如來之藏；若不如是，則同外道所說之我。是故大慧！**為離外道見故，當依無我如來之藏。**」[54]

是故 如來以種種方便善巧，爲大眾演說如來藏妙義，爲執著於我見的凡夫演說無我性的如來藏，令離我見；也爲恐懼落入斷見的凡夫說如來藏常住，令離斷見外道邪見，得無恐懼而得實斷我見，證入三解脫境界，希望大眾皆得速證無上正等正覺；所以爲離外道常見、斷見，爲離外道神我故，應當依止無我性的如來藏而斷我見、而證菩提。

然而不解之人自生妄想，妄謂如來藏是緣起性空，或謂如來藏是外道神我，是故 世尊於《楞伽阿跋多羅寶經》卷三〈一切佛語心品 之三〉又說：

54 《大正藏》冊 16，頁 489，中 3-20。

復次大慧！善語義菩薩摩訶薩，觀語與義非異非不異；觀義與語，亦復如是。若語異義者，則不因語辨義；而以語入義，如燈照色。復次大慧！**不生不滅、自性涅槃**、三乘一乘、心自性等如，緣言說義計著，墮建立及誹謗見；異建立，異妄想，如幻種種妄想現。譬如種種幻，凡愚眾生作異妄想，非聖賢也。[55]

末法時代，假名大師往往依語不依義，或者誤會 世尊聖教言語中所顯示之眞義，便藉《楞伽經》中 世尊所說「爲斷愚夫畏無我句故，說離妄想無所有境界如來藏門」之文字，便說如來藏是方便施設而無實體，只是用來安慰恐懼無我之人而方便安立，便說如來藏只是緣起性空的別名。復又進而栽誣如來藏爲外道神我，然而外道神我只是第六意識境界，而如來藏阿賴耶識是出生名色、出生意識的第八識，焉有可能是外道神我？證知如是類人都是依語不依義或曲解聖教義理之凡夫、愚人，不解 世尊妙義。

而如來藏妙心是可以實證的，絕對不是方便施設的唯名無實之法，本是自心現量而非名言施設；四種涅槃事實上也都是依如來藏的本來自性清

[55]《大正藏》冊 16，頁 500，下 1-7。

淨涅槃而顯現、而施設、而實證，是故我說四種涅槃皆是可實證的境界。推究諸實證佛法之菩薩皆是現觀本來自性清淨涅槃，推究二乘聖者所證之二種涅槃，亦是依第八識的本來自性清淨涅槃而成立，全部都是來自於實證的自心現量。以此緣故，佛陀亦言涅槃是自心現量，例如《楞伽阿跋多羅寶經》卷一〈一切佛語心品 之一〉明載：

復次大慧！若菩薩摩訶薩欲知自心現量、攝受及攝受者妄想境界，當離群聚習俗睡眠，初中後夜、常自覺悟修行方便。當離惡見經論言說及諸聲聞緣覺乘相；當通達自心現妄想之相。[56]

語譯如下：

【復次大慧！如果菩薩摩訶薩想要了知能取心及所取一切法等，皆是自心阿賴耶識所變現，想要證入此境界，想要證實能取心及所取一切法皆是虛妄分別境界；應當遠離眾人聚集之處，遠離世間風俗習慣等雜事及睡眠，於初夜、中夜乃至後夜不休不歇，常常自己覺照和體察修行上的各種方便。應當遠離外道種種錯誤的經論言說，也應當遠離各種聲聞乘及緣覺乘的教相

56 《大正藏》冊 16，頁 485，上 10-14。

與法相；應當通達自心阿賴耶識變現的虛妄分別相。】

這意思是說，一切諸法全都從自心如來藏中出生或顯現，證得如來藏以後，確實可以現量觀察一切世間法，乃至眞如、涅槃、名色（五陰、十八界）、世出世間法的大乘三十七道品諸法，全都由自心如來藏之所生、所顯，無一而非自心所現；何況淺如外道種種妄想，何一而非自心如來藏之所生顯？以此緣故，世尊說一切諸法都是自心所現，亦於《阿含經》中說自心如來藏第八識是諸法本母，即以此第八識心而貫通前後三轉法輪諸經及實證內涵；如是自心現量，從實證第八識如來藏自心的菩薩現量所見，都無矛盾或絲毫衝突之處。這已證明大乘菩提的實證全都是自心現量，也可以從自心現量來觀察而印證二乘菩提也是可以實證的，不是想像施設的玄學。所以三乘菩提的全部佛法全都是現量上的實證，而非猶如哲學之比量思惟終究還是成爲非量。

如是開示之後，世尊又在《楞伽阿跋多羅寶經》卷三〈一切佛語心品 之三〉中說：

大慧！我時報言：「婆羅門！如是說者，悉是世論，非我所說，是汝世論。我唯說無始虛僞妄想習氣種種諸惡三有之因，不能覺知自心現量而生妄想，攀緣外性。如外道法**我**諸根義，三合知生；我不如是，婆羅門！我不說因，不說無因，惟說妄想攝所攝性，施設緣起。非汝及餘墮受『我』相續者，所能覺知。」大慧！涅槃、虛空、滅，非有三種，但數有三耳。57

意思是說，外道所說者悉是世論，不論他們如何推究名色生起之因，全都是比量推究而成爲非量，都不是現量上的實證；以此緣故，全部墮入三界我之中；不論他們說的是神我或梵我，全都是三界我所含攝，不出其外。世尊爲了救度諸外道故，施設五蘊、六入、十二處、十八界等法，爲大眾一一細說，令弟子四眾及諸外道瞭解三界種種之我。種種外道所說之眞我（乃至大梵天等梵我、神我），全部都僅是緣於自心現量所生之妄想，不離自心如來藏之所生、所顯，皆悉墮入三界我之中而不能自覺；由此而說他們所說的涅槃與解脫生死，全部都只是世間戲論，無關於解脫及涅槃的修證。只有第八識如來藏才是萬法的本源、生命的來處，才會是解脫生死後的涅槃本際；所以佛法中說的，由如來藏顯現的四種涅槃與眞如、佛性等等，全都是現量

57《大正藏》冊 16，頁 503，下 23-頁 504，上 2。

親證而得現觀，並非妄想相。不但聖教中如是明確地說是現量，從實證如來藏心後的現量觀察，也印證了這一事實，因此而使菩薩們悟得自心如來藏之後，終生奉行而又繼續進修無已，堅持成佛之道的進程。

又如《楞伽阿跋多羅寶經》卷三〈一切佛語心品 之三〉世尊開示說：

大慧！云何攝受法？謂善覺知自心現量。見人無我及法無我相，妄想不生；善知上上地，離心意意識，一切諸佛智慧灌頂，具足攝受十無盡句，於一切法無開發自在，是名為法；所謂不墮一切見、一切虛偽、一切妄想、一切性、一切二邊。大慧！多有外道癡人墮於二邊：若常若斷，非黠慧者。受無因論，則起常見；外因壞，因緣非性，則起斷見。大慧！我不見生住滅故，說名為法。58

「攝受法」即是「善覺知自心現量」，所以「法」即是**如來藏**。這是開示大眾說，修學佛法、攝取佛法時所說的法，最重要的中心主旨就是「善覺知自心現量」。換句話說，一切諸法都是生滅的，卻都是由自心如來藏所生現的，這個如來藏生現一切諸法的現實境界即是自心現量，就是想要實證「法」

58《大正藏》冊 16，頁 504，中 6-15。

的四眾弟子們應當求證之標的，所以實證「自心現量」者方是實證佛法的菩薩。實證佛法的菩薩自然有智慧能先觀人無我，然後次第深入修學、觀察之後便能漸次通達法無我，就能遠離二乘人所墮的過去意識、未來意識、現在意識，遠離常見外道邪見；也能因此而獲得般若解脫而不執著自心如來藏，世尊說爲「離心、意、意識」，達到十地境界而得諸佛灌頂。由此緣故，世尊勸導佛門四眾應當「善覺知自心現量」，也就是要有善於覺察及了知一切諸法全都是自心如來藏所現之實相境界的智慧。既然如此，當然佛法中說的「法」是可以實證的，不是想像思惟所建立的玄學，而是可以一一親證的義學。

《楞伽阿跋多羅寶經》卷三〈一切佛語心品 之三〉如是記載：

佛告大慧：「或有外道，陰界入滅，境界離欲，見法無常，心、心法品不生，不念去來現在境界，諸受陰盡，如燈火滅，如種子壞，妄想不生；斯等於此，作涅槃想。大慧！非以見壞，名爲涅槃。大慧！或以從方至方，名爲解脱；境界想滅，猶如風止。或復以覺所覺見壞，名爲解脱；或見常無常，作解脱想；或見種種相想，招致苦生因，思惟是已，不善覺知自心現量，怖畏於相，而見無相，深生愛樂，作涅槃想。或有覺知內外諸法自相共相，去來現在有性不壞，作涅槃想；或謂我、人、衆生、壽命，一切法壞，作涅槃想。」[59]

外道認爲五陰、十八界、六入滅盡以後即是涅槃，認爲諸法無常而不值得貪戀，所以壓制心識活動而使心所法不生起運行，妄想一切斷滅以後就是涅槃。這是以斷滅空作爲無餘涅槃，就表示不是眞實的涅槃，因爲死後必然會有中陰身繼續生起，然後在中陰階段恐懼成爲斷滅空，不得不再去受生而繼續流轉生死。這正是《阿含經》中說的斷見外道惡見，近代已經被倡導「人間佛教」的六識論者所大力弘傳著，直到被正覺的第八識如來藏妙義所破，其勢力方才漸漸萎縮。有智慧之人應當依循 世尊聖教所說，莫墜入彼等愚癡人之妄想施設、曲解佛法的惡見中。

也有人是從人間轉生到欲界天中，或是轉生到色界、無色界境界，而說那樣就是證得涅槃、出離生死；其實仍然是有受生而轉入下一世，仍然還有五陰或四陰存在，也就不免壞滅而繼續轉入下下世，仍然不脫三界生死。例如一貫道信徒想要求生理天，依止他們的祖師自行施設的老母，至

[59]《大正藏》冊 16，頁 504，下 5-17。

多也不過欲界天的境界，即是世尊所破斥的「**以從方至方，名爲解脫**」的愚人；設使他們每天靜坐而放棄一切財物，全部拿去行善救濟貧窮，死後只是能往生欲界天中，仍是從這個地方轉移到另一個地方，從這個方所轉生到另一個方所，仍然不離五陰境界。五陰是有生有滅之法，不離三界範疇；來世在欲界天中享福已盡時，仍不免要死滅，又得再次受生而不脫三界生死痛苦境界，何有解脫之可言者？所以說，唯有實證自心現量而得涅槃的人，才是眞實解脫生死之賢聖。

又《楞伽阿跋多羅寶經》卷三〈一切佛語心品 之三〉說：

大慧！如我所說涅槃者，謂**善覺知自心現量**，不著外性，離於四句，見如實處，不墮自心現妄想二邊，攝所攝不可得。一切度量不見所成，愚於眞實，不應攝受；棄捨彼已，得自覺聖法，知二無我，離二煩惱，淨除二障，永離二死。上上地如來地，如影幻等諸深三昧，離心意意識，說名涅槃。大慧！汝等及餘菩薩摩訶薩，應當修學，當疾遠離一切外道諸涅槃見。60

60《大正藏》冊 16，頁 505，上 8-17

這就是說，世尊所說的大乘涅槃，就是「善覺知自心現量」；只有善於覺察及了知一切境界都是自心如來藏之所生現的事實，才是眞懂大乘涅槃的賢聖。像這樣「善覺知自心現量」的菩薩們，開始遠離外於自心如來藏之種種外道涅槃法，也開始遠離常、斷、一、異等四句戲論，明見一切諸法非常非斷、非一非異的法界事實，遠離二邊而處中道，轉依眞如而住於本來自性清淨涅槃之中，實相智慧恆常證轉而不迷於三界萬法等表相，自然得以次第進修佛道而證知人無我、法無我。所以學佛之人，應當先了知外道的種種惡見，然後才有可能實證佛法；實證以後便知一切佛法都是親證而得現量印證，並非外道依虛妄想所知、所說、所作之內涵。

又，通達本來自性清淨涅槃之人，可以隨之漸通其餘三種涅槃。例如《深密解脫經》卷二〈聖者成就第一義菩薩問品 第八〉明載：

世尊！譬如毘舒婆藥草，著諸藥中、一切食中；世尊！如來說法亦復如是，諸法無體相、諸法不生、諸法不滅、諸法寂靜，**諸法自性涅槃**說了義修多羅，置於一切不了義修多羅中。世尊！譬如畫地種種一相，所謂青黃赤白，能了別彼種種畫相；世尊！如來說法亦復如是，諸法

> 無體相，不生不滅、寂靜、自性涅槃了義言教，置於一切不了義中，成一味相，亦能了別彼不了義修多羅等名字故。世尊！譬如一切諸飲食中，若置熟酥，生增上味；佛說此法亦復如是，依一切法無有體相，不生不滅、寂靜、自性涅槃，說此了義修多羅，置諸一切不了義中，能生增上歡喜踴躍。[61]

這就是說，佛法中有許多法屬於世界悉檀、爲人悉檀、對治悉檀，是不了義之說；然而一切不了義之說，雖是學佛人之所應知者，卻不可離於第一義悉檀而說，否則將會使學人滋生矛盾、邪見，便將偏學、偏修而無法實證。以此緣故，世尊將「**諸法自性涅槃**說了義修多羅，**置於一切不了義修多羅中**」，從不了義法的種種次法修學過程中，便已將了義法隱藏其中而爲大眾宣說；使諸弟子於不了義的種種次法修學過程中，便開始不知不覺熏習了究竟了義的正法，最後便可實證了義佛法而得現量觀察其眞假，心得決定而能轉依成功，方能證轉所證佛法而生起修道時應有的正見，開始了義佛法的正修行。所以，學佛之人應先建立一個正見：**佛法是可以現**

61《大正藏》冊 16，頁 673，中 21-下 5。

量親證而得現觀的，是義學而非玄學。

然而，末法時世正處於五濁最爲嚴重的時代，凡愚眾生不能解了甚深般若及與種智，往往因爲惡知識緣，便於了義經典妄生誹謗。《瑜伽師地論》卷七十六云：

若諸有情，廣說乃至未能積集上品福德智慧資糧，性非質直，非質直類，雖有力能思擇廢立，而復安住自見取中，彼若聽聞如是法已，於我甚深密意言說，無有力能如實解了；於如是法雖生信解，然於其義隨言執著，謂一切法決定皆無自性，決定不生不滅，決定本來寂靜，決定自性涅槃；由此因緣，於一切法，獲得無見及無相見，由得無見無相見故，撥一切相皆是無相，誹撥諸法遍計所執相、依他起相、圓成實相；何以故？由有依他起相及圓成實相故，遍計所執相方可施設；若於依他起相及圓成實相，見爲無相，彼亦誹撥遍計所執相，是故說彼誹撥三相；雖於我法起於法想，而非義中起於義想；由於我法起法想故，及非義中起義想故，於非法中持爲是法，於非義中持爲是義；彼雖於法起信解故，福德增長，然於非義起執著故，退失智慧；智慧退故，退失廣大無量善法。復有有情從彼聽聞，謂法爲法，非義爲義；若隨其見，彼即於法起於法想，於非義中起於義想，執法爲法、非義爲義，由此因緣，當知同彼退失善法。若有有情不隨其見，從彼欻聞一切諸法皆無自性、無生無滅、本來寂靜，自性涅槃，便生恐怖；生恐怖已，作如是言：「此非佛語，是魔所說。」作此解已，於是經典誹謗毀罵，由此因緣獲大衰損，觸大業障。[62]

如上舉根本論中所說的現象，現在也一樣存在於佛門中。例如，常常有一些尋言逐字的凡夫學人自以爲悟，動輒宣稱已證八地、佛地，出而爲言，總是破斥他人說：「經中都已經說三無性了，你們還在講什麼圓成實性等三性？是執著於圓成實等三性的愚癡人。」然而，這些尚未證得佛法，尚無能力觀察依他起性而墜入識陰中的人，尚無智慧觀察意根所在而無能力觀察意根之遍計執性的人，也是尚未證得如來藏，而無能力觀察如來藏出生萬法的圓成實性之凡夫，竟然自稱已經遠離三自性的執著；即如尚未成爲富翁之貧人，宣稱自己已經擁有廣大財富而對廣大財富都無執著，都

62《大正藏》冊 30，頁 721，中 13-下 11。

屬愚人狂妄之言，豈有可信、可美之處？古時宗喀巴及其宗徒莫非如是，《廣論》中的白紙黑字如今悉成鐵證。唯有親證三自性之賢聖，方有能力摒除對三自性的執著；這是由於證得眞如而現觀八識心王的三自性以後，轉依眞如境界之時方能遠離三自性的執著，而說三無性。然而末法時世卻有如是類人廣存於佛門之中，自心之中本是外道實質，卻來非議實證之菩薩四眾教導眾生實證三自性之義舉，何等可笑！今將根本論中此段聖教臚列如上，期盼佛門四眾都能自省，免被此類附佛法外道「密宗」喇嘛上師們籠罩及誤導。

言至此處，學人應當下定決心求證大乘本來自性清淨涅槃了，求證之前應當先正確瞭解本來自性清淨涅槃之眞實義；然而欲依自心現量而證本來自性清淨涅槃者，應當依義而不依文字。《楞伽阿跋多羅寶經》卷四〈一切佛語心品 之四〉說：

大慧！於一切法無所有，**覺自心現量**，離二妄想，**諸菩薩摩訶薩依於義，不依文字**。若善男子、善女人依文字者，自壞第一義，亦不能覺他。[63]

如前所舉，世尊開示「**攝受法**」即是「**善覺知自心現量**」，而「**自心**」即是如來藏，所以「**法**」即是如來藏。換句話說，佛法的實證，一定是世尊說的「**覺自心現量**」；若非現量，就不是實證；而現量實證之標的，即是自心如來藏第八識。但是欲求眞正覺悟「**自心現量**」以前，必須先記住一件最重要的事，就是**依義不依語**。常常有「**密宗**」人士主張「**依義不依語、依法不依人**」，等到他們說出自己的見解時，卻又分明只依「**密宗**」喇嘛上師所說的言語，不是依於能生名色五陰世間的「**法**」如來藏，顯然是不依法者；而且只依喇嘛們依文解義所說的見解，不肯依止經教中的聖教眞義，總是依文解義而曲解經教中的眞義，又成爲依語不依義者。以此緣故，奉勸所有學人四眾，應該依於經教中 世尊所教示的「**法**」—**如來藏**—而求證之；上師之言縱使能夠說得天花亂墜，仍然是彼人之所說而不是 世尊所說應當求證的「**法**」；有智之人至此，即知修學佛法時所應求之「**法**」即是**如來藏心**；若人親證如來藏時，即能現量觀察如來藏的眞如性以及本來自性

63《大正藏》冊 16，頁 506，下 13-16。

清淨涅槃，亦能現量觀察如來藏能生名色等萬法，這才是 世尊所說的「善**覺自心現量**」。

反觀外道涅槃所謂的不生不滅，都非眞正不生不滅，只是將生滅法想像爲不生不滅，終究無法稍知實相法界的不生不滅，徒然被自己的妄想施設所繫縛而無解脫及智慧實質。佛說涅槃是「**自心現量**」，而非以見壞名爲涅槃，是因爲自心如來藏無始無終而不生不滅的緣故，見五陰壞名爲涅槃，其實是斷滅空，並非常住不變之涅槃故；所以才說涅槃不生不滅、涅槃眞實、常住不變，如是現量實證者方是眞正實證大乘涅槃。例如《楞伽阿跋多羅寶經》卷四〈一切佛語心品 之四〉明載：

> 佛告大慧：「**我說不生不滅，不同外道不生不滅**，所以者何？彼諸外道有性自性，得不生不變相；我不如是墮有無品。大慧！我者離有無品，離生滅，非性非無性。如種種幻夢現，故非無性。云何無性？謂色無自性相攝受，現不現故，攝不攝故；以是故，一切性、無性非無性；但**覺自心現量**，妄想不生，安隱快樂，世事永息。」[64]

64《大正藏》冊 16，頁 507，中 3-11。

意思是說，世尊所說的不生不滅，不是外道所說的不生不滅，因爲那些外道所說的不生不滅法，雖說有常住不壞的自體性等自性，雖說這種體性具有不生不滅又不變異的法相；但外道所說的不生不滅其實仍然不離因生而有以及因滅即無之生滅性，世尊所說的不生不滅卻不是墮在外道所墜的「**有與無**」等說法之中。世尊所說的不生不滅，從來不曾墜入有與無的兩邊之中，永遠都是遠離生與滅二邊，不是像外道妄想所說的不生不滅性，而外道說的不生不滅其實沒有不變的自體性，當然有生有滅。所以 世尊說的是：三界世間諸法之出生或現前，是猶如夢幻一般而出生或現前，所以如來藏所生的諸法雖不眞實如幻夢，卻也不是完全沒有自性的。那爲何 世尊反過來又說諸法沒有自性呢？意思是說：物質等色法沒有常恆不壞的自性，因爲色法五塵等相，在事相上來說，是確實於現象界中已經出現而可以現前體驗的，所以並非完全沒有自性，然而出現之後便又漸漸地隨著因緣變化而消失了。色法五塵等相是可以在現實境界中攝取和領納的，然而攝取領納之後又隨即消失了；由於這樣的緣故，世尊說一切法雖沒有自體性，然而也不是完全沒有三界法的自性。世尊的結論是：只要能夠覺察到「**一切法都是自心如來所顯現的事實**」，那麼無始劫來的虛妄分別等想就不會再出生了，從此就依這個實相智慧而安住於實相境界，於是心中安隱而無煩惱，便能得到眞正的快樂，產生世間煩擾等種種事的煩惱根源便將永遠息滅。這也證明佛教所說「法」的實證都是現量的，不是比量，更不是玄學一般的思惟而在最後墜入非量之中。

理解上面所說「法」是現量親證的道理了，那麼大家就可以再來稍微瞭解本來清淨自性涅槃、本來寂靜自性涅槃的實質，《深密解脫經》卷二〈聖者成就第一義菩薩問品 第八〉說：

> 爾時佛告成就第一義菩薩言：「善哉！善哉！……復次，成就第一義！我意依相無自體相，說言諸法無自體相——**一切諸法本來不生，一切諸法本來不滅，一切諸法本來寂靜，一切諸法本來涅槃**。何以故？成就第一義！若一切法無自體相，彼法不生；若法不生，彼法不滅。若不滅不生，一切諸法本來寂靜。若法本來寂靜，彼法本來清淨。若法本來清淨，彼法本來涅槃。若如是，彼法無有少法可滅令入涅槃。成就第一義！是故我意依彼相說一切諸法無自體相，是故我說一切諸法

本來不生。」[65]

意思是說，依於一切法相都是生滅不住而無自體相，所以才說諸法都沒有自體相，又說一**切諸法本來不生**，一**切諸法本來不滅**，一**切諸法本來寂靜**，一**切諸法本來涅槃**。這究竟是怎麼說的呢？是由於一切法攝歸如來藏時也就是如來藏的一部分，猶如影像攝歸鏡子時影像是鏡子的一部分；而如來藏沒有自體相，不是像三界我等諸法一般有自體相而各各不同；如來藏永遠一相就是無相，所以沒有自體相；這個如來藏（一切法）妙法是不生的；如果有一個法是不生的，那個法就是不滅的，就是如來藏。既是不滅也不生，附屬於祂的一切諸法就隨著祂而成爲本來不生；既是本來不生的，就是本來寂靜的，所以一切諸法本來寂靜。如來藏這個法既是本來寂靜，那麼這個法當然是本來清淨的，攝歸如來藏的一切諸法自然也是本來清淨的。如果法是本來清淨的，那麼這個法就是本來涅槃；所以攝歸於這個法的一切諸法，自然也是本來涅槃。如果是這樣子，那個如來藏法及祂所攝受的一切諸法，當然就沒有一點點法可以壞滅而使得修學者進入涅槃。世尊正是因爲這個道理，依於如來藏妙法的無自體相，而說攝歸如來

65《大正藏》冊 16，頁 670，中 28-頁 671，上 16。

藏妙法的一切諸法也沒有自體相，便由於這個緣故而說一切諸法本來不生。本來不生就是本來涅槃，即是本來自性清淨涅槃的正義。

又因爲本來寂靜的緣故而說自性涅槃，例如《攝大乘論釋》卷六〈釋應知勝相品 第二〉：

論曰：由無性故成前爲後依止，無生滅本淨及自性涅槃。釋曰：「由諸法永實無性，一切無生等四義得成。何以故？若諸法無性是故無生，若無生則無滅，由無生無滅故本來寂靜，由本來寂靜故自性涅槃成者，前爲後成立依止。謂無性成立無生，故爲無生依止。」[66]

語譯如下：

【《攝大乘論》說：由於沒有世間自性的緣故，成立了前法作爲後法依止的道理，沒有生滅、本來清淨以及自性涅槃。釋義說：「由於諸法永遠眞實而沒有世間法的自性，一切諸法無生等四種正理得以成立。爲何這麼說呢？如果諸法沒有世間性的緣故所以無生，如果無生也就無滅，由於無生

66《大正藏》冊 31，頁 194，上 7-12。

無滅的緣故所以本來寂靜，由於本來寂靜的緣故而使諸法自性不生不滅得以成立的話，前法便可以作爲後法成立的依止。也就是說，因爲沒有世間性而成立無生，所以作爲無生的依止。」】

這道理是說，這個眞實的「法」是沒有世間性的，沒有世間性才會是不生不滅的，才會是寂靜的，不生不滅所以是涅槃，由這個道理而建立一切諸法無生的眞實義。而「法」的不具有世間性，不是修行以後才如此，是本來就如此的，所以「法」的涅槃當然也是本來涅槃。

又如《大乘莊嚴經論》卷五〈述求品 第十二〉說：

偈曰：無自體故成，前爲後依止；無生復無滅，本靜性涅槃。釋曰：「無自體故成，前爲後依止」者，由前無性故，次第成立後無生等。問：「此云何？」答：「無生復無滅，本靜性涅槃。」若無性則無生，若無生則無滅，若無生滅則本來寂靜，若本來寂靜則自性涅槃；如是前前，次第爲後後依止，此義得成。67

67《大正藏》冊 31，頁 615，上 12-20。

語譯如下：【偈曰：無自體故成，前爲後依止；無生復無滅，本靜性涅槃。解釋說：「沒有世間法自體性的緣故而成立說，前法作爲後法依止」的意思，是由於前面所說的法沒有世間性的緣故，依其次第成立後面無生等道理。問：「這究竟是什麼意思呢？」答：「無生的法也是無滅的法，本來即是寂靜自性的涅槃。」若是沒有世間性就是無生，若是無生也就無滅，若是沒有生滅就必定本來寂靜，若是本來寂靜就必然是自性涅槃；像這樣子前前諸法，次第作爲後後諸法的依止，這個正義便得以成立。】

第四節　本來自性清淨涅槃是如

本來自性清淨涅槃爲何是如？同樣必須有明確的舉證與說明。

如前所說本來自性清淨涅槃的本質就是眞實與如如，因爲二者同樣是第八識如來藏心運轉時所顯示出來的自性；既然第八識如來藏心顯示了祂永不改變的眞實與如如的法性，又同時顯示了祂本來自性清淨涅槃的法性，就表示本來自性清淨涅槃是如，證實如來藏永遠不會在三界六塵境界中動心。

如的意思具有二義：一是本來自己已在，不依他法而存在，名爲自在；由於自在的緣故，能於一切三界境界中永遠自如、永遠恆存，故名爲如。二是由於自身是本住法的緣故，必是全面函蓋三界一切諸法者，所以在因果律、出生三界世間、出生各類五陰世間、出生有情的心所法……等功能方面，無始以來本自具足，不待他法來出生。以是緣故，於三界的任何境界中都能離於一切境界受，離於一切心想感知層面的受，因此祂於三界六道任何境界中都無所受，是故永遠如如不動其心。眞如的如，主要的意涵在此二義。

既然第八識如來藏心的本性即是本來自性清淨涅槃，即是眞如法性，若有情造作十善業而不害眾生，於捨壽後，他的如來藏心就爲他造作欲界天身，令他捨此人身生於欲界天中享樂，然而他的如來藏心依舊對欲界天中的勝妙五欲如如不動，從來不受其樂，如實執行因果律而無喜厭取捨。

若有情具備五戒十善而又增修色界法，證得禪定，於捨壽後，他的如來藏心便爲他出生色界天身，隨其禪定的證量深淺而出生了相應的色界天身，令於色界天中以禪悅爲食而得生存；但他的如來藏心仍不領受禪悅境界，依舊如如不動其心。若有情厭患欲界身、色界身——有身爲患，於是厭離一切色，修學四空定而有所證，於捨壽後，他的如來藏心便為他出生無色界相應的受想行識，單單只有意根、意識與四空定中的定境法塵等三法，讓他住在四空定中的無有五塵亦無其他法塵的境界中，他的感覺就只有意識自我與定境的存在，成為有「名」而無「色」的境界；在這個無色界境界中，他的如來藏心依舊不領受無色界中的定境，自始至終如如不動其心。

若有情造作惡業，應墮三惡道中，於捨壽後，他的如來藏心便為他出生三惡道相應的中陰身，隨其果報現業風境界而實現因果，不能自主地「逃入」三惡道中受生；當有情在三惡道中廣為領受惡業異熟苦果之時，他們的如來藏心依舊不領受任何苦受境界，因為祂永遠都沒有六塵境界中的覺知與領受，一向住於捨受而不領受苦樂，對三惡道苦痛境界永遠如如而不動其心。而且有情的如來藏心依於眞如的法性，在天界或在三惡道中運轉時，仍然恆時示現其本來自性清淨涅槃。

既然第八識如來藏心對一切境界都如如不動，迥無苦樂而永遠是如，祂在三界中運轉時所顯示的本來自性清淨涅槃當然也永遠是如，由祂的眞如法性永遠如是顯示出祂永遠不變的如；那麼菩薩們所證本來自性清淨涅槃的智慧，自然也可以現觀二乘無學聖者所入的無餘涅槃境界中，即是如來藏心獨住的如如不動境界，其實是阿羅漢們捨壽前即已存在的本來自性清淨涅槃，名爲有餘涅槃。而這個本來自性清淨涅槃具有本來性，並非修行以後才出現的，不同於二乘涅槃必須經由修行以後才出現與存在；而二乘無學聖者所證的有餘及無餘涅槃，其實本質上也是依大乘菩薩所證的這個本來自性清淨涅槃而方便施設，本質依舊是本來自性清淨涅槃，其實也仍然是本來即已存在的涅槃。他們捨壽後所入的無餘涅槃本質也是菩薩所證的本來自性清淨涅槃，只是二乘無學聖者不肯迴心大乘法中修學而不能實證罷了。所以說，二乘涅槃的本質也是如，但二乘有學及無學聖者都不能實證這個現量，所以沒有菩薩的般若智慧，因爲他們都沒有實證如來藏心而無法現觀這個清淨法界中的事實眞相；但是已入定位的賢聖菩薩們，在善知識攝受護念教導以後，都能如是現觀而親自證實本來如此。以此緣故，說大乘賢聖菩薩願受善知識護念而今已入定位者，都能現觀本來自性清淨涅槃過去是如，現在是如，未來也將永遠是如。

不特大乘法中如是宣演，阿含部的經典中已如是說。例如《雜阿含經》卷十二：

云何緣生法？謂無明、行。若佛出世，若未出世，**此法常住，法住法界**；彼如來自所覺知，成等正覺，爲人演說，開示顯發，謂緣無明有行，乃至緣生有老死。若佛出世，若未出世，**此法常住，法住法界**；彼如來自覺知，成等正覺，爲人演說，開示顯發，謂緣生故有老病死憂悲惱苦。此等諸法，**法住、法空、法如、法爾；法不離如，法不異如**，審諦、眞實、不顚倒。如是隨順緣起，是名緣生法；謂無明、行、識、名色、六入處、觸、受、愛、取、有、生、老病死憂悲惱苦，是名緣生法。[68]

其實這本來就是大乘經典，因爲聲聞聖者聞之不解其義，只能結集成這個模樣，已經不太像大乘經典了，今**語譯如下：**【如何是緣生法呢？是說無明、行。假使有佛出世，或者佛未出世，這個法是常住的，這個法住於諸法功能差別中；那些眾多如來對此法是自己所覺知出來的，由此而成爲正等正覺，然後爲別人演說，打開此法而示現此法並且明顯地發揚出來說明，是說此法緣於無明而有行，乃至此法緣於生而有老死。或者有佛出世，或者諸佛尚未出世，這個法是常住的，這個法住在諸法的功能差別中，那些眾多的如來自己覺知此法，成就正等正覺，爲他人演繹解說，打開眾生

68《大正藏》冊 2，頁 84，中 16-26。

對此法的暗昧而示現出來並使其明顯而發揚出來，就是說此法緣於生的緣故，有老、病、死、憂、悲、惱等諸苦。十二因緣等諸法，其實是此法常住、此法是空、此法是如、此法本來如是；此法永遠不離眞如，此法不異於眞如，如是詳細審慮觀察眞實、心中都不顚倒。像是這樣子隨順於此法而有緣起，就說這是緣生法。是說此法緣於無明而有行，然後就是行、識、名色、六入處、觸、受、愛、取、有、生、老病死憂悲惱苦，這就是我說的緣生法。」

這段《阿含經》中說的「法」，講的就是妙眞如心，正是《阿含經》中說的二乘聖者所入涅槃中的本際，只是二乘聖者不知罷了。而本來自性清淨涅槃，正是這個妙眞如心所顯示出來的本來性、自性性、清淨性、涅槃性等本來涅槃解脫的境界。二乘解脫道的阿含部經典中如是說，大乘經中也如是說。《大乘本生心地觀經》卷八〈觀心品 第十〉：

「善男子！三界之中以心爲主，能觀心者究竟解脫，不能觀者究竟沈淪。眾生之心猶如大地，五穀五果從大地生，**如是心法生世出世善惡五趣、有學無學、獨覺、菩薩及於如來**。以是因緣，**三界唯心，心名為地**。一切凡夫，親近善友聞心地法，如理觀察如說修行，自作教他，讚勵慶慰，如是之人能斷二障，速圓眾行，疾得阿耨多羅三藐三菩提。」

爾時，大聖文殊師利菩薩白佛言：「世尊！如佛所說，唯將心法為三界主；心法本元不染塵穢，云何心法染貪瞋癡？於三世法誰說為心？過去心已滅，未來心未至，現在心不住；諸法之內性不可得，諸法之外相不可得，諸法中間都不可得；心法本來無有形相，心法本來無有住處。一切如來尚不見心，何況餘人得見心法？一切諸法從妄想生，以是因緣，今者世尊為大眾說三界唯心。願佛哀愍，如實解說。」

爾時，佛告文殊師利菩薩言：「如是、如是，善男子！如汝所問，心心所法本性空寂，我說眾喻以明其義。善男子！心如幻法，由遍計生種種心想，受苦樂故；心如水流念念生滅，於前後世不暫住故；心如大風，一剎那間歷方所故；心如燈焰，眾緣和合而得生故；心如電光，須臾之頃不久住故；心如虛空，客塵煩惱所覆障故；心如猿猴，遊五欲樹不暫住故。

心如畫師，能畫世間種種色故；心如僮僕，為諸煩惱所策役故。心如獨行，無第二故；心如國王，起種種事得自在故；心如怨家，能令自身受大苦故；心如埃塵，坌污自身生雜穢故；心如影像，於無常法執爲常故；心如幻夢，於我法相執爲我故；心如夜叉，能噉種種功德法故；心如青蠅，好穢惡故；心如殺者，能害身故；心如敵對，常伺過故；心如盜賊，竊功德故；心如大鼓，起鬭戰故；心如飛蛾，愛燈色故；心如野鹿，逐假聲故；心如群豬，樂雜穢故；心如眾蜂，集蜜味故；心如醉象，耽牝觸故。

善男子！如是所說心、心所法，無內無外亦無中間，於諸法中求不可得，去來現在亦不可得，超越三世非有非無，常懷染著從妄緣現，緣無自性，心性空故。如是空性，不生不滅，無來無去，不一不異，非斷非常，本無生處，亦無滅處，亦非遠離非不遠離，如是心等不異無爲，無爲之體不異心等。心法之體本不可說，非心法者亦不可說，何以故？若無爲是心，即名斷見；若離心法，即名常見。永離二相不著二邊，如是悟者名見眞諦，悟眞諦者名爲賢聖。一切賢聖性本空寂，無爲法中戒無持犯，亦無大小，無有心王及心所法，無苦無樂。如是法界自性無垢，無上中下差別之相，何以故？是無爲法性平等故。如眾河水流入海中，盡同一味無別相故。此無垢性非實非虛，此無垢性是第一義，無盡滅相體本不生。此無垢性常住不變最勝涅槃，所樂淨故。此無垢性遠離一切平等不平等，體無異故。若有善男子、善女人，欲求阿耨多羅三藐三菩提者，應當一心修習如是心地觀法。」[69]

語譯如下：

【「善男子！三界一切境界之中都是以心爲主，能如實觀察心的人可以究竟解脫，不能如實觀察的人終究是要繼續沈淪。眾生的心猶如大地，五穀五果都是從大地出生的，**這個像大地一樣的心法能出生世間與出世間等善惡五趣、有學無學等解脫道聖者、實證因緣法的獨覺辟支佛、實證佛菩提的菩薩乃至於如來**。由於這樣的因緣，**三界一切都唯是心，這樣的心就名為大地**。一切凡夫學人，若能親近眞正的善友而聽聞這種心地法門，如理觀察之後又如說修行，自己親作也教導他人，並且讚歎獎勵稱慶安慰大家勤修，這樣的人能夠斷除所知障與煩惱障，快速圓滿種種菩提行，很快獲得阿耨多羅三藐三菩提。」

世尊開示完了，這時大聖文殊師利菩薩稟白佛陀說：「世尊！如佛所

69《大正藏》冊 3，頁 327，上 21-下 24。

說，只將這樣的心法指稱爲三界之眞主；但這個心法本元是不會沾染塵穢的，爲何這個心法卻染上了貪瞋癡而使眾生顯示都有三毒？於三世諸法之中是哪一個應該說爲心？過去心已滅，未來心未至，現在心也沒有所住；種種諸法之內，尋求眞實性都不可得；種種諸法之外，常住的法相也不可得，而種種諸法中間也都沒有一個常住不壞的法相可得；心法本來就沒有形相，心法本來也沒有住處。一切如來尚且說不見自心，何況其餘的人而可以看得見這個心法？一切諸法都是從妄想而引生，由於這樣的因緣，今天世尊爲大眾說三界唯心。誠願佛陀哀愍，爲大眾如實解說。」

這個時節，佛陀告訴文殊師利菩薩說：「如是、如是，善男子！誠如你所問的一樣，心、心所法的本性是空寂的，我就演說各種譬喻藉以明白表達其中的眞實義。善男子！眾生所知的心，猶如變幻出來的假法，由普遍計度而產生了種種心中的覺知（「想亦是知」，詳見《阿含經》中佛說），爲了領受苦樂受的緣故；眾生所知的心猶如水流一般念念生滅，於前世及後世都不能暫時停住的緣故；眾生所知的心猶如大風一樣，在一剎那間就能遊歷不同方所的緣故；眾生所知的心猶如油燈的火焰，是眾緣和合而得出生的緣故；眾生所知的心猶如閃電之光，須臾之頃就消失而不久住的緣故；

眾生所知的心猶如虛空一樣有各種雜質，是因爲被三界愛等客塵煩惱所覆障的緣故；眾生所知的心猶如猿猴，遊於五欲大樹而不能暫時停下來安住的緣故。

菩薩所知的心猶如畫師一般，能畫出三界世間種種不一樣色法的緣故；但眾生所知的心猶如僮僕，被種種煩惱所駕馭驅使的緣故。菩薩所知的心猶如有力獨行的人，沒有第二心可以和祂並論的緣故；這樣的心猶如國王，能生起種種事而得自在的緣故；但眾生所知的心卻是猶如怨家，能令自身感受重大痛苦的緣故；這樣的心猶如埃塵，沾污了自己而產生紛雜污穢的緣故；這種心猶如影像一般不實，總是在無常法中執著爲眞實常住的緣故；這個覺知心猶如幻象夢境一般時起時滅，於五陰等我的種種法相中執以爲眞實我的緣故；覺知心猶如夜叉，能吃掉種種功德法的緣故；覺知心猶如青色蠅蟲一般，愛好污穢惡事的緣故；覺知心猶如嗜殺的人，能殘害自身善法的緣故；覺知心猶如敵人在面對自己，常常在窺伺尋找機會而造作過失的緣故；覺知心猶如盜賊，會竊取自己的功德法故；覺知心猶如大鼓，面對善法時常常生起鬬戰之心的緣故；覺知心猶如飛蛾，貪愛燈色等世間諸欲的緣故；覺知心猶如野鹿，追逐假有的音聲之故；覺知心猶如群豬，樂於紛雜的穢物故；覺知心猶如眾蜂永不停息，喜歡蒐集蜜味的緣故；覺知心猶如醉象，沈迷於母象的覺觸故。

善男子！像這樣所說的心與心所法合在一起成爲一心來觀察時，沒有內、沒有外也沒有中間可說，於諸法之中求其實物之性都不可得，過去、未來、現在三世也一樣求不可得，超越了三世而非有非無，卻常常懷著各種染著而從虛妄的藉緣中顯現出來，而藉緣是沒有自性的，因爲這樣的心自性如虛空的緣故。像這樣的空性，不生不滅，無來無去，不一不異，非斷非常，本來就沒有出生的處所，也沒有滅後的去處，亦沒有遠離卻又不是沒有遠離，像這樣的眞心妄心和合在一起時不異於無爲，而無爲之理體也不異這樣心等。心法之理體本不可說，非心之法的妙義也是不可說的，何以故？如果強說無爲就是心，就說這是斷見；但如果離開了心等法，即落入五陰而名爲常見。永遠離開斷與常等二相而不執著於二邊，像這樣子證悟的人就稱之爲已經看見眞實道理，證悟眞實道理的人就名之爲賢人或聖人。一切賢聖證得空性而轉依之後看見諸法本來空寂，在無爲法的境界中所說的戒並沒有受持或毀犯可言，也無大戒小戒的差別，也沒有八識心王及各種心所法可說，既沒有苦也沒有樂。像這樣的法界之中的自性沒有污垢可說，沒有上中下等差別的法相，何以故？這個無爲的法性是平等的緣故。猶如不同的河水流入大海中，就全部成爲同樣一味而沒有不同法相的緣故。這個沒有污垢的心性非實也非虛，這個沒有污垢的心性就是第一義，這個沒有止盡滅除一切法相的心體本來不生。這個無垢之性常住不變而且是最殊勝的涅槃，這樣實證以後心中所愛樂的是本來已經這樣清淨的緣故。這個無垢性遠離一切平等與不平等的境界，因爲平等或不平等的理體都沒有差異，同是這個無垢性心的緣故。假使有善男子、善女人，想要求證阿耨多羅三藐三菩提的時候，應當要一心修習這樣的心地觀行之法。」】

就像這段經文一樣，顯示本來自性清淨涅槃其實是因心而有，離心即無。當眞實心如來藏出生了覺知心以後，覺知心追逐世間種種境界法；而眞實心如來藏卻永遠安住自己的無垢性之中，與五陰身心和合似一而繼續攝護覺知心等五陰身心，自己卻依舊運作不輟而使五陰身心健全地運作，使五陰身心能追逐種種世間法；而這個眞實心卻仍然是如，從來不在三界世間法中動心或生起貪厭。菩薩親證這個眞實心如來藏以後，現觀法界中的這個事實，由於現觀眞實心如來藏的本來自性清淨涅槃境界永遠都不離於如，故說本來自性清淨涅槃是如。

第五節　本來自性清淨涅槃是現前寂滅境界

大乘賢聖菩薩所證的本來自性清淨涅槃，永遠是寂靜境界，不會有時墜入六塵之中而不寂靜，因爲這個涅槃境界是由第八識如來藏心在三界中運轉時，所顯示出來的離六塵境界的法性；而如來藏心這個涅槃境界，永遠離開三界六道的六塵境界，因此並無六塵可言，故是絕對寂靜的境界，此亦符合二乘法教中的三法印，同一印證：**涅槃寂靜**。若究其實，二乘涅槃這個法印，也是依大乘賢聖菩薩所證的本來自性清淨涅槃而施設，是從大乘教中方便析出，教導給急求出離三界生死痛苦的定性聲聞人，快速遠離三界生死苦；所以二乘菩提的一切法教，都不得絲毫遠離大乘般若眞如法教；也正因此，一切菩薩親證實相般若時的所說妙法，自然也就不違二乘菩提的實證與現量。如前所說，二乘菩提解脫道等法教，是依大乘菩提法教而方便析出、方便施設，以利益急求出離三界生死苦的不迴心聲聞人。若是此類定性聲聞種性之人，證得阿羅漢果而確定自己捨壽後一定可以「不受後有」了，就開始住於灰心泯智的境界中，等待捨壽入涅槃的時刻來到，對一切世間法都無所想、所思，對於無上正等正覺更無希願，故名定性聲聞。

「涅槃寂靜」這個法印是聲聞道中實證時的三法印之一，然而 世尊施設這個法印之目的，其實是為了避免學人誤會二乘涅槃的實證智慧與境界，讓二乘學人用以自我檢查，藉以預防二乘學人誤犯大妄語業而下墜三惡道中。若依大乘賢聖菩薩之所親見，涅槃境界中依舊是第八識如來藏心的自住境界；在如來藏這個自住境界中並無五陰身心的身口意行——無六塵、無覺知心也無色身，即是眞實寂靜的涅槃境界（離念靈知不離六塵，並不寂靜）。如來藏心出生了五陰身心而持續不斷地供給五陰身心所必須之心所法、色法……等功德時，祂自己依舊本於離六塵境界而不見、不聞、不覺、不知六塵境界的任何諸法；因為如來藏對六塵境界是一向離見聞覺知的，所以如來藏的本來自性清淨涅槃自然也是寂靜的，而且是永遠寂靜的，所以一向寂靜。

在本來自性清淨涅槃的如來藏心自住境界中，這個涅槃境界是本來即已如此，非從修得，是故這個本來涅槃永遠不壞。在本來自性清淨涅槃或無餘涅槃中——在這二種大小乘涅槃境界中，其實還是恆具能生萬法、能記錄有情五陰身心一切業行、能主動執行因果律的如來藏心，所以是自性眞實，並非施設之說，也不由五陰身心來運轉這些功能，是故如來藏心不必了知也不應了知六塵境界中的任何一法，自然不需對六塵境界加以了知。即由此故，本來自性清淨涅槃或無餘涅槃的境界中必定是絕對寂靜的，其中是沒有覺知心運作也不與一切六塵境界相應的。也因爲如來藏心本來就超越於五陰身心及三界一切法，不了知三界中的六塵境界而恆離苦樂等受，所以永遠都是寂靜性，因此祂所顯示的本來自性清淨涅槃自然就是寂靜的。

恆時顯示出本來自性清淨涅槃的如來藏心，是本住法而非所生法，是萬法的主體，能出生各類有情的五陰身心；領受五陰身心中的各種境界而有苦樂果報的，本來就是各個有情的五陰身心而非如來藏心，所以如來藏心不必對三界六道中的六塵境界加以領受。這樣的如來藏心，既然是遠離六塵境界中的苦樂受者，當然不必對三界六道中的任何境界加以取捨，自然是本性清淨的。凡是從祂出生的六塵境界，不論是苦、是樂的境界，都是由異熟果報體五陰身心來領受的，祂自己從來都不領受，所以祂恆時住於不了知六塵境界的絕對寂靜性中；這樣的清淨心當然是本來寂靜的，所以祂所顯示的本來自性清淨涅槃當然也是絕對寂靜的。本來自性清淨涅槃的寂靜境界，是一切親證如來藏妙心的大乘賢聖菩薩們都可以現前觀見的，是現量親證而不是想像之說，所以平實說「**本來自性清淨涅槃是現前寂滅境界**」。

由於這個常住法如來藏心不是果報的領受體，不必領受六塵境界中的苦樂受，當然不必對因果種子有所取捨，平等執受一切善業、惡業、無記業、淨業等種子；因此祂恆離六塵境界，不對六塵境界加以了知，當然是絕對寂滅性的心。而且祂是無始以來本自寂滅而非修行之後方始變爲寂滅，因此說祂所顯示的本來自性清淨涅槃也是寂滅的境界。而這個本住法如來藏的本來自性清淨涅槃寂滅境界，是一切實證的賢聖菩薩們都可以現前照見、現前觀察無誤的，故說本來自性清淨涅槃是現前寂滅境界，不只是理論上的寂滅境界。

第六節　本來自性清淨涅槃的無我性

若已證涅槃者，必知涅槃之中是無我、無境界的非境界；若實證涅槃後，仍落在五陰身心之中，即是有我，有我即是未斷我見而錯會、錯證涅槃的凡夫；不論大乘、中乘、小乘，莫非如是。然末法時代凡夫眾生，上從大師下至新學，悉皆畏懼無我性的眞涅槃，愛樂有我性的假涅槃，故對善知識所弘揚的涅槃無我之法，心中都不愛樂而反對之。以是緣故，對於大小乘之涅槃境界究係無我、抑或有我？應當略加探討；以期末法時代一切大師與學人讀後思惟，縱使心中仍懷猶豫，但已經種下未來世能實證無我涅槃的種子，未來世或未來佛諸法會中，若得與聞涅槃正法妙義，自當得有實證涅槃之因緣。但涅槃非境界中究係有我抑或無我？經中有時明說無我，有時則又明說有我，凡夫大師及諸學人讀之，每每自生矛盾、百思不解而生誤會；然而其理始終如一，前後一貫而無扞格，自是未證、錯證之人自生誤會而已。是故涅槃無我之理略說之後，仍應舉出涅槃有我與無我之經論諸說加以釋義，則可助益讀者如實理解而求證之，脫出經論中有我無我文字表相之說，期能探得實義，則未來實證涅槃而解有我及無我之說，得以現觀諸經中佛菩薩從不同面向廣爲眾生說法之爲人悉檀。

先論二乘涅槃之無我。二乘涅槃有二：有餘涅槃、無餘涅槃。先論無餘涅槃，謂二乘定性聲聞四果聖者，捨此世身之後即「**不受後有**」而宣稱

「梵行已立、所作已辦、我生已盡」，是捨身之後不再出生中陰身，不再於三界六道中的任何一處受生，是故《阿含經》中有諸經典作如是說，《雜阿含經》卷二：

> 比丘！若離色、受、想、行，識有若來、若去、若住、若生者，彼但有言數，問已不知，增益生癡，以非境界故。色界離貪，離貪已，於色封滯，意生縛斷；於色封滯、意生縛斷已，攀緣斷；攀緣斷已，識無住處，不復生長增廣。受、想、行界離貪，離貪已，於行封滯，意生觸斷；於行封滯、意生觸斷已，攀緣斷；攀緣斷已，彼識無所住，不復生長增廣。不生長故不作行，不作行已住，住已知足，知足已解脫；解脫已，於諸世間都無所取、無所著；無所取、無所著已，自覺涅槃：「我生已盡、梵行已立、所作已作，自知不受後有。」我說**彼識**不至東西南北四維上下，無所至趣；唯見法，欲入涅槃，寂滅、清涼、清淨、**真實**。[70]

語譯如下：

【比丘！如果離開了色、受、想、行，而說識陰覺知心有來、或是有去、

[70] 《大正藏》冊 2，頁 9，上 11-25。

或是有住、或是有生的話，那些話僅僅只有言說之數，眞的反問他們以後，他們其實不知其中的道理，所以反問之後只會增益他們的邪思而出生了愚癡，由於這五陰之法義不是他們所知境界的緣故。若是遠離欲貪而繼續進修，對於色界境界也能遠離貪著，遠離貪著以後，對於色界五陰的愛著就被封住而停滯了，於色界作意而受生的繫縛便斷除了；對於色界作意受生的繫縛被封住而停滯、作意受生於色界繫縛斷滅以後，對自我的攀緣就斷滅了；攀緣斷滅以後，識陰等六識就沒有可住之處，識陰的自我勢力就不會繼續生長增廣。然後是對受、想、行等功能跟著遠離貪著，遠離對受、想、行陰的貪著以後，在行陰上面的生長增廣就被封住而停滯，因行陰而作意受生的「觸」斷除了；於行陰已經封住停滯、因行陰而作意受生的「觸」斷除以後，因行陰而引生的攀緣斷滅了；攀緣斷滅以後，那個識陰就無所住，識陰的勢力就不會繼續再生長增廣了。不生長增廣識陰勢力的緣故，就不再造作種種行；不造作種種行以後就安住下來，安住以後於一切都已知足，知足而不想再取任何一法以後就得到解脫；解脫以後，對於各種世間都沒有所取、沒有所著；沒有所取、沒有所著以後，自己覺知無餘涅槃的境界：**「我重新受生的事情已經滅盡，清淨行已經建立而遠離欲界了，爲了要離開色界、無色界所應作的種種觀行已經作完了，自己清楚地知道死**

後不會再領受後有。」我說他的識陰六識不會去到東西南北，不論是四維或上下都沒有所會去到的有情界；這時他只看見涅槃法，想要進入無餘涅槃中；這涅槃是寂滅而無覺無知的，是清涼而無熱惱的，是清淨而不染污的，也是眞實而非斷滅的。】

這段經文中　世尊的開示，說明二乘涅槃之中是超過三界境界而在死後不受後有的；由於不受後有的緣故，不再有欲界、色界的五陰，也不再有無色界的四陰，才是眞實、清淨、清涼、寂滅的無餘涅槃，這當然是無我的境界，因爲三界中的任何一類我都已不復存在了。

又如《中阿含經》卷二〈七法品 第一〉：

> 云何無餘涅槃？比丘行當如是：我者無我，亦無我所；當來無我，亦無我所；已有便斷，已斷得捨；有樂不染，合會不著。行如是者，無上息迹，慧之所見而已得證。我說彼比丘不至東方，不至西方、南方、北方、四維上下，便於現法中息迹滅度。我向所說七善人所往至處及無餘涅槃者，因此故說。[71]

71《大正藏》冊 1，頁 427，下 16-22。

語譯如下：

【如何是無餘涅槃？比丘修行應當如是：五陰我的實質是無眞實我，也沒有眞正不壞的我所；未來世的五陰同樣沒有眞實我，也沒有眞實不壞的我所；已經有了的五陰實有的我見便能斷除，已經斷除就可以有能力捨棄；若有樂受都是我所而不染著，即使和合會遇了樂受的時候也不染著。修行能夠像這樣的人，就是無上息滅煩惱的道路，五陰無有眞實我的智慧之所親見而且已經得以實證。我說那位比丘捨壽後不會去到東方，不會去到西方、南方、北方、四維上下，就能夠於現前所證的法中息滅煩惱而看見解脫的道路，可以取滅而度過三界生死。我一向所說七種賢善等人所前往到達解脫的處所，以及無餘涅槃的解脫境界，即是因爲這個緣故而說的。】

這也證明已斷我執、我所執的慧解脫比丘，捨壽之後不會再去三界的任何一處受生，死後就永遠息滅，不再出現後世的三界有，所以不再有後世的五陰、四陰，當然是不會再有意識覺知心存在的了，因此說無餘涅槃中是絕對無我也無我所的非境界。

然而這種實證涅槃的眞實無我境界，不是所有人都能修證的，永遠都是少數人方能修證，原因就是凡夫之人悉皆畏懼眞正涅槃無我的非境界，都只喜愛自己覺知心仍然存在的妄想所知的假涅槃境界——希望仍然有識陰我繼續存在。但是，識陰我存在的當下，就會有色、受、想、行等四陰同時存在，不可能由識陰單獨存在，除非他已證得四空定而往生無色界，但仍然會有受想行陰伴隨意識存在。然而這個道理，對現代自以爲已證阿羅漢果的諸多凡夫大師們而言，卻是講不通的，因爲他們聽不懂。

這類事相佛世已有，並非現今才有，因此才會有上面所舉的《雜阿含經》卷二的經文說：「**比丘！若離色、受、想、行，識有若來、若去、若住、若生者，彼但有言數，問已不知，增益生癡，以非境界故。**」證之於平實二十年來不斷地演說有念靈知心、離念靈知心悉是識陰我，細細演繹識陰不能單獨存在於人間或天界的道理，而諸錯會解脫道及佛菩提道卻自以爲實證的凡夫四眾，不論身爲檯面上的大法師、大居士，抑或檯面下的小法師、小居士，率多不能信受，至今無人肯接受識陰是依於色、受、想陰才能存在，而且必須有行陰才能顯現其繼續運作的事。

如　佛所說，若問他們爲何沒有色、受、想陰就無法使識陰（靈知心）存在的道理，他們必定成爲　佛所說的「**問已不知，增益生癡**」的人，因爲這不是他們的智慧所知的境界，所以 佛說「以非境界故」。由此也證明聲聞解脫道的粗淺智慧，都不是他們所能知道的；縱使後來眞的懂得這道理了，心中也不能接受，不免導致如理觀行以後仍然無法心得決定。定心所不能生起時，縱使知道這個道理，也知道這個道理是眞實而不可推翻的，他們心中還是無法完全接受，故不能轉依這個眞實的道理，於是口說已斷我見，但實質上仍然抱著我見在「修道」，則是假名修道者。

不但凡夫大師與學人畏懼無餘涅槃絕對無我的境界，乃至不堅固的慧解脫阿羅漢有時也不免因爲有一絲我慢（愛樂微細的自我繼續存在）餘存，因此而退轉於阿羅漢果，返至三果人境界；但最後終究還是能不退於阿羅漢果而滅盡一切，經中也有明文記載。例如《別譯雜阿含經》卷二：

> 如是我聞：一時，佛在王舍城毘婆波世山七葉窟中。爾時，有一比丘名曰求悳，獨住仙山黑石窟中，處於閑靜，勤行精進，以不放逸，斷於我見，得時解脫，自身作證，復還退失。第二、第三乃至第六，亦還退失。比丘念言：「我今獨處，修行精進，六反退失；若更退失，以刀自割。」魔王波旬知佛在王舍城毘婆波世山七葉窟中，瞿曇弟子名曰求悳，亦在王舍城獨住仙山黑石窟中，勤行精進，心不放逸，得時解脫，

自身作證。得已，退失，如是六反。爾時，魔王而作是念：「求悳比丘若第七得，必自傷害，出魔境界。」作是念已，捉琉璃琴，往到佛所，扣琴作偈：

大智大精進，有大神通達，於法得自在，威光極熾盛。
汝聲聞弟子，今將欲自害，人中最上者，汝今應遮斷。
云何樂汝法？何故學他死？

爾時，魔王說是偈已，佛告魔言：「波旬！汝今乃是諸放逸者之大親友，汝今所說自爲說耳，乃不爲彼比丘說也。」爾時，世尊復說偈言：

若人不怯弱，堅修行精進，恆樂於禪定，晝夜修眾善。
乾竭愛欲使，壞汝魔軍眾，今捨後邊身，永入於涅槃。

爾時，魔王憂悲苦惱，失琉璃琴，愁毒悔恨，還本宮殿。佛告諸比丘：「當共汝等詣仙人山求悳比丘所。」佛將諸比丘詣求悳所，見求悳尸東猶如煙聚。佛告諸比丘：「汝等見此煙聚已不？」諸比丘言：「已見，世尊。」尸南西北亦如是聚。佛告比丘：「此是波旬隱形遶求悳所，覓其心識。」佛告比丘：「求悳比丘以入涅槃，無有神識，無所至方。」爾時，魔王化形摩納，而說偈言：「上下及四方，推求求悳識，莫知所至方，神識竟何趣？」

爾時，世尊告波旬言：「如此健夫，破汝軍眾，以入涅槃。」佛說是已，諸比丘聞佛所說，歡喜奉行。[72]

這段經文很清楚顯示，即使是慧解脫阿羅漢，因爲必須待時解脫，在未捨壽入無餘涅槃之前，若是善根、定力不夠深厚堅固，仍有可能退轉於三果中。求悳比丘爲免再度退轉於三果中，於是下定決心在第七次證得四果時，隨即以刀自殺而取無餘涅槃。這時天魔波旬想要觀看求悳比丘的神識所在，就在他的屍體旁邊圍繞窺伺，想要等候求悳比丘的中陰身出現，目的是想要妨礙他出離欲界境界；然而天魔終究無能窺探，因爲求悳比丘不會再有中陰身出現，他已經不受後有了，導致天魔波旬圍繞屍體旁窺伺很久而仍無所獲。這證明斷盡我執是很不容易的事，身處佛世親在 佛陀座下的聲聞比丘尚且如此，何況距離佛世已遙而且是末法五濁時代的現在，希冀大法師、

72《大正藏》冊 2，頁 382，下 9-頁 383，上 18。

小法師、大居士、小居士普能斷除我見，確實非常不易。以此緣故，平實說眞正的二乘涅槃非凡夫大師、居士所樂證，亦說我見並非凡夫大師、居士所樂斷，總是口說欲斷而心中緊抱不放，誠屬眞實之言，其中的原由即是凡夫恐懼無我。不幸的是二乘涅槃是完全無我的，所以末法時世的大法師、大居士們將聲聞解脫道錯認爲佛菩提道，又努力修習一世之後，現在平實指斥他們所修的解脫道也是落入我與我所之中，才終於知道自己仍被五陰所矇蔽，而在口說欲斷我見之際，心中仍然不肯把我見如實斷除，不能脫離我愛的範疇。

至於二乘無學聖者所證的有餘涅槃，乃依捨壽入無餘涅槃之前尚有五蘊作爲餘苦所依，因此稱爲有餘涅槃，本質仍是無我。意思是說，聲聞阿羅漢們入無餘涅槃之前，因爲入涅槃的時候未到，仍有微苦所依之五蘊存於人間，就會繼續有老、病、寒、熱、饑、渴等苦存在，但已無大礙，因爲已是最後身，未來已不會再有五蘊出生了，所餘之苦已經所剩無幾，死後必定可入無餘涅槃，於是依所餘微苦而說爲有餘涅槃。所以有餘涅槃之本質依舊是無我性，不是以五蘊中的識蘊覺知心作涅槃心，仍是應該滅盡識蘊全部而不再有五蘊中的任何一法存在，才能說是「滅盡、清涼、眞實、常住不變」的二乘無餘涅槃。

再來看大乘涅槃，依舊是無我的非境界。但是從另一方面來看（從二乘的無我法來看），為激發菩薩們更深廣的第一義智慧，有時則從另一方面來說大乘涅槃是眞我；可惜的是未證言證的凡夫大師們總是錯會而自以為知，卻又思惟不通，往往將粗意識、細意識錯認為如來藏眞我；或者知道大乘法中所說眞我是第八識心如來藏，但在自己無法實證而又不想放棄大師身分的情況下，乾脆否定大乘經典中的最勝妙法義，把唯有菩薩方知而二乘無學聖者所不知的極勝妙法，錯判或誣判為外道法而生起毀謗見及建立見：毀謗、扭曲最勝妙而無我性的如來藏眞實我為外道神我；據此而作引據錯誤的考證，枉說大乘經典皆非佛說，建立自己的人間佛教謬說，同時建立意識細心或直覺作為常住的眞我而墜入建立見中，具足毀謗見與建立見。以是緣故，大乘涅槃的無我性的本質，以及為何有時說之為我？都應據實、據理加以闡釋，以解末法時世凡夫大師之疑。《大般涅槃經》卷二十三〈光明遍照高貴德王菩薩品 第十〉云：

善男子！譬如有人見四種兵不生怖畏，當知是人名大眾生；若有眾生於三惡道煩惱惡業不生怖畏，而能於中廣度眾生，當知是人得大涅槃。若有人能供養父母恭敬沙門及婆羅門，修治善法所言誠實無有欺誑，能忍諸惡惠施貧乏，名大丈夫；菩薩亦爾，有大慈悲憐愍一切，於諸眾生猶如父母，能度眾生於生死河，普示眾生一實之道，是則名爲大般涅槃。善男子！「大」名不可思議，若不可思議，一切眾生所不能信，是則名爲大般涅槃。唯佛菩薩之所見故，名大涅槃。以何因緣復名爲「大」？以無量因緣然後乃得，故名爲「大」。善男子！如世間人以多因緣之所得者，則名爲「大」；涅槃亦爾，以多因緣之所得故，故名爲「大」。云何復名爲大涅槃？有「大我」故，名大涅槃；涅槃無我，大自在故，名爲大我。[73]

佛菩薩們所證的涅槃名爲大涅槃，因爲菩薩所證涅槃有同於二乘聖者之處，即是同證二乘涅槃而後留惑潤生；也有異於二乘聖者之處，即是得證本來自性清淨涅槃，不可思議，亦非二乘無學聖者之所能知，故名大涅槃。亦因菩薩既證如是涅槃而不棄世間有情，由悲心故說此本來自性清淨涅槃爲大涅槃。復因如是涅槃非如二乘涅槃之捨壽後取滅，不受後有而使

73《大正藏》冊 12，頁 502，下 1-16。

後有滅盡，所證乃是五蘊現存之時即已照見無餘涅槃中的不生不滅的非境界，確認三乘涅槃之中的本際其實即是眞我、大我如來藏，非如外道大我之指稱爲大梵天、造物主、創世主等五陰生滅法等神我，是故菩薩所證涅槃即因此而名爲大我。亦因此眞實心如來藏迴無五陰我性，亦於三界六道之中一向大自在故，名爲大我，卻非外道神我都屬於天界五陰所攝的生滅法。然而這個最勝妙心、最微妙心如來藏，卻是從來遠離五陰我性，而三界六道一切五陰我都是由祂所出生的，所以 世尊有時經中說之爲我；因爲五陰無常故無我，但如來藏眞實常住、性如金剛、永不可壞，是一切有情五陰身心的本際，也是一切二乘聖者入無餘涅槃後的本際，所以名之爲「**我**」；此乃是相對於五陰之無常無我性而名之爲我，不是由於如來藏心有五陰我的自性而稱之爲我，所以這個眞我的本質仍是無我性，因此在大乘經中 世尊說之爲法無我，因爲不是五陰眾生之我，不是五陰人我。

又，《佛說法集經》卷一：

> 所謂一切煩惱，求爲根本，因求而起；諸佛無有彼求，則離煩惱，離煩惱故得大涅槃。以不求故，名爲如來不取一法；不取者不行不住，以不取故，名得涅槃。云何如來不行不住？離彼二法，法身不滅；不

滅不生，是故如來名得涅槃。云何如來不生不滅？彼佛如來，無能說者，不可說故，是名如來得大涅槃。無我無眾生，唯是生滅法；離彼依止法，是故如來名得涅槃。一切煩惱、隨煩惱等唯是客塵，法性寂靜不來不去，是故法性非客非主，法性平等，是故如來得大涅槃。**真如為實體，非真如法即是虛妄；實體即真如，真如即如來，是故如來名得涅槃。**[74]實際不戲論，餘法即戲論；諸佛如來究竟實際，是故如來名得涅槃。

語譯如下：

【佛法中所說的一切煩惱，都是以有所求作爲煩惱的根本，因爲這個求而生起煩惱；諸佛都沒有那個求，因此遠離煩惱，離煩惱的緣故得到大涅槃。由於不求的緣故，就說如來不取一法；不取的時候就不造作、也不會在諸法有所住而起執著，由於不取的緣故，名爲得到涅槃。如何是如來的不行與不住？遠離了那行與住等二法以後，眞如法身常住不滅；由於不滅的緣故所以不生，由這個緣故而說如來名爲已得涅槃。如何是如來不生不

[74]《大正藏》冊 17，頁 611，上 29-中 14。

滅？那眞佛如來的自住境界中，沒有能言說者（言語之道來到眞實如來境界中就不能存在、五陰的心行來到這裡已全部消滅），不能夠用言語說出而顯示實際的緣故，這就稱爲如來已得大涅槃。凡是演說無我、無眾生，這純粹是在五陰上來說明的生滅法；遠離那個依五陰而說的無我法及所依止的五陰等生滅法，由這個緣故如來名爲證得涅槃。一切煩惱、隨煩惱等全部都是三界愛所含攝的客塵煩惱，然而涅槃實際的法性是寂靜而不來不去，由這個緣故，說法性不是客塵也不是主人，從涅槃實際的境界來看一切法性時平等平等，由這個緣故而說如來證得大涅槃。**以心眞如眞實體作爲親證之標的，非眞如法的五陰緣起緣滅就是虛妄法；眞實體就是眞如，眞如就是眞實如來，由這個緣故如來就稱爲得涅槃**。一切法的實際不是戲論，其餘的五陰緣起生滅等法即是戲論；諸佛如來已經究竟了知這個實際了，由這個緣故說如來名爲已得涅槃。】

這就是從證得第八識實際——**眞如心**——的常住不壞性爲眞我，來說諸佛菩薩證得大涅槃；但這個眞我如來藏妙心卻是迥無五陰我性的本來解脫者，永遠都離六塵境界而無絲毫取捨，所以是無我性的。不能因爲未證而不理解，只看經中文字表義就說如來藏有五陰的我性，就曲解爲外道神我、梵我一類的識陰或五陰。這類邪見若不肯棄捨，盡未來際都無實證涅槃之日（不論是大乘涅槃或二乘涅槃）；因爲這類人一定不免如同《阿含經》中世尊所說「因內有恐怖、因外有恐怖」的愚癡人一樣，永遠無法斷除我見、我執而相續流轉生死。以此緣故，大乘涅槃所證的智慧境界雖非二乘專在五陰我法上面所作的無我觀，所觀的第八識眞如心卻是迴無五陰我性的出世間境界，當然不該說爲世間我的境界，因此仍是無我境界。

若是落入二乘觀行所否定的五陰我之中，必定永遠無法斷除我見，必然要繼續流轉生死。若是親證第八識眞如妙心眞我，迴無五陰我性、三界我性，從而比對出五陰我、三界我的虛妄不實，未來我見更無復萌之時；雖然眞如妙心往往被稱爲眞我、妙我、大我、我，其實卻是全無五陰的我性，所以這個眞我是全然無我的；因此不但可以藉這個眞如心來斷除我見，也可以次第漸修而在最後成佛。由於如實了知此理，是故《成唯識論集解》卷一作如是說：

> 如何聖教皆毀我見而讚無我？謂證涅槃者皆無我見，有我見者沉淪生死。豈有著我見者不淪生死而證涅槃，無我見者不證涅槃而淪生死者

哉？[75]

又《大般涅槃經疏》卷二〈序品 第一〉云：

無常者即是生死，常者即大涅槃。無我者聲聞緣覺，我者如來法身。苦者一切外道，樂者謂大涅槃。不淨者有爲諸法，淨者佛菩薩所有正法。[76]

因爲生死法才是無常的，所觀對象是生滅無常的五陰等三界我；大涅槃則是常住法，所觀對象是第八識眞如妙心。無我之法所說，是聲聞緣覺的法，是針對生滅無常的五陰而說；有眞實我的說法則是指應身如來的法身，是常住不壞的金剛心如來藏。說有苦的法是一切外道的所說，因爲都是五陰而不離八苦、三苦；說眞實大樂的法即是大涅槃，因爲是性如金剛永不可壞的常住法，眞實永存所以名之爲樂。不清淨的法都是有爲法，因爲都不離五陰境界，所以都有或多或少的不淨；清淨法則是諸佛菩薩所證的正法，因爲是依妙眞如心的本來自性涅槃非境界而說的。

75《萬續藏》冊 81，頁 315，上 4-7。

76《大正藏》冊 38，頁 48，下 26-29。

又《維摩義記》卷一〈方便品 第二〉：

一、就情分別：生死有我，涅槃無我；以著我故世間受生，是故有我遍在生死；離我不生，為是涅槃，一向無我。二、就法相相對分別：生死無我，涅槃有我；生死之法，體無性實，用不自在，故說無我；涅槃性實，故說有我。[77]

這是說，首先從有情無情而作分別時，凡是有生有死的法就是有我，而涅槃是無我的；由於執著五陰自我的緣故，於是便在世間受生，因為這個緣故就普遍在三界六道中生死不斷；若離於五陰我的境界而無生死的，才是涅槃，是一向無我。第二，針對法相來作相對性而似乎是相反的分別：有生有死的法性就沒有眞實我而說為無我，涅槃是常住不變的境界所以是有眞實我；有生死的五陰等法，自體不是法性眞實，其作用也不自在，所以說是無我；涅槃的法性是眞實常住，所以說是有我。這是針對有情五陰自身的立場來說五陰有我與涅槃的無我，再從生死法與涅槃法的法相來觀察，而說是生死法無我、涅槃法有我。其實道理是一樣的。

77《大正藏》冊 38，頁 442，上 28-中 4。

所以《大乘義章》卷二也如此說：

然我、無我，隨法不定。經中或說生死有我、涅槃無我，或說涅槃以爲有我、生死無我。或復宣說二俱有我，或說俱無。若就其情，生死有我，涅槃無我；生死之中，凡情妄計故說有我；涅槃之中聖智離取，故說無我。故《地持》云：「世間生處，皆由著我。若離著我，則無生處。」若據其法，生死無我，涅槃有我。生死虛無，又不自在，故說無我；涅槃眞實，具八自在，故說有我。是以經言：「生死之法，無常與苦、無我、不淨。涅槃之法，常樂我淨。」78

這些道理其實是一樣的，只要親證了二乘菩提的涅槃，也親證了大乘菩提的涅槃，把二乘聖者所證的有餘涅槃、無餘涅槃，以及大乘聖者所證的本來自性清淨涅槃等非境界，加以現觀及比對之後了然於胸，即得會通而無牴觸，自然了知大乘經論中說有眞實我者，其實仍然沒有五陰我性，依舊無我而名爲法無我；然而相對於五陰的無常故無我，依眞如妙心的性如金剛常住不壞永存不滅，即說爲有我，而說爲我、眞我、大我。如是所

78《大正藏》冊 44，頁 507，下 8-17。

證的大乘涅槃就是大涅槃。

話說回頭，三乘菩提中所說的涅槃，不論是哪一種涅槃，都是離五陰我、我所的非境界；若是誤解涅槃中仍是可以有五陰我存在的境界，凡夫大師率多喜樂而願接受；但是一切凡夫大師全都畏懼正眞的涅槃的非境界，因爲是全無五陰我的非境界，以此緣故每多反對善知識所說正法。這類事情，古今無異，非獨現今，所以《阿毘曇毘婆沙論》卷三十二〈使揵度 第二〉中早已說過：

問曰：「若然者，涅槃可畏，可是有耶？如說比丘當知：凡夫、愚、小，聞說涅槃無我、無彼，無我所須一切諸物，於此法中生怖畏心。」答曰：「若畏有者，是正畏涅槃是耶？復次，可畏法，凡夫聖人俱畏；涅槃唯凡夫所畏，非聖人所畏。復次，是苦器，故名有。」79

這已顯示古時即如是，不是末法時代的學人才畏懼眞正的涅槃。因爲凡夫就是凡夫，永遠都是喜愛五陰有，而不知五陰本是受苦之器，捨棄五

79《大正藏》冊 28，頁 233，中 23-28。

陰後的涅槃才是眞正離苦境界。所以涅槃永遠是無我性的非境界，但凡夫永遠都喜愛五陰或多或少繼續存有的流轉境界，而不知仍在生死流轉中。

第七節　二乘涅槃依本來自性清淨涅槃而有

佛菩薩所證的大乘本來自性清淨涅槃，無礙於二乘聖者所證的有餘涅槃、無餘涅槃；是故依大乘本來自性清淨涅槃而證的第一義諦，自然也無礙於依二乘有餘、無餘涅槃所證的世俗諦義理。

先談大乘行者所證的本來自性清淨涅槃，再談二乘聖者所證的有餘涅槃、無餘涅槃；詳實瞭解二者的內涵時，自然便能了知大乘、二乘所證的涅槃，互相之間並無絲毫牴觸或矛盾之處。

大乘菩薩所證的本來自性清淨涅槃，是親證第八識眞如心如來藏以後，現前觀察眞如心是法爾而有、本自存在的無生之法，證實其本來性。又由現觀眞如心來往三世而出生世世或異或同的三界六道有情五陰身心，並現觀祂與五陰並存之時有其獨特之自性不斷地運作，恆不中斷，並非名言施設有，由是證知其自性性。又現觀第八識妙眞如心自無始以來本性清淨，雖然含藏七識心相應的各類種子而有不淨，然第八識心自體運作之時，卻恆常顯示祂對一切境界都無所貪染的清淨性，明白證實其本來清淨之法性。又現觀第八識妙眞如心，從無始劫來本自不生不滅，永無生死；現在如是，推之於未來無量劫後亦將如是；既是不生不滅、不生不死，即是涅槃，而祂的這個涅槃性卻是本有而非修行以後方才得來的，故是本來涅槃。合此四種自性，即名爲本來自性清淨涅槃；但這個涅槃卻是第八識本來就已是涅槃，不是因修行而得的涅槃。修行佛菩提道以後，只是藉著實證第八識而證實這個涅槃本已存在的事實，不是經由修行而獲得本無今有的涅槃。

再談二乘聖者所證的有餘涅槃、無餘涅槃。二乘聖者經由修行，依四聖諦而作觀行，所觀行的對象是生滅性的五陰，不是猶如菩薩觀行五陰之所從來的第八識如來藏妙眞如心，所以他們所證的有餘及無餘涅槃，要藉觀察五陰全部都屬生滅無常、不可久住的事實，斷除我見而證初果；此時仍未證涅槃，仍非二乘法中眞正的聖者。繼續修行而更徹底修除貪瞋癡成爲薄貪瞋癡的二果人，也還不是眞正的聖者，只是如同初果人一樣相對於一般凡夫而說爲聖者。

直到「**梵行已立**」而斬斷欲界愛，確實脫離欲界心境而發起不退轉的具分初禪，然後斷除五下分結而成爲三果人，名爲證得有餘涅槃的聖人；死後必定往生色界而在色界斷盡我執，或如頂品三果人可在中陰境界斷盡我執而取無餘涅槃。此時即是部分《阿含經》中所說的有餘涅槃，是因爲還有剩餘應斷的煩惱未斷，所以名爲有餘涅槃。然後觀察五上分結及我慢而全部斷除之，成爲「**所作已辦、不受後有**」的聖者，自知「**我生已盡**」，才是無餘涅槃的實證聖者。部分《阿含經》中有這樣的聖教開示，與一般開示的「**阿羅漢尚未入滅前名爲有餘涅槃，因爲尚有餘苦所依；直到死後入無餘涅槃時，最後身所依的餘苦斷盡，名爲無餘涅槃**」所說義理的角度稍有不同，偏重在尚有剩餘煩惱未斷而說爲有餘涅槃。

然後回到本節一開始的立義來說：佛菩薩所證的大乘本來自性清淨涅槃，無礙於二乘聖者所證的有餘涅槃、無餘涅槃；本來自性清淨涅槃所依的大乘第一義諦，亦無礙於有餘、無餘涅槃所依的二乘世俗諦。爲何平實如此說呢？首先，依於諸佛菩薩的所見，二乘四果聖者或辟支佛捨壽入無餘涅槃時，只剩下其第八識妙眞如心獨存，五蘊十八界全部滅盡而完全無我；這時的無餘涅槃，仍然是實義菩薩所證的本來自性清淨涅槃，並無差別。與菩薩有異的地方，只是二乘無學聖者看不見這個本來涅槃，而菩薩看見了；同時也在後得無分別智中現觀二乘聖者所入的無餘涅槃，依舊是大乘法中菩薩所證的本來涅槃，因此說佛菩薩所證的大乘本來自性清淨涅槃，無礙於二乘聖者所證的有餘涅槃、無餘涅槃。

不但無礙，而且是支持二乘涅槃的唯一妙理；因爲若不是有這個本來自性清淨涅槃的本來已在而且永恆實存，二乘無學聖者死後「不受後有」所入的無餘涅槃，必然成爲斷滅空。復次，四大部阿含諸經中的聖教，常常說二乘阿羅漢們所證的涅槃既是眞實，也是清涼，又是寂靜，有時更說是常住不變；顯然不是斷滅空，而是眞實；當然就是因爲無餘涅槃中（滅盡五陰十八界以後），仍有大乘菩薩所證的這個本來自性清淨涅槃永恆存續而不間斷的緣故，否則二乘涅槃就會成爲斷滅空了。由此可見，大乘法中的本來自性清淨涅槃，不但不礙於二乘涅槃，並且同時是二乘涅槃的支柱，當然不能說是互相有礙之法。至於大乘涅槃及二乘涅槃之施設，差別只在於二乘聖者不能實證如來藏而無法證知本來自性清淨涅槃，亦只在於三賢位菩薩尚未斷除我執、我所執而未能證得二乘涅槃，但在善知識教導下，卻與諸地菩薩同樣可以現觀二乘涅槃之中仍然是大乘的本來自性清淨涅槃。

然後再說世俗諦與第一義諦的關聯性：從世俗諦來看，所觀行的都是生滅性的五陰十八界等法，但必須先確認有另一識能生五陰十八界，名為「**諸法本母**」。緣覺乘的十二因緣觀也是觀行名色及心所法的生滅性，探討名色及心所法的生滅性是如何產生及名色之所從來的推斷，知道是因為無明而有名色之出生，以致流轉生死永不斷絕。然而，名色究竟是由什麼出生的？總不會是諸法共生名色的吧？當然也不會是無因生、自生、他生，所以觀行十因緣法以後，確認必有一識出生了名色。這時當然就會確定是由自己的另一個識來出生名色自己，是由於無明作祟而認定名色自我實有，所以不斷地造作各種行，而由自己的另一個識來出生自己世世的名色，於是有觸、受、想、思等各種心所法不能斷絕，而有十二因緣法中所說的生老病死等苦。這已證明二乘菩提的觀行，最後都同樣要斷盡我執與我所執，差別只在於聲聞菩提是依四聖諦而觀修，緣覺菩提是依十因緣及十二因緣等二種因緣法而觀修，但同樣都是以名色五陰等人、我作為觀修的對象，不曾及於無上法妙眞如心的實證——不證那個名色所緣、出生名色的另一個識；只能依理推斷而確信實有妙眞如心第八識能生名色五陰，確信入無餘涅槃以後不是斷滅空而願意斷盡我執，死後入無餘涅槃，這便是二乘世俗諦的法理。所以大乘涅槃所依的第一義諦，自然也不會違背於二乘涅槃所依的世俗諦。

但這個法理，仍必須基於實有第八識恆存不滅而能生名色五陰的前提，才能觀修成功而得實證；若落入六識論中，二乘菩提的觀修便永遠不能成功——不是落入斷見就是落入常見，永遠無法脫離，則實證二乘菩提便遙遙無期。由此可明：二乘聖者所證的涅槃，屬於**人無我**；所證的無生，是滅盡名色而不受後有的無生；是以滅而止生，不是本來無生；因爲所觀修的對象是名色人我，故名爲**人無我**。至於大乘第一義諦的觀修，除了必須以斷我見爲大前提來觀修，乃至二乘無學聖者迴心大乘之後以已斷我執爲前提來觀修第一義諦，仍然必須先確定有第八識妙眞如心的恆存，作爲證眞如、證般若的所依，否則觀修第一義諦將是永遠沒有實證的一天。因此說，第一義諦的實證，是依妙法眞如心而觀修，是依能生能滅名色人我的另一個法作爲實證之標的而觀修的，不是聲聞解脫道以斷我見、我執，而將名色、人我作爲觀修的內涵，所以名爲**法無我**。

如前所說，二乘菩提的觀修，必須依第八識實存不滅的大前提，才能觀修成功；而最後觀修成功所入的無餘涅槃非境界中，仍然是大乘菩提觀修成功後所證的第八識妙眞如心，無餘涅槃中的涅槃其實仍是第一義諦中說的本來自性清淨涅槃。在如是事實下，二乘菩提世俗諦所實證的涅槃，其智慧與涅槃中的非境界，當然也就不可能與第一義諦的本來自性清淨涅槃互相衝突；而且修行理論等法義與實證的涅槃非境界，當然都不會互相矛盾或衝突。因此，平實說，佛菩薩所證的大乘本來自性清淨涅槃，無礙於二乘聖者所證的有餘涅槃、無餘涅槃；大乘第一義諦的本來自性清淨涅槃，亦無礙於二乘世俗諦的有餘、無餘涅槃；並且是二乘世俗諦二種涅槃之支柱。若有二乘行者否定大乘本來自性清淨涅槃，本質是自壞法城，因爲必將陷自己所證的二乘涅槃於斷滅空中，或是墜入常見、斷見境界中，但這是一切實證的阿羅漢下至初果人所不會作也不能接受的。以此緣故，眞懂二乘菩提的實證者，皆同一見：「**實有能生名色的識恆存不滅，而我等不能實證。**」當然絕無否定之理；聲聞法中唯有未證言證的凡夫僧俗，不知入無餘涅槃是滅盡後世一切有，不懂無餘涅槃中不存絲毫名色自我之人，才會否定能生名色的第八識，因此執取意識或識陰爲常住不壞之「**我**」，墮入我見中，永遠輪迴生死。

第八節　證本來自性清淨涅槃方有般若波羅蜜

必須先證得自性如來——第八識如來藏阿賴耶識，才能現觀祂的眞如法性，然後才能觀察祂是本來自性清淨涅槃。證眞如與發起實相般若之間的因與果，是當代佛門四眾所不知道的；而證如來藏與證眞如的因與果，也是當代佛門四眾所不知道的，包括當代所有大法師、大居士們在內。證眞如而觀察到第八識的本來自性清淨涅槃，此是因；之後由於本來自性清淨涅槃的觀察而產生實相般若深妙智慧，則是果。證如來藏心體的所在而能現前觀察祂的運作，是因；證如來藏之後即能觀察如來藏的眞如法性，名爲證眞如，是果。以此緣故而說：實相般若以本來自性清淨涅槃爲體，本來自性清淨涅槃以眞如爲體，眞如以第八識如來藏爲體。

必須先有本來自性清淨涅槃的現觀，才會有實相般若在胸；也是因爲對眞如所現觀的內容越來越深廣，使得菩薩對本來自性清淨涅槃的內涵瞭解越來越深廣；如是繼續深入觀察而擴及對於眞如、本來自性清淨涅槃，與世間法、出世間法、世出世間法等大乘三十七道品的觀察，具足《大品般若經》所說的內涵，使實相般若越來越具足、越圓滿，才能依此般若智慧而確實到達初地，通達自心如來本來解脫的彼岸境地。但涅槃總共有四種，不是初地菩薩所能具足證得；在這一節中要說本來自性清淨涅槃與般若波羅蜜的關聯之前，應該先瞭解本來自性清淨涅槃的道理。《成唯識論》卷十云：

涅槃義別，略有四種。一、本來自性清淨涅槃，謂一切法相眞如理；雖有客染而本性淨，具無數量微妙功德，無生無滅湛若虛空，一切有情平等共有，與一切法不一不異，離一切相一切分別，尋思路絕，名言道斷，唯眞聖者自內所證，其性本寂故名涅槃。……80

語譯如下：

【涅槃眞實義的差別，大略而言有以下四種。一、本來自性清淨涅槃，是說一切諸法運行的種種法相中的眞如正理；在這個涅槃之中，雖然仍有三界愛等客塵雜染，而這個涅槃是本性清淨的，具有無數亦無量的微妙功

80《大正藏》冊 31，頁 55，中 7-12。

德，從來無生而且永遠無滅，湛然不動猶如虛空一般；而這個眞如妙理所顯示的涅槃是一切有情平等平等並且是同樣都本然已有，與名色等一切法不一也不異，而祂自身遠離一切法相及一切分別；尋思之路來到祂的境界中便斷絕了，一切表義名言與顯境名言之道來到祂的境界中便斷絕了；這是唯有眞實親證的聖者自身內法之所證，這個眞如涅槃的自性是本來已經寂滅的緣故，所以名之爲涅槃。……】

般若所證、所說都是法界實相——諸法功能差別背後的眞實法相，所以名爲實相般若。有情法界總說有十：佛法界，菩薩法界，聲聞、緣覺、諸天、人間、阿修羅、畜生、餓鬼、地獄法界。一切法界——上從諸佛法界以下乃至地獄等十個法界，莫不由實相心如來藏所成就；若無實相心如來藏出生萬法，十法界中之一切有情名色即無由而生，則無法界之可言。而一切法界中之一切有情名色既生已，能生之如來藏恆與一切法界同時同處而不分離，是故如來藏恆時顯示的本來自性清淨涅槃，即與一切法界同時同處，故說本來自性清淨涅槃與一切法界的法相不一不異。由上面所舉經文及《成唯識論》中的說明，很清楚表顯了眞如與祂所顯示的本來自性清淨涅槃能具足般若之理。

因為證眞如而證得本來自性清淨涅槃的人，才會有般若智慧生起；然涅槃本無實法，乃第八識於三界中的運行過程所顯示之不生不滅法相故，是故有時以**涅槃**之名說第八識如來藏心。亦因此故，有時說**涅槃**即是第八識心而容受一切法界有情。《大般若波羅蜜多經》卷五十八〈初分讚大乘品第十六之三〉：

> 善現！當知如涅槃界普能含受無數無量無邊有情，大乘亦爾，普能含受無數無量無邊有情。善現！由此因緣故作是說：譬如虛空普能含受無數無量無邊有情，大乘亦爾，普能含受無數無量無邊有情。[81]

這是因為一切有情法界即是眞如，眞如即是本來自性清淨涅槃，本來自性清淨涅槃即是如來藏，如來藏妙義即是第一義諦，第一義諦即是大乘，所以才說：「**大乘亦爾，普能含受無數無量無邊有情。**」

然而涅槃以及一切諸佛勝法，其實本是第八識如來藏心之所出生、顯示，是故涅槃本來無法，因心成法而說本來自性清淨涅槃，這個涅槃其實即是第八識妙眞如心，是故《小品般若波羅蜜經》卷一〈釋提桓因品 第二〉

81《大正藏》冊 5，頁 329，中 10-15。

說：

爾時眾中有諸天子作是念：「諸夜叉眾語言章句尚可知義，須菩提所說所論難可得解。」須菩提知諸天子心所念，語諸天子言：「是中無說、無示、無聽。」諸天子作是念：「須菩提欲令此義易解，而轉深妙。」須菩提知諸天子心所念，語諸天子言：「若行者欲證須陀洹果，欲住須陀洹果，不離是忍。欲證斯陀含果、阿那含果、阿羅漢果，欲證辟支佛道，欲證佛法，亦不離是忍。」爾時諸天子作是念：「何等人能隨順聽須菩提所說？」須菩提知諸天子心所念，語諸天子言：「幻人能隨順聽我所說，而無聽無證。」諸天子作是念：「但聽者如幻，眾生亦如幻？須陀洹果乃至辟支佛道亦如幻？」須菩提知諸天子心所念，語諸天子言：「我說眾生如幻如夢，須陀洹果亦如幻如夢，斯陀含果、阿那含果、阿羅漢果、辟支佛道亦如幻如夢。」諸天子言：「須菩提亦說佛法如幻如夢？」須菩提言：「我說佛法亦如幻如夢，我說涅槃亦如幻如夢。」諸天子言：「大德須菩提亦說涅槃如幻如夢耶？」須菩提言：「諸天子！設復有法過於涅槃，我亦說如幻如夢。諸天子！幻夢、涅槃，無二無別。」[82]

涅槃如幻如夢，都因涅槃本是第八識妙眞如心所顯示之不生不滅非境界故，然第八識本來自己已在、法爾而有，是故菩薩親證第八識妙眞如心時所證涅槃，當知是本來涅槃，故名本來自性清淨涅槃。而這個涅槃仍然不離第八識眞如心而顯示，本屬心性，是故涅槃並非實有，當然如幻如夢。佛法乃至聲聞菩提法，下至三界六道二十五有等有情，亦依如來藏眞如心而有、而顯示，當然佛法亦復如幻如夢，唯有如來藏眞如心是眞實究竟之法。

般若智慧的出生是緣於本來自性清淨涅槃，本來自性清淨涅槃的現觀是緣於眞如，眞如的現觀則是緣於對第八識在五陰十八界中運行過程的現量觀察，所以本來自性清淨涅槃就是眞如在一切法中運行的過程所顯示出來的涅槃道理，因此《成唯識論》中才會說本來自性清淨涅槃是「**謂一切法相眞如理**」。由這個道理，說實相般若智慧的出生，要緣於本來自性清淨涅槃的實證；若是未曾實證本來自性清淨涅槃，即無實相般若的實證可言；

82《大正藏》冊 8，頁 540，中 26-下 18。

若是否定如來藏，即無眞如可證，即是否定眞如，即無本來自性清淨涅槃之實證可言；以此緣故，若是否定第八識如來藏阿賴耶識，即無眞如的實證可言，何況能知能說眞如妙義？由此而特地標舉學法時的重要知見：必須依止八識論而學習三乘菩提，若是依止六識論而欲學、已學菩提，拒斥第八識如來藏阿賴耶識，三乘中任何一乘的學習都將註定失敗，更別說是想要親證任何一種涅槃。

想要實證本來自性清淨涅槃，必須先修學禪宗的禪，明心證悟如來藏之後方能現觀如來藏的眞如法性而證眞如；想要實證眞如、實證般若波羅蜜多，應該先學般若波羅蜜多，即是先聞熏正確的實相般若正見，藉以斷除我見而遠離六識論惡見，然後才能正確地參禪而明心；明心以後才能證眞如，證眞如以後才能實證菩薩所證的本來自性清淨涅槃；所以想要親證本來自性清淨涅槃的人，要先修學正確的般若波羅蜜多，藉以遠離六識論惡見，這才是最重要的事。以此緣故，《大般若波羅蜜多經》卷三〈學觀品第二〉說：

若菩薩摩訶薩欲等安立十方各如殑伽沙界諸有情類，令住戒蘊、或住定蘊、或住慧蘊、或住解脫蘊、或住解脫知見蘊、或住預流果、或住一來果、或住不還果、或住阿羅漢果、或住獨覺菩提，乃至或令入無餘依般涅槃界，應學般若波羅蜜多。[83]

這是因爲只要實證般若波羅蜜多，就能現觀一切法界中的實相即是一切有情各各都有的第八識如來藏，就能現觀一切有情身中本有的本來自性清淨涅槃，確認不從修得，而是本有。而這個涅槃是本來自性清淨，不是無自性，也不是像二乘涅槃的修習，是從現象上說有染污而後修除染污的涅槃；所以菩薩若是想要幫助眾生證得二乘菩提出世果，應該先學般若波羅蜜多；何況是想要幫助眾生證得大乘菩提的世出世果，更應該自己先學般若波羅蜜多，然後才能實證，也才能如實利樂學人。但若是跟錯了善知識而學錯了，把修學二乘菩提當作是修學般若波羅蜜多，或是把錯會後的二乘菩提解脫道的修學當作是修學般若波羅蜜多，則必落入常見外道所墮的意識境界中——不論那個意識境界是粗意識、細意識、極細意識、現意識、近意識、遠意識。這是末法時代佛門中一切眞修行者必須特別留意之處。

83 《大正藏》冊 5，頁 14，上 2-7。

第九節　本來自性清淨涅槃極難修證，更難轉依

本來自性清淨涅槃極難修證，是因爲這個本來涅槃是不可思議的非數之門，並非數門所攝。然而實證後的轉依更困難，我見未斷、智慧不夠、定力不夠、貪欲深重或慢心深重者，都無法轉依成功。如是類人，都得先修五停心觀，把覺知心與意根降伏下來很久以後，接著要確實具足斷盡我見，再來求實證，才有可能在實證以後轉依成功。若是尚未修得定力，又是善知識作人情奉送而聽聞，不是自己經歷辛苦的參究過程而棄捨無數邪見者，雖知般若密意，依舊無法轉依成功，則眞如密意對他而言只是知識，並非實證；後果就是轉依不能成功而開始心疑，繼之以毀謗賢聖及毀謗眞如妙法，來世報在無間地獄；因爲他的覺知心所造謗法、謗賢聖等大惡業，都是在他自己的如來藏中造作，這些大惡業種子當然也都不離自心如來藏，必然完整收存於自己的如來藏心中，捨壽後自動實行因果律。因此若不想自害，則不應單憑善知識書中的文字而作眞如密意之研究；若不想害人，則不應以實相般若的密意爲人明說；否則縱使明知般若密意了，也必然無法轉依成功，只是自害害人之舉，大大不利於自己及他人之後世。

接著先談爲何很難實證？《大集大虛空藏菩薩所問經》卷六有載：復問：「云何數非數門？」答曰：「數門者說有爲法，非數門者說無爲法。又數非數法，皆是無爲，是故佛說應以智慧遠離一切稱量數法。於有爲數，以識稱量，如理觀察，爾時不見是法應斷、是不應斷，是法應證、是不應證，是法應修、是不應修；不見諸法，亦不作限量。若無見無量，是時即獲無所執著得無悕望。若無悕望則無所緣，得無所緣則得無我，若得無我則無所執。云何無所執？不執色是常無常，不執受想行識是常無常；不執色是苦是樂，不執受想行識是苦是樂；不執色是我無我，乃至不執識是我無我；不執色是淨非淨，乃至不執識是淨非淨；不執色是空非空，乃至不執識是空非空，即獲無所執著三摩地。得是三摩地已，常起大悲度諸有情，不見流轉生死煩惱。所以者何？生死涅槃，性無別故；於諸有情現見涅槃，亦知自身本來涅槃，是名**菩薩般涅槃行**。」[84]

由這一段經文中所說，顯示本來自性清淨涅槃並非數法所攝，而屬於非數法；因爲這不同於二乘菩提依於五蘊六入……等有數法而作觀行，是

84《大正藏》冊 13，頁 636，中 4-22。

故名爲非數法。什麼是數法？例如五蘊—色受想行識—總數有五，可以計數；亦如六入、十二處、十八界等，都是可以從世間法中經由教授說明而得理解，然後即能一一計數，檢查自己欲斷之我見、我執有無斷盡，所以名爲**數法**。但本來自性清淨涅槃這個法雖然可以現觀而得實證，卻不是三界中有數法等法數，因此極難實證而難得現觀；因爲本來自性清淨涅槃這個法，是由第八識在十八界中運行的過程顯示出來的眞如，來顯示第八識的本來自性清淨涅槃，而這個眞如、涅槃並非世間法，沒有數可數，是絕對待的世出世間實相之法，因此唯有實證第八識眞如的菩薩才能現觀，不是經由語言文字明說以後就能實證。要從實證第八識眞如心來觀察祂在三界諸法中運行時的不生不滅等自性，才能實證本來自性清淨涅槃；正因爲本來自性清淨涅槃不是世間法，不是有數法而屬於非數法，所以極難實證。

二乘涅槃是經由有數法的觀行而得實證，例如觀察五蘊之無常、苦、空、無我；觀察六入、十二處、十八界等有數法之無常、苦、空、無我，所觀行之對象都是經由語言文字加以說明之後，聞者便能理解，隨後即能觀察五蘊、六入、十二處、十八界等有數法而得理解；然後修學聲聞四聖諦十二行觀，即能斷我見乃至斷我執；這些都是有次第性的數法，觀行時也是由淺而深的次第性觀行之法。但本來自性清淨涅槃之現量境界，無法以言說解釋便能讓人實證，親證時也不是有次第性的實證，而是頓時悟入而無次第；因爲這種涅槃不是有數法，絕待於三界一切法數，聽聞之人縱使想要實證，若無善知識指導，終無入處。觀察古來求證如是大乘涅槃之人，多如過江之鯽，而歷代之實證者寥寥可數，證明如是本來自性清淨涅槃之極難實證。

證悟已難，但證悟後能否成功轉依，才是最大的難關；若轉依不成功，縱使所悟眞實，一世乃至十劫之中不免退轉；退轉之後難免無惡不造，無惡不造的結果就是如同無量劫前的淨目天子、法才王子與舍利弗一樣，下墮地獄長劫受苦之後次第流轉於餓鬼道、畜生道中，無量劫後方得重回人間，果報極爲慘痛而長久；這個無量劫前的往事，具載於《菩薩瓔珞本業經》中，如來苦口勸誡一切弟子，要具足實修菩薩本業作爲瓔珞（要有具足的福德作爲所證智慧之支持），轉依始能成功，方免解悟之後退轉墮入地獄無量劫受諸大苦；以此緣故，平實再次說明悟後轉依之重要。

上舉經文講的正是證悟後的轉依境界，由於許多人不懂轉依的道理，在沒有善知識攝受之下，縱使所悟眞實，仍然不懂轉依的道理，短短一世之中即已退失而造作誣謗最了義法之大惡業，或者違背 佛陀的法戒—**法毗奈耶**—而求世間名聲、財物利益，販賣佛法或公開明講大乘涅槃之密意，成爲**虧損法事**、**虧損如來**之大惡業，不免如同往昔無數劫前的淨目天子、法才王子與舍利弗一樣，由於沒有善知識攝受而致轉依未成功，退失菩提而導致不信因果、無惡不造，因此墮入三惡道極久。所以佛門一切實證般若密意之人，對轉依的道理都必須詳加瞭解而如實作到，今語譯上舉 文殊菩薩與大虛空藏菩薩之間對答經文的意涵如下：

【復問：「什麼是數門與非數門？」答曰：「有數之門的意思是說有爲法，非數之門的意思是說無爲法。而且，有數法與非數法，全部都是無爲，因爲這個緣故，佛說應該以智慧遠離一切可以稱說或計量的有數之法。於有爲性的有數法，以識陰六識來稱說及衡量時，如理作意加以觀察了，那時不會看見這個法應該斷除、這個法不應該斷除，這個法應該證得、這個法不應該證得，這個法應該修習、這個法不應該修習；這時依止眞如法界而沒有看見諸法了，也不對諸法作出一定數目的限制。假使所見諸法是無能見也無有數量時，就獲得無所執著而住於無所悕望的境界中。如果無所悕望就無

所攀緣，可以無所攀緣就證得無我，若是證得無我時就無所執著。什麼是無所執著呢？不執著色蘊是常或無常，不執著受想行識是常或無常；不執著色蘊是苦或是樂，不執著受想行識是苦或是樂；不執著色蘊是我或無我，乃至不執著識陰是我或無我；不執著色蘊是清淨或不清淨，乃至不執著識蘊是清淨或不清淨；不執著色蘊是空或非空，乃至不執著識蘊是空或非空，就能獲得無所執著三摩地。得到這個三摩地以後，常常生起大悲心而度化很多有情，卻同時不曾看見有流轉生死等煩惱。這是什麼緣故呢？是因爲生死與涅槃，二者的自性沒有差別的緣故；這樣的菩薩於一切有情現前看見都是本來涅槃，也知道自己本身是本來涅槃，這樣就名之爲菩薩般涅槃行。」】

「有數」之法可以計量，「非數」之法沒有「數」可言，則不能計量；蘊處界等法都有數量可以計算，妙眞如心所顯示的大乘涅槃卻「非數」而不可計量；所以二乘涅槃是有數法，大乘涅槃是「非數」法。這是因爲求證二乘涅槃法時，所觀行的對象是世俗法五蘊十八界等法數；而求證大乘涅槃時，除了同樣必須觀行二乘涅槃法所觀行的世俗法，還必須進而觀行世俗法蘊處界等有數法的來處與生滅；世俗法的來處即是第一義諦眞如妙心，但這個眞如妙心不屬於三界中法，不歸入一切法數中；因爲一切法數都是從祂而生的，而祂是超然於物外、超然於覺知心、作主心之上的萬法本源，所以眞如妙心所顯示的大乘涅槃當然不是有數法。但因爲實證「無數亦無量」之妙眞如法以後，轉依妙眞如心的本來自性清淨涅槃而住心時（住心即是止），設身處地轉從妙眞如心的境界來看一切有數之法（觀）時，妙眞如心離見聞覺知所以本來自性清淨涅槃，則一切有數法自然也隨之無有所見、所聞、所覺、所知，是故這段經文中說：「爾時不見是法應斷、是不應斷，是法應證、是不應證，是法應修、是不應修；不見諸法，亦不作限量。」

正因妙眞如心永遠住於本來自性清淨涅槃中，覺知心現觀此事實而有智慧了，悟知此理，除此以外別無解脫可證、別無涅槃可得。既然眞實理地是如此，在世間法中雖有各種五欲、五塵可得，其實只是覺知心六識、作主心意根的所得，又是自心眞如所變現之六塵而說有所得，其實亦是妙眞如心的自心現量而無所得；再從妙眞如心的自我始終都離見聞覺知，同樣是從來都無所得；於是六識覺知心與處處作主的意根便解脫於各種貪著，是故經中緊接著說：「若無見無量，是時即獲無所執著得無悕望。若無悕望則無所緣，得無所緣則得無我，若得無我則無所執。」無所執時就是解脫，不受後有而又依於悲願世世受生人間自度度他，乃至成佛亦永遠不捨眾生而不取無餘涅槃，永遠住於無住處涅槃；這就是菩薩們證得本來自性清淨涅槃漸次修行以後，達到諸佛無住處涅槃的實修歷程中的剛開始實證的轉依。

然而，轉依之理是多數解悟之人或是打探而知般若密意之人，所無法理解的，因此便都無法成功作到轉依；既無法成功轉依妙眞如心的本來自性清淨涅槃，便無勝妙智慧生起，也無本來涅槃的解脫功德可以發起，於是空有已知般若密意的事實，卻無點滴解脫的功德受用，也無點滴實相般若智慧生起。乃至因無善知識攝受、護持不退及教導，或有善知識攝受、護持、教導，但是心中因慢而不接受，自以爲證量、功德遠高於善知識，於是自意妄想隨意攀緣菩薩果位，又自己妄作思惟解釋而演述佛法，開始逐日妄說佛法、誤導眾生，乃至最後不免引生謗佛、謗法、謗賢聖，成就無間地獄大惡業而不自知。所以，如何使自己成功轉依才是最重要的事，遠比是否已經證知般若密意重要，遠比能否現觀本來自性清淨涅槃更重要。然而悟得般若密意以後，能否轉依成功的最關鍵所在，卻是悟前是否曾經修伏五蓋等性障而使自心清淨？悟前曾否實修五停心觀而使自心能夠眞的安止於佛法中？悟前曾否實修未到地定的定力？悟前曾否廣修見道所必須的廣大福德？若無此等次法中的實修等事作爲瓔珞而支持所悟，縱使已知般若密意，亦無關見道；打探所得的般若密意對他而言只是知識而非見道，絕無點滴功德受用——既無實相智慧生起亦無解脫功德。更恐怕的是，不免因此而認爲這只是戲論或故弄玄虛，以致謗法、謗賢聖等極大惡業一一隨生，於是捨壽後墮入無間地獄中受苦無間。以是緣故，說本來自性清淨涅槃極難實證，亦難轉依。

但是，菩薩摩訶薩們之所以願意也能夠世世在人間歷盡各種痛苦，常與眾生同事利行而不畏懼生死流轉中的種種痛苦，都是因爲這個本來自性清淨涅槃的實證而導致的，所以上舉的經文中才會這麼說：「**得是三摩地已，常起大悲度諸有情，不見流轉生死煩惱。所以者何？生死涅槃，性無別故；於諸有情現見涅槃，亦知自身本來涅槃，是名菩薩般涅槃行**。」生死只是在自己的如來藏中生死，涅槃也是依自己的如來藏而不生不死，這樣的生死與涅槃不二，這樣的本來涅槃，才是眞正的「菩薩般涅槃行」。

第十節　本來自性清淨涅槃唯證乃知

本來自性清淨涅槃唯證乃知，未證之人，設使善知識爲其詳細解說，亦難如實了知；即使不事眞修實參而探得般若密意，也仍然不是實證者，所知必定逐漸產生偏差——當他不接受善知識的攝受以後；本會二〇〇三年退轉之人及前二次退轉之人莫非如是，皆是現成事例。諸佛及諸菩薩眾雖然早知如此，也現見於一切法中都無所得而使心中都無所貪，卻不捨眾生而世世常在人間度化有情同證此一涅槃，以此緣故，《大寶積經》卷八十六說：【**無起無作、無性無相、無生無滅、本來涅槃，不可言說而說涅槃，是名神變。**】[85]

諸佛菩薩實證本來自性清淨涅槃，是本來無生之法，不像二乘涅槃是滅卻蘊處界等有數法以後不再受生而說爲無生；這種本來無生之法，淺學無智之凡夫僧俗都很難以信受，何況能實證之？這種無法言說而令人實知之本來涅槃，唯有實證第八識妙眞如心以後才能現觀；對一切尚未明心之人而言，不論爲其如何解說，聽聞之後終究只能信解而無法勝解，因爲這個涅槃是本來如此而非修行所生之解脫境界；但一切菩薩隨佛修學而證妙眞如

---

85 《大正藏》冊 11，頁 493，中 15-17。

心以後，在善知識指導或開示之下，自然可在緣熟之時得以現觀而如實理解，名爲已得勝解者。一切未證之人所無法理解，故說唯證乃知；依於如是唯證乃知的本來自性清淨涅槃非境界，所發起的智慧即是實相般若智慧中的一部分。

般若波羅蜜多既非二乘聖者智慧所及，當知極難修證。《大般若波羅蜜多經》卷四〈學觀品 第二〉說：

佛告具壽舍利子言：「……舍利子！諸菩薩摩訶薩如是修行甚深般若波羅蜜多，除諸佛慧，一切聲聞、獨覺等慧所不能及，以不可得空故。所以者何？是菩薩摩訶薩於名、所名，俱無所得，以不觀見、無執著故。舍利子！諸菩薩摩訶薩若能如是修行般若波羅蜜多，名善修行甚深般若波羅蜜多。舍利子！假使汝及大目乾連滿贍部洲，如稻、麻、竹、葦、甘蔗、林等所有智慧，比行般若波羅蜜多一菩薩摩訶薩智慧，百分不及一，千分不及一，百千分不及一，俱胝分不及一，百俱胝分不及一，千俱胝分不及一，百千俱胝分不及一，數分、算分、計分、喻分乃至鄔波尼殺曇分亦不及一。何以故？舍利子！是菩薩摩訶薩智慧，能使一切有情趣般涅槃，一切聲聞、獨覺智慧不如是故。又，舍利子！修行般若波羅蜜多一菩薩摩訶薩，於一日中所修智慧，一切聲聞、獨覺智慧不能及故。」[86]

這段經文中　世尊的意思是說，菩薩摩訶薩所證的般若波羅蜜多是甚深極甚深的，除了諸佛以外，一切聲聞、獨覺的智慧都不能到達，因爲是本來就無所得的妙眞如心的空性境界；一切不迴心的阿羅漢、緣覺，乃至未來受生於無佛之世自己觀行因緣法而成辟支佛的獨覺，都因爲未曾實證第八識妙眞如心而對般若波羅蜜多全無所知，般若波羅蜜多的智慧必須證得第八識如來藏才能生起故。所以菩薩們對「名」——受想行識等心，以及「所名」——受想行識所觸受的一切境界，不論是財色名食睡或五塵勝妙境界，以及形而上學的各種玄學法塵，乃至三乘菩提一切世間、出世間、世出世間法，在轉依妙眞如心以後的實相智慧境界中，都無所得也無所見、無所受，因此而無執著的緣故，即是依於實相智慧而到達本來解脫的彼岸，這就是一切法界的眞實相貌，所以又名爲實相般若波羅蜜多。然後再以大

86《大正藏》冊 5，頁 17，中 26～頁 18，中 24。

悲心而迴入三界、人間，以此智慧廣度有緣眾生。

假使世間充滿了無量無邊迴心大乘以前的舍利弗與神通第一的大目犍連，把如同他們二人證量的無法計數俱解脫聖者全部智慧合爲一慧，也仍然無法了知一位菩薩摩訶薩所證知的實相般若中的極小極小部分內涵，因爲這不是二乘聖者依世俗法的蘊處界等有數法，作爲觀行對象而獲得的智慧所能臆測的；而是依他們迴小向大以後才能證得的第八識第一義諦妙眞如法的實證，所生起的實相智慧才能了知的。所以 世尊最後下了一個結論說：「**修行般若波羅蜜多一菩薩摩訶薩，於一日中所修智慧，一切聲聞、獨覺智慧不能及故。**」

本來自性清淨涅槃極難令人生信，是故信之便已極難；又因善知識出世甚難，欲聞如是正理之解說亦屬極難，是故修之更屬極難。然而，一切佛子修學佛法都極努力，同欲實證涅槃，爲何竟說信之極難？例如《大寶積經》卷八十六云：

> 爾時商主天子白佛言：「世尊！頗有神變能過此耶？」佛告天子：「如來復有殊勝神變。」即語文殊師利：「汝可演說，令諸菩薩得深法忍，

摧伏眾魔，亦令如來菩提之法久住於世。」文殊師利白佛言：「世尊！如來若以三千世界四大海水置於掌中，水性眾生無所嬈動，如是神變未爲殊勝。若如來於一切法不可言說，無名無相、無色無聲、無行無作、無文字、無戲論、無表示，離心意識，一切語言道斷，寂靜照明，而以文字語言分別顯示，一切世間所不能解，沙門婆羅門聞者驚怖，是名諸佛最大神變。復次……如是神變不與身合，不與心合，無行無作離諸境界，一切世間所不能信。何以故？言世間者，名爲五蘊；凡夫於此妄生執著，或說蘊常或說無常；以是義故，一切世間妄見蘊常，聞說無常不能生信；妄見蘊樂，聞說蘊苦不能生信；妄見蘊我，聞說無我不能生信；妄見蘊淨，聞說不淨不能生信。計蘊我所，說無我所，不能生信；計五蘊實，聞說不實，不能生信；以是義故，如來神變出過心相，聞者不欣，一切世間所不能信。復次，超眼境界，非色法故，是名神變；超耳境界，非聲法故；乃至超意境界，非意法故；不可顯示，非智所知，是名神變。復次，空無相願不可言說，而說於空無相無願，是名神變；無起無作、無性無相、無生無滅、本來涅槃，不可言說而說涅槃，是名神變。」[87]

語譯如下：

【這個時候商主天子稟白佛陀說：「世尊！是否還有神變可以超過這個境界嗎？」佛陀告訴天子說：「如來還有別的殊勝神變。」隨即告訴文殊師利菩薩：「你可以就此加以演說，使得諸菩薩們獲得甚深的法忍，可以用來摧伏眾魔所傳布的邪說，也可以使得如來的覺悟之法持久地住於世間。」

文殊師利菩薩稟白佛陀說：「世尊！如來若是將三千世界四大海水置於掌中，這四大海中的水性眾生都不會有所驚動而煩擾不安，像這樣的神變其實並不是最殊勝的。假使如來於一切法中有一個不可言說，無名字無相貌、無色形也無音聲、無身口意行而無所作、無有文字、無有語言戲論、離見聞覺知而無所表示，是遠離過去心、未來意、現在識的非境界，是一切語言之道已經斷絕，是本來而且永遠寂靜卻能照明五蘊而隨緣任運的，把這種不可言說難以理解的涅槃境界，而以文字語言爲大眾加以分別並顯示出來，是一切世間有情所不能理解，是一切外道中的出家沙門與在家修

87《大正藏》冊 11，頁 493，上 1-中 17。

行的婆羅門等人聽聞之時就會心生驚怖，這樣的法義宣揚就稱爲諸佛的最大神變。」

「復次……像這樣的神變不是指色身的境界所以不與身合，不是指覺知心或作主心的境界所以不與心合，沒有意根與覺知心的任何行爲也沒有任何的造作，是遠離各種境界的，一切世間有情所不能信受。是什麼緣故而這樣子呢？所謂的世間，稱之爲五蘊；凡夫總是於這五蘊虛妄地生起執著，或者有時更會堅持說五蘊是常而墮常見之中，或者也有人說五蘊是無常而墮入斷見中；由於這個道理的緣故，一切世間有情妄見五蘊是常，聽聞諸佛菩薩說五蘊無常時便不能生起信心；又妄見五蘊是樂，聽聞說五蘊是苦便不能生起信心；或是虛妄地認爲五蘊是眞實不壞的我，聽聞有人說五蘊並沒有眞實我而不能生起信心；或是虛妄地認爲五蘊是清淨的，聽聞有人說五蘊不清淨便不能生起信心。有人則錯誤地計著五蘊爲我所，聽聞智者說五蘊中沒有哪一個部分可以成爲常住的我所，心中便不能生起信心；或是錯誤地計著五蘊是眞實不壞法，聽聞如來演說五蘊不眞實，便不能生起信心；由於這些道理的緣故，如來說法的種種神變超出而且遠遠超越有情覺知心的相貌，聽聞的人往往不能生起欣悅之心，所以佛法是一切世間凡夫所不能信受的。」

「而且，如來所說之法超過眼的境界，不是色塵法的緣故，這也是我所說的如來神變；如來所說之法是超越耳的境界，不是聲塵法的緣故；乃至超越意識與意根的境界，如來所說不是意識、意根等法的緣故；這種非境界不可能以色法或語言來顯示，不是世間人的智慧所能稍知，這就是如來的神變。此外，轉依妙眞如心而證得這個空性境界，住於無我相、無人相、無眾生相、無壽者相的非境界中，所以就不再對世間諸法有所願求，因此心中對世間法都已無願而具足空、無相、無願三昧，再依這種不可言說的三三昧境界，而對世間人演說空、無相、無願三昧，這就是如來的神變；這種非境界之中是沒有生起也沒有所作、沒有善惡性也沒有五蘊相、沒有出生過而將來也沒有壞滅、本來就是不生不死的涅槃，如來將這種不可言說的非境界而說爲涅槃，這就是如來的神變。」】

但這種本來自性清淨涅槃的非境界，都不是未證之人所能臆想猜測而知的；因爲這是離世間五蘊的非境界，是離語言的境界，是離六塵的境界，是離三界的境界，卻又是在五蘊中、在語言中、在六塵境界中顯現了出來，所以非常難以理解，唯證乃知。

第十一節　在末法時代的人間住持本來涅槃的如來藏妙法極爲困難

本來自性清淨涅槃中無一切法，純是世出世間法的第八識妙眞如心境界，連二乘法中的三明六通無學聖者都無法想像或思惟。由於證之極難，爲諸未證阿羅漢果之菩薩說明之時，大眾縱使想要瞭解，其實更是甚難；但如來依舊巧設方便而爲有緣人說之，教令菩薩們實證，是故說爲如來不可思議之神變。由此可知，本來自性清淨涅槃之實證本來極難，欲求末法時代一切大師與學人信受，本自不易；以此緣故，經中說正法時期即將結束前的八十年中，想要爲眾生演說如來藏妙義時，已經極難成功；若有菩薩願意挑起如來家業，而在正法即將滅盡的最後八十年中，繼續演說如來藏妙義，住持本來自性清淨涅槃之非境界於人間，確實名爲難以想像之重擔。例如《央掘魔羅經》卷四所載：

佛告央掘魔羅：「非是如來爲第一難事，更有第一難事，謂於未來正法住世餘八十年，安慰說此摩訶衍經、常恒不變如來之藏，是爲甚難，若有眾生持諸同類是亦甚難。若有眾生聞說如來常恒不變如來之藏，隨順如實，是亦甚難。」央掘魔羅白佛言：「世尊！何如爲難？」佛告央掘魔羅：「譬如大地荷四重擔，何等爲四？一者大水，二者大山，三者草木，四者眾生，如是大地荷此四擔。」央掘魔羅白佛言：「如是，世尊！」佛告央掘魔羅：「非是大地荷四重擔，所以者何？餘復更有荷重擔者。」央掘魔羅白佛言：「誰耶？世尊！」佛告央掘魔羅：「正法住世餘八十年，菩薩摩訶薩為一切眾生演說如來常恒不變如來之藏，當荷四擔。何等為四？謂兇惡像類常欲加害，而不顧存亡，棄捨身命要說如來常恒不變如來之藏，是名初擔，重於一切眾山積聚。兇惡像類、非優婆塞，以一闡提而毀罵之，聞悉能忍，是第二擔，重於一切大水積聚。無緣得為國王、大臣、大力勇將及其眷屬說如來藏，唯為下劣形殘貧乞堪忍演說，是第三擔重於一切眾生大聚。窮守邊地多惱之處，衣食湯藥眾具麁弊；一切苦觸，無一可樂，男悉邪謗、女人少信，城郭丘聚豐樂之處不得止住，是第四擔重於一切草木積聚。若能荷此四重擔者，是名能荷大擔菩薩摩訶薩。若菩薩摩訶薩於正法欲滅餘八十年，棄捨身命演說如來常恒不變如來之藏，是為甚難；若能維持彼諸眾生，是亦甚難；彼諸眾生聞說如來常恒不變如來之藏，能起信樂，是亦甚難。」

「復次，央掘魔羅！非是如來為第一難事，今當更說復有難事。譬如士夫，其壽無量；過無量百千億歲，以一毛端渧大海水。復過是數，以一毛渧；乃至將竭，餘如牛跡，爲甚難不？」央掘魔羅言：「甚難世尊！不可稱說。」佛告央掘魔羅：「此不爲難，更有甚難。」央掘魔羅言：「誰耶？世尊！」佛告央掘魔羅：「正法住世餘八十年，若有菩薩摩訶薩棄捨身命，演說如來常恒不變如來之藏，是爲甚難。」

「復次央掘魔羅！非是如來爲第一難事，更有難事。央掘魔羅！譬如士夫擔須彌山王及大地大海，經百億歲，此爲大力第一難不？」央掘魔羅白佛言：「如是，如來境界非彼聲聞緣覺所及。」佛告央掘魔羅：「彼非大力，非爲甚難。若以大海一塵爲百千億分，百千億劫持一塵去，乃至將竭餘如牛跡，復能擔負須彌山王大地河海百千億劫，而彼不能於正法住世餘八十年時，演說如來常恒不變如來之藏。唯有菩薩人中之雄，能說如來常恒不變如來之藏，護持正法。我說此人第一甚難。」

「復次央掘魔羅！譬如士夫，能以水滅三千大千世界熾然盛火，如是士夫爲甚難不？」央掘魔羅白佛言：「世尊！滅一天下火，尚爲極難，況復三千大千世界？是爲甚難。」佛言：「如是，央掘魔羅！未來世中，持戒眾減，犯戒眾增，正法住世餘八十年，菩薩摩訶薩棄捨身命奴婢牛羊非法財物，種種清淨宣說正法，演說如來常恒不變如來之藏，此何士夫？」央掘魔羅白佛言：「唯佛能知，非聲聞緣覺。爾時護持世間淨法，猶尚為難，何況出世間上上如來常恒不變如來之藏？如彼士夫能以水滅三千大千世界熾然盛火，極為甚難。若於未來正法住世餘八十年，菩薩摩訶薩棄捨身命，演說如來常恒不變如來之藏，當知彼人即是如來。」佛告央掘魔羅：「善哉善哉！善男子！我亦如是說。一切如來說彼士夫所為難事，不得邊際。」[88]

即使現今距離正法壞滅尚有將近九千年，平實於此人間住持如來藏正法已極困難，初始弘法十餘年間恆被諸大法師、諸大居士之所否定；直至如今雖然稍歇，猶有附佛法外道密宗四大教派持續否定；乃至密宗四大派無法以法義辨正來證明密宗屬於佛教，也無法證明彼所傳法屬於佛法之際，乃更增之以法律手段加以誣告成功。由此可以證明實相般若之難以信受，何況實證？但若實證已，實相般若現前，獲得實相般若現觀智慧，頓超二乘聲聞、緣覺聖者，其智慧絕非二乘三明六通無學聖者所能臆測；從

88《大正藏》第 2 冊，頁 537，下 20-頁 538，中 29。

此正式邁向成佛之道，自知已證佛菩提果，久後必定成佛而無懷疑。是故正法住世只剩下八十年時，爲眾生演述如來藏本來涅槃之法誠爲甚難，然而觀乎現今距離法滅猶有九千年已如是困難，更何況九千年後正法將滅之時，眾生根器益發漏劣，而菩薩仍將義無反顧，繼續在更難住持如來藏本來涅槃的法滅時世，爲了接引有緣人而願意承受種種苦難，繼續住持本來涅槃之如來藏妙法，以俟有緣人。凡此都是由於已經親見生死與涅槃不二，解脫與輪迴不二；一切有情都是本來涅槃而皆不能知，是故心生慈憫而願意無止盡地恆住三界之中，吃力又不討好地接引有緣人，無怨無悔永不中止。

第十二節　求證本來自性清淨涅槃者應先發起菩薩性

求證二乘無餘涅槃者，不可能親證眞如，當然亦不能證得本來自性清淨涅槃；假使有人勸導大眾速證二乘無餘涅槃，那就不是佛菩提道中的眞正善知識了。一切想要實證佛菩提道而非想要求證二乘菩提的學人，都應該儘速遠離他們；因爲，一旦對實證二乘無餘涅槃生起愛樂之心——有了涅槃貪，就會恐懼未來無量生死中的種種痛苦，一心想要入無餘涅槃，則未來將不能得證本來自性清淨涅槃，佛菩提道的實證可就遙遙無期了。這類人若得證無學果，捨壽之後就會愛樂無餘涅槃而入涅槃，永遠取滅而無益於自身的佛道，當然亦無益於廣大眾生。

像這樣的「善知識」，在佛菩提道中而言，其實是**惡知識**，不但是害人斷絕佛菩提的法身慧命，也會使二乘菩提之道快速滅絕；因為依他的法道而修行的人，將來都會入無餘涅槃，即使成為初果人也會往生欲界天，則世間便無人能夠繼續住持二乘菩提，未來還是得由菩薩來代替二乘人住持二乘菩提，才能延續二乘菩提妙法於人間。目前二乘菩提的實證法理及實修法門久已失傳，平實已寫作《阿含正義》來宣揚正確的二乘菩提，由正覺同修會代替二乘人住持正確的二乘菩提，就是現成的例子。以此緣故，說一切勸導學人專修二乘菩提取證二乘涅槃的人，都是惡知識；若是宗喀巴、釋印順一類人，同以錯謬的二乘解脫道法義教人，進而堅稱是眞正的佛菩提道而否定究竟了義的第八識眞如妙法，可就是一闡提人了！因為：縱使不否定眞如妙法，只是勸人專修二乘涅槃，都已是惡知識了，例如《大般若波羅蜜多經》卷四十五〈初分譬喻品 第十一之四〉云：

復次，善現！菩薩摩訶薩惡友者，若不爲說魔事魔過，謂有惡魔作父母形像，來至菩薩摩訶薩所，告言：「子！子！汝當精勤求證預流、一來、不還、阿羅漢果，足得永離生死大苦，速證涅槃究竟安樂，何用遠趣無上菩提？求菩提者要經無量無數大劫，輪迴生死教化有情，捨身捨命、斷支斷節，徒自勤苦，誰荷汝恩？所求菩提或得、不得。」善現！若不爲說如是等事令覺悟者，是爲菩薩摩訶薩惡友。若菩薩摩訶薩修行般若波羅蜜多時，爲此惡友之所攝受，聞說如是甚深般若波羅蜜多，其心有驚、有恐、有怖。[89]

語譯如下：

【復次，須菩提！菩薩摩訶薩的惡友是哪一種人呢，假使不爲修學菩薩道的學人說明魔事與魔的過失（即是惡友），這是說假使有惡魔化作父母的形像，來到菩薩摩訶薩的所在，告訴菩薩說：「兒子！兒子啊！你應當精勤地求證初果預流、二果一來、三果不還，或是第四阿羅漢果，足夠你永遠離開三界生死中的大苦，也可以快速證得涅槃的究竟安樂，何必修學久遠時劫

89 《大正藏》冊 5，頁 251，上 26-中 8。

才能成功的佛菩提道而趣向無上菩提？求證佛菩提的人要經過無量無數大劫的過程，不斷地輪迴生死而教化有情，往往也要捨身捨命而斷壞身體肢節，又是很難成就，你這樣的徒自勤勞而且痛苦教化有情時，又有誰眞的在心中感荷你的恩德呢？而你所尋求的佛菩提，也許可以證得、也許不可能證得，並沒有絕對把握。」須菩提！如果不爲學人說明像這樣的種種事情而令覺察醒悟的人，這種人就是菩薩摩訶薩的惡友。如果菩薩摩訶薩修行般若波羅蜜多時，不幸被這種惡友所攝受的話，當他聽聞善知識如實演述這樣勝妙的甚深般若波羅蜜多時，他的心中就會有驚嚇、有恐懼、有怖畏。】

換句話說，學人若親近了惡知識，猶如天魔波旬一樣，害怕眾生證得涅槃以後都不入無餘涅槃，全都繼續留在人間度化無量眾生；大家同樣如是修證、如是輾轉繼續度人，天魔的欲界眷屬將會越來越少，這是他所不樂看見的事情，因此就會來勸令有能力證無餘涅槃的人，趕快證無餘涅槃而且趕快入無餘涅槃去，人間就不會再有人度化欲界中人離開他的掌控範圍。如果是菩薩，自己證得涅槃以後卻不入無餘涅槃，全都留在人間自度度他；而所有被菩薩所度的有情，也會同樣度人都能出三界生死，卻都同樣不入無餘涅槃繼續度更多人，而全部的人都留在人間永遠自度度他，使得天魔波旬的欲界眷屬越來越少；因此天魔很害怕這樣的菩薩住在人間，就會勸說菩薩們改爲實證二乘涅槃，死後都入無餘涅槃去，不再來度化大眾修證大乘涅槃。

如果有人聽受了天魔「好意」的勸告，改爲修學二乘涅槃，在死後入無餘涅槃去，可就讓天魔滿心歡喜了！然而正法在人間不久便將漸漸失傳，猶如現今的南傳佛教已無眞正的解脫道一樣，眾生又全部繼續處於欲界貪著及我見等無明之中。所以，想要令佛法久住、廣利人天，就應該教導一切學人都不取證二乘涅槃，改爲取證本來自性清淨涅槃，永遠都不入無餘涅槃，這樣的菩薩才是佛菩提道中的**善知識**。若不教導學人了知天魔假裝關心支持而勸令實證二乘涅槃的用意，萬一有朝一日天魔波旬眞的來了，有人聽受了他的「**關心勸導**」而一心取滅，意欲永遠不受後有，這個人便很難再迴轉入菩薩道中，便永遠不能成佛，眾生也就跟著失去這位大善知識而喪失大利益了；由於這個緣故，說這種勸人速證有餘、無餘涅槃的善知識，其實是假善知識，本質上是天魔一類的**惡知識**，是菩薩的**惡友**。

若是聲聞種性的人，不能存心於利樂有情同成佛道，只想自己快速出離三界生死痛苦，當他聞說修學般若者實證本來自性清淨涅槃以後，要盡未來際永遠於無量生死之中度眾生，心中便大大地驚慌起來，恐怖不安而拒絕善知識所教導的大乘法，這表示他沒有菩薩性而不該實證大乘法中的本來自性清淨涅槃。所以，想要實證大乘本來自性清淨涅槃的人，必須先學習六度波羅蜜多，使自己在勤行六度的時候，不知不覺發起深厚的菩薩性，願意永劫荷負如來家業，願意盡未來際照顧眾生的法身慧命，永遠不入無餘涅槃。這樣發心而世世勤行菩薩道以後，菩薩性漸漸地發起、漸漸地具足了，他就願意全心全力護持正法、救護眾生，那麼他在大乘本來自性清淨涅槃上的實證，自然就爲期不遠。

然而在修學大乘涅槃之前，應該先懂得辨別善知識、惡知識——善友、惡友。若學人是菩薩種性，欲學大乘本來涅槃妙法，而「善知識」卻教以二乘涅槃之法，雖然所教導的二乘涅槃是正確的，也是可以實證的，仍然是惡知識。若學人欲修學本來自性清淨涅槃，而「善知識」竟以不正確的二乘涅槃法道教給學人修學者，並且堅持該錯誤的聲聞涅槃法是正確的，反而毀謗或否定眞正弘傳大乘涅槃、二乘涅槃的善知識，那麼他已經是破法謗佛之惡人，已不只是惡知識而是已成爲一闡提。當大乘學人懂得分辨善、惡知識以後，想要求證大乘的本來自性清淨涅槃，卻應當先審細觀察自己的菩薩性是

第三章　釐清大乘涅槃之眞見道、相見道、通達位等教判淆訛

第一節　入地之前必須實證二乘涅槃

三賢位菩薩在入地之前必須實證二乘涅槃，主要是指已滿足三賢位中的第十迴向位，並且因爲二乘涅槃是修學無生法忍時必須具備的多項基礎之一。眞見道以後欲求入地的菩薩，都必須瞭解，證悟以後想要入地的條件爲何；今說入地的條件有三：一、入地時所應具備的救護眾生、住持正法、利樂有情等大福德。二、永伏性障如阿羅漢。三、無生法忍。這三個條件具足時，還必須心得決定，就是對十無盡願生起了增上的意樂，願意盡未來際不取無餘涅槃，永遠在三界中受生度化有情、利樂眾生，永無窮盡。若對十無盡願沒有具足極強烈的永遠奉行之意願，也就是對十無盡願沒有增上意樂，縱使已經具足這三個條件了，仍然不是已入地的菩薩，不能自稱是「**生如來家、成如來子**」。增上意樂詳見下一節所說，此處容略。

爲何菩薩必須先具足證得二乘解脫果才能入地？例如《大方廣佛華嚴

經》卷三十四〈十地品 第二十六〉說：

始得入初地，即超五怖畏：不活、死、惡名、惡趣、眾威德。以不貪著**我**，及以於**我所**，是諸佛子等，遠離諸怖畏。[90]

這就是說，必須先有二乘涅槃果的解脫功德，才能對未來無窮無盡利樂有情的辛苦，才能對未來無窮無盡接受人間生老病死苦……等苦受，生起願意領受之意樂，才能使他對十大願等無盡願的意樂極為增上而且清淨無疑，這樣才能入地。若無二乘涅槃果的解脫德，空說願意盡未來際受生人間行菩薩道等言語，事實上並無地上菩薩的大乘聖者本質；因為才一遇到人間的痛苦時便退縮了，等到順境出現時才又發起十大願的無盡意樂，這其實是常常出現**行退**現象的三賢位菩薩，對十無盡願的意樂還算不上增上，更沒有到達增上意樂清淨的地步，那就不可能是已入地的菩薩；因為他對人間的痛苦有恐怖，不能超越五種怖畏，仍有我執與我所執所致。會有不活畏、死畏、惡名畏等三種怖畏，是因為我所執、我執尚未斷盡的緣故；會有惡趣畏，是因為大乘見道所斷的異生性尚未全部滅盡所致；會有

90《大正藏》冊 10，頁 184，上 20-23。

眾威德畏，則是因爲尙未發起無生法忍深妙智慧所致；因此便無法深心愛樂十大願，以致有時行退。所以，入地之時必須具備二乘無學的解脫功德，至少要有慧解脫的解脫功德爲憑，才能免於行退的窘境。

《大般若波羅蜜多經》卷四十七〈摩訶薩品 第十三〉的開示，道理也是一樣的：

佛告舍利子言：「復次，善現！若菩薩摩訶薩生如是心：『一切地獄、傍生、鬼界、人、天趣中，諸有情類所受苦惱，我當代受，令彼安樂。』若菩薩摩訶薩生如是心：『我當爲一有情，經無量百千俱胝那庾多大劫，受諸地獄種種劇苦，以無數方便教化令證無餘涅槃。如是次第爲一切有情，一一各經無量百千俱胝那庾多大劫，受諸地獄種種劇苦，亦一一各以無數方便教化，令證無餘涅槃。作是事已，自植善根，復經無量百千俱胝那庾多大劫，圓滿修集菩提資糧，然後趣證阿耨多羅三藐三菩提。』善現！如是名爲菩薩摩訶薩金剛喻心。若菩薩摩訶薩以無所得而爲方便安住此心，亦不自恃而生憍舉故，於大有情眾中定當得爲上首。」[91]

91《大正藏》冊 5，頁 263，中 22-下 7。

假使自己都還沒有解脫分段生死的二乘無學果證，而說願意代諸衆生受一切苦，就都只是空言，便無初地菩薩的實質了。

又如《大方廣佛華嚴經》卷二十五〈十地品 第二十二〉：

金剛藏言：「從歡喜地菩薩所行，**皆離罪業**，何以故？迴向阿耨多羅三藐三菩提故，隨地所行清淨，不名爲過。佛子！譬如轉輪聖王，乘大寶象，遊四天下，見諸衆生貧窮困苦；王雖無苦而未離人，若捨王身生於梵世，遊千世界，現大威力，爾時乃名離於人身。菩薩亦如是，從初地在諸波羅蜜乘，知一切衆生心所行事及煩惱垢，**不爲煩惱垢之所污**；雖乘善道，不名爲過；若捨一切所修功行，入於八地，爾時名爲乘清淨乘，悉知一切諸煩惱垢，不爲煩惱垢之所污，乃名爲過。」[92]

初地以後所行皆離罪業，是因爲已證有餘、無餘涅槃的緣故；若無這二種涅槃的實證，就無可能永斷大乘見道所應斷的一切異生性習氣種子隨眠。

92《大正藏》冊 9，頁 561，下 28-頁 562，上 11。

又，華嚴部的《十住經》卷一〈歡喜地 第一〉云：

金剛藏菩薩説此偈已，告於大眾：「諸佛子！若眾生厚集善根、修諸善行、善集助道法、供養諸佛、集諸清白法、爲善知識所護、入深廣心、信樂大法心、多向慈悲、好求佛智慧，如是眾生乃能發阿耨多羅三藐三菩提心，爲得一切種智故、爲得十力故、爲得大無畏故、爲得具足佛法故、爲救一切世間故、爲淨大慈悲心故、爲向十方無餘無礙智故、爲淨一切佛國令無餘故、爲於一念中知三世事故、爲自在轉大法輪廣示現佛神力故，諸菩薩摩訶薩生如是心。

諸佛子！是心以大悲爲首、智慧增上、方便所護、直心深心淳至，量同佛力，善籌量眾生力、佛力，趣向無礙智、隨順自然智，能受一切佛法，以智慧教化，廣大如法性、究竟如虛空，盡於後際。諸佛子！菩薩生如是心，即時**過凡夫地**、入菩薩位、生在佛家、種姓無可譏嫌、過一切世間道、入出世間道、住菩薩法中、在諸菩薩數等、入三世如來種中，畢定究竟阿耨多羅三藐三菩提。菩薩住如是法，名住歡喜地，以不動法故。」[93]

93 《大正藏》冊 10，頁 500，中 8-27。

如是經文中說初地菩薩已過凡夫地，既然「過凡夫地」，就應該已經具足二乘涅槃的實證了；因爲，不論是一般凡夫或者外聖內凡的大乘賢位菩薩，在大乘別教法中都仍然是凡夫；只在外道或二乘教中，才能說是聖人。所以《大方廣佛華嚴經》卷七十九〈入法界品 第三十九〉也有如是說：

> 善男子！菩薩如是**超凡夫地**，入菩薩位，生如來家，住佛種性，能修諸行；不斷三寶，善能守護菩薩種族；淨菩薩種，生處尊勝，無諸過惡，一切世間天、人、魔、梵、沙門、婆羅門恭敬讚歎。[94]

又如《合部金光明經》卷三〈陀羅尼最淨地品 第六〉說：

> 善男子！云何初地而名歡喜？**得出世心**，昔所未得，而今始得大事大用，如意所願悉皆成就；大歡喜慶樂故，是故初地名爲歡喜地。[95]

是因爲已得出世間心，能出離三界生死境界了，這也是初歡喜地命名的種種原因之一，所以才名爲歡喜地，這也證明入地之時必須具有二乘涅槃的實證。

94 《大正藏》冊 10，頁 438，中 24-28。
95 《大正藏》冊 16，頁 374，中 15-17。

亦如《深密解脫經》卷四〈聖者觀世自在菩薩問品 第十〉明載：

> 觀世自在菩薩白佛言：「世尊！世尊何故菩薩初地說名歡喜地，乃至佛地說名佛地？」佛言：「觀世自在！菩薩**初離生死，得出世間大利**，清淨勝妙歡喜踊躍，是故初地名歡喜地。」[96]

同樣明示初地菩薩必須能離三界生死，是初次離開三界生死，已經「得出世間大利」，以是心中踴躍歡喜。

《仁王護國般若波羅蜜多經》卷二〈奉持品 第七〉也說：

> 復次歡喜地菩薩摩訶薩，超愚夫地，生如來家，住平等忍。初無相智照勝義諦，一相平等非相無相，斷諸無明滅**三界貪**，未來無量生死永不生故；大悲爲首起諸大願，於方便智念念修習無量勝行——非證非不證，一切遍學故；非住非不住，向一切智故；行於生死，魔不動故；**離我我所**，無怖畏故；無自他相，常化眾生故；自在願力，生諸淨土故。[97]

96 《大正藏》冊 16，頁 680，下 4-7。
97 《大正藏》冊 8，頁 841，下 6-13。

這也是必須「離我我所」，是遠離三界愛的現行才能辦到的境界，否則又如何能夠如實「離我我所」？菩薩三果人尚且無法完全「離我我所」，雖有大乘般若而仍不得入地，證明入地者必須有二乘涅槃的實證，然後起惑潤生繼續廣行菩薩道。

不但諸經中已如是說，根本論及諸論中也同樣如此說。例如大乘法中，依五十二階位的菩薩果而言，三賢位菩薩只要有斷除三縛結的解脫果就行了，是著重在實相般若的總相智、別相智上面深入觀行，並不重視聲聞解脫果的具足實證。然若要入地，已是聖種性菩薩，並非大乘法中「外聖內凡」的賢位菩薩，就必須斷盡大乘見道所斷異生性的現行及隨眠，自然必須同時具足二乘解脫果的實證；因此至少必須證得慧解脫果，方能有初地聖位菩薩的實質。是故《瑜伽師地論》卷四十九〈地品 第三〉云：

問：菩薩從勝解行地隨入淨勝意樂地時，云何超過諸惡趣等？

答：是諸菩薩依止世間清淨靜慮，於勝解行地已善積集菩提資糧（註），於如前說百一十苦諸有情類修習哀愍，無餘思惟。由此修習為因緣故，於彼色類諸有情所，得哀愍意樂及悲意樂；由是因緣，為利惡趣諸有情故，誓居惡趣如己舍宅，作是誓言：「我若唯住如是處所，能證無上正等菩提，亦能忍受。」為除一切有情苦故，一切有情諸惡趣業，以淨意樂，悉願自身代彼領受苦異熟果；為令畢竟一切惡業永不現行、一切善業常現行故，心發正願。彼由修習如是世間清淨靜慮，悲、願力故，**一切惡趣諸煩惱品所有麁重，於自所依皆得除遣**。由此斷故，菩薩不久獲得**轉依**，於諸惡趣所有惡業畢竟不作，於諸惡趣決定不往。齊此菩薩，說名超過一切惡趣，亦名**超過勝解行地**，亦名**已入淨勝意樂地**。[98]

這已是斷盡二乘見道及大乘見道所應斷的一切異生性了，當然必定已具足解脫分段生死的實證了。（註：在三賢位的第七住位起，都是已證眞如的大乘賢位菩薩，因此而對眞如已有勝解，並非六住位前對眞如僅是信解而非實證。但是想要入地以前，除了無生法忍的初分實證以外，必須先修集入地之時應有的各種資糧，包括：伏除性障而證阿羅漢果，利樂有情、護持正法、摧邪顯正所得之大福德，超越欲界境界的圓滿初禪實證等等，都屬入地時應有的資糧。）

98《大正藏》冊 30，頁 565，上 11-29。

《瑜伽師地論》卷七十九也說：

問：已入初地菩薩當言何相？

答：當言**超過諸異生地**，**已入菩薩正性離生**，由已入故，不名異生；超過一切所有怖畏，得未曾得無上法故，常能安住極歡喜住。[99]

換句話說，入地之時「一切惡趣諸煩惱品所有麁重，於自所依皆得除遣」，已經把大乘見道所應斷除的異生性習氣種子全部斷盡，不是只在現行上面斷盡，這必須有二乘涅槃的實證作支持才能成辦。若沒有二乘無學的有餘、無餘涅槃解脫功德支持，最多只能斷除異生性惡業的現行，無法斷除異生性種子的隨眠，若遇重大惡緣時，異生性種子仍會導致現行；或是仍然存在微細的異生性惡行，無法斷盡。因此而說，入地之前必須先證得二乘涅槃，然後再起最微細一分思惑，以滋潤未來世可以繼續受生的無記性異熟種子。

初地以上皆是出世間菩薩，當然必須具有二乘涅槃的實證，才能符合出世間的本質，所以《金剛仙論》卷一說：

99 《大正藏》冊 30，頁 737，中 29-下 3。

一者，**初地以上出世間菩薩**[100]；二者，地前世間菩薩。地前菩薩復有二種，一者外凡，二者內凡。

又《金剛仙論》卷四亦說：

淨土有二種，一是地前有爲形相七寶莊嚴，三界所攝。二是**地上出世間淨土**第一義莊嚴，**非三界所攝**；以初地以上聖人，報出三界土也。[101]

又《成唯識論》卷十也說：

煩惱障中**見所斷種**，於極喜地見道初斷；彼障現起，地前已伏。修所斷種，金剛喻定現在前時一切頓斷。彼障現起，地前漸伏；**初地以上能頓伏盡，令永不行如阿羅漢**；由故意力，前七地中雖暫現起，而不爲失。[102]

是說大乘眞見道、相見道、通達位所應斷盡的煩惱障異生性種子隨眠（不單是指現行），是極喜地見道（通達位）時初次斷盡。大乘見道所應斷盡的煩

100《大正藏》冊 25，頁 803，上 19-21。
101《大正藏》冊 25，頁 826，下 3-6。
102《大正藏》冊 31，頁 54，上 6-11。

惱障異生性習氣種子隨眠，是在入地之前的眞見道位轉依成功後，開始逐漸降伏，而在十迴向位中已經全部降伏，直到初入地時頓時斷盡，以致大乘見道的通達位，能夠使這些習氣種子不再現行而如同阿羅漢一樣。這些都證明，不是單憑無生法忍智慧就能入地，還得配合二乘解脫道的實證——證得有餘涅槃、無餘涅槃；但實證以後不取無餘涅槃，而依十大願再起最微細的一分思惑以潤未來世生，住在頂品三果解脫或阿羅漢向的果德中，繼續修行菩薩道而廣行十度波羅蜜多，邁向佛地。如是證明，所有將入初地之菩薩，都必須實證二乘涅槃。

又：實證二乘涅槃之印證條件，如前第一篇中所說，必須是先具足次法之實修以後，方有得證之實質，否則所謂二乘法中之證果皆是空話。意謂證阿羅漢果者，必須先具足理解「施論、戒論、生天之論」，不得缺漏；於實斷三縛結後方能有智慧觀察上二地（色界地、無色界地）之名色悉皆虛妄不實而斷除我執，否則所謂證果皆是空言。至若斷除我執之實證而非空言者，謂必須有「梵行已立、所作已辦、不受後有」之實證，方可名之，否則皆是大妄語業。「梵行已立、所作已辦」之實證者，一謂「梵行已立」者已過欲界地，以初禪之圓滿發起及不退爲證驗之準繩；否則尚非三果人，焉得自稱阿羅漢？捨壽後必有地獄苦報之憂患。二謂「所作已辦」者已斷除下分結、上分結各五，否則無以驗證，證阿羅漢果者即成空言，成大妄語業。並於最後斷除「我慢」，謂於最微細自我之存在，都無絲毫極輕微喜悅，鎮日灰心泯智，唯待捨壽入無餘涅槃而滅盡自我；否則縱使自覺已斷五上分結，亦只是阿羅漢向，仍非阿羅漢，死後必有中陰身現起，仍將受生而成爲中般涅槃者。以此緣故，若未完全確定死後不復生起中陰身者，即非自覺「不受後有」之人，尚在此位之人若自言已證阿羅漢果，即成就大妄語業，報在來世。若猶欣樂於煙酒女色、飲食遊戲……等世間享樂而自稱阿羅漢，若猶執著於法眷屬、名位、果位者，只是自稱已成阿羅漢之凡夫，未來世極不可愛異熟果報應須及早設法免除；一切佛門四眾於此皆應細細審視，萬勿輕忽。至於詳細意涵，請詳閱拙著《阿含正義》、《識蘊眞義》及此前本書中所說聲聞涅槃之內容，此處僅作提示警覺，不作細述重說。

第二節　入地之時還必須有增上意樂

前一節中說，菩薩欲入地時必須具足三個條件：一、入地時所應具備的長劫之中救護眾生、住持正法、利樂有情所積集的大福德。二、永伏性障如阿羅漢（含超越欲界而證得圓滿不退的初禪）。三、初分無生法忍（通達百法明門）。這三個條件具足時，還必須心得決定，就是對十無盡願生起了增上的意樂，願意盡未來際不取無餘涅槃，永遠在三界受生度化眾生、利樂有情，永無窮盡。若對十無盡願沒有具足極強烈的永遠奉行的意願，也就是對十個無盡的大願沒有增上意樂，縱使已經具足這三個條件了，仍然不是已入地的菩薩，不能自稱「**生如來家、成如來子**」。或者雖已發起增上意樂，但仍有暫時捨棄增上意樂的情況，這是增上意樂不清淨，也不能自稱是「**生如來家、成如來子**」。

例如《解深密經》卷四〈地波羅蜜多品 第七〉說：

> 爾時世尊告觀自在菩薩曰：「善男子！當知諸地四種清淨，十一分攝。云何名爲四種清淨能攝諸地？謂**增上意樂**清淨，攝於初地；增上戒清淨，攝第二地；增上心清淨，攝第三地；增上慧清淨，於後後地轉勝

妙故，當知能攝從第四地乃至佛地。」[103]

顯然對十無盡願的增上意樂是入地的必須要件。所以說，入地的三個條件具足時仍不一定能入地，得要對十無盡願的所有內涵已經如實理解了，並且心得決定而無絲毫猶豫時，才能說是已入初地心的菩薩。換句話說，入地前所必須發起的增上意樂，是指具足入地的三個條件時，菩薩對十無盡願的受持內涵已具足瞭解，並對十無盡願生起殷重心，願意盡未來際受持不棄，已能決定永遠不移而不會有時捨棄；並確認自己未來世亦將如此，對於無生之法如實得忍，確定自己永遠不會對十無盡願再有行退之事了，才能說是具足了增上意樂，才能說增上意樂已得清淨；這時才能確定自己已經入地，否則不免落入大妄語業中。

但增上意樂的發起與具足清淨，都是緣於對眾生的悲心而生，不是緣於對自己道業的關切而生起；因爲增上意樂所意樂的內容是十無盡願，而十無盡願的最重要內涵是願度一切有情永不止息。在菩薩道的行道過程中，要以供養奉侍一切諸佛爲首；繼之以攝受一切佛法，由是轉而恭請諸

103《大正藏》冊16，頁703，中19-24。

佛常轉法輪，自身盡力護持正法長遠流傳令不斷滅；但這些都必須依於精進實修而不懈怠，於法次第增上而有勝妙智慧，得以廣度有緣眾生入於佛法中親證；舉凡實證之緣猶未成熟者，則須巧設方便令其進入佛門之中，令其發起菩薩性而得漸修漸證佛法。於如是次第成就佛法的智慧與果德之中，進而有能力遊於十方世界，次第進展而漸漸有能力遊於十方世界海，並能加以窮究。具備如是功德之後，則應開始廣修方便而莊嚴諸佛刹土；為達此目標，則須進求大智與神通，永不中止利益一切有情而行於佛道。最後則是發願：成佛之後繼續度化一切有情，永不止息，唯除有情已經度盡；然而有情之數不可度盡，是故此願亦無止盡。

觀察十大願的永無止盡受持，其內容可以歸結在一項上面，就是利益眾生永無窮盡，是故《彌勒菩薩所問經論》卷一說：

一切聲聞辟支佛等斷生死流，不能數數受生世間。發阿耨多羅三藐三菩提心諸菩薩摩訶薩，於初地中見實諦故，發阿耨多羅三藐三菩提心；不失因故攝得深心，以般若波羅蜜如實攝取修戒行等，不著身命，

唯為利益眾生。[104]

爲了利益眾生，菩薩入地之後不顧身命安危，要救眾生遠離邪見、滅除三惡道種子，這正是初地心增上意樂的根源。

但菩薩增上意樂的發起，容有各種不同的情況；所以菩薩於不同情況發起增上意樂的史實記載，在經中其實是處處可見的。有許多菩薩並不是由於 世尊演說了深妙法而生起增上意樂，往往是 世尊說法時那些顯示出諸佛菩薩的大悲、大願、大功德……等事相上的諸事，而使許多已具備入地三個條件，卻還在猶豫要不要眞的永遠受持十無盡願的菩薩們，在那一刻心得決定而生起了增上意樂；於是在聽聞上上地的勝妙法之後，心得決定而得入地。或者已具備入地時應有的無生法忍，但因心中尚未決定接受十無盡願而仍猶豫不決，不能入地；此時如果聽聞 世尊演說諸佛菩薩的勝妙果德，心得決定而生起了增上意樂，而使所發十大願的增上意樂清淨了，就可以憑原有的無生法忍及其他條件，於聞法時成爲初地菩薩，一時心得決定故。

104《大正藏》冊 26，頁 235，下 7-12。

此外，已入地的菩薩摩訶薩必須同時能教導有情實證無餘涅槃，不是只教導有情證得佛菩提果；若自未實證故尚未了知而說能教人者，無有是處！由此證明入地時必須有二乘涅槃之實證。但菩薩實證入地之前所應實證的二乘涅槃，不可因此便取無餘涅槃，必須發起大悲心、大願心，願世世常住人間利樂有情永無窮盡，由此大悲與大願而作意起惑潤生，世世常住於人間利樂有情同證菩提；直到法已滅盡，方才往生兜率天的彌勒內院，或者求生諸佛淨土，這才是懂得修學方便善巧的菩薩摩訶薩。但這種方便善巧是與增上意樂有關的，若無增上意樂就不會有這種方便善巧，便無法遠離二乘涅槃貪，例如《大般若波羅蜜多經》卷三十九〈般若行相品 第十〉中善現告舍利子言：

> 若菩薩摩訶薩無方便善巧修行般若波羅蜜多時，若於聲聞及於彼法住想勝解，便於聲聞及於彼法作加行。若於獨覺、菩薩、如來及於彼法住想勝解，便於獨覺、菩薩、如來及於彼法作加行；由加行故，不能解脫生老病死及當來苦。舍利子！如是菩薩摩訶薩尚不能證聲聞、獨覺般涅槃地，若得無上正等菩提，無有是處。舍利子！若菩薩摩訶薩作如是等修行般若波羅蜜多，當知此名無方便善巧修行般若波羅蜜多

菩薩摩訶薩。[105]

語譯如下：

（須菩提告訴舍利子說）：【如果菩薩摩訶薩沒有方便善巧修行般若波羅蜜多時，假使於聲聞涅槃以及於聲聞涅槃的法住作意產生了勝解，他便會在聲聞涅槃以及聲聞彼法上面去作各種加行。如果是於辟支佛、菩薩、如來所證涅槃，以及於辟支佛、菩薩、如來等涅槃的法住作意產生了勝解，便會在辟支佛、菩薩、如來的涅槃以及於這些涅槃法上面去作加行；由於如是加行而沒有方便善巧的緣故，不能解脫生老病死及當來苦。舍利子！如是菩薩摩訶薩尚不能證聲聞、獨覺般涅槃地，若得無上正等菩提，無有是處。舍利子！若菩薩摩訶薩作如是等修行般若波羅蜜多，當知此名無方便善巧修行般若波羅蜜多的菩薩摩訶薩。】

同樣的道理，若無方便善巧，雖然很努力在佛菩提道上用功加行，想要證得佛菩提果是遙遙無期的，因爲一定會在證得二乘涅槃時捨棄了菩薩道，捨壽時便取無餘涅槃，永失佛菩提種。所以必須先把菩薩性培養具足，

105《大正藏》冊 5，頁 220，下 16-25。

將來入地因緣成熟時才能發起增上意樂，乃至使增上意樂清淨而能順利入地，不會在入地前證得二乘涅槃時退回二乘解脫道中。所以增上意樂是入地的必要條件之一。

又，《瑜伽師地論》卷第四十七云：【云何菩薩勝解行住？謂諸菩薩從初發心，乃至未得清淨意樂所有一切諸菩薩行，當知皆名勝解行住。】[106] 勝解的意思是對眞如唯識的法性已經實證，可以現觀而無所懷疑，所以有了勝解；依此勝解而修學六度波羅蜜多，就是勝解行住的菩薩，從三賢位的第七住位開始，尚未入地。在這一段論文中，聖 彌勒菩薩說未得清淨意樂的菩薩，皆名勝解行住菩薩；意思是說，雖然已證眞如，並且也在相見道位中對眞如總相、眞如別相全部瞭解了，也精進修習三品心（內遣有情假緣智、內遣諸法假緣智、遍遣一切有情諸法假緣智）圓滿，完成了十住、十行、十迴向心的修行；進而觀修安立諦大乘四聖諦十六品心、九品心而得永伏性障如阿羅漢，令能取、所取**相**不復現行了（此並非六住滿心位令能取、所取**見**不復現行），仍然是尚未入地的三賢位菩薩，仍在勝解行位中住心。

106 《大正藏》冊 30，頁 553，中 3-5。

這就是說，縱使三賢位修學圓滿而具足入地時應有的無生法忍智，也具足入地所需的廣大福德，並且也是永伏性障如阿羅漢了，若是還沒有發起增上意樂，或是增上意樂已經發起然而尚未清淨，有時仍會暫時棄捨十無盡願，那麼他就是尚未入地的第十迴向位圓滿的菩薩，仍然不是已入地的初地心菩薩。所以前面的相見道位非安立諦及安立諦的觀行完成時，仍然要等增上意樂發起及圓滿時，才算是眞的入地了，才能說是「**生如來家、成如來子**」的初地入地心菩薩。

增上意樂的具足與清淨，不是單從無生法忍上面來獲得，但是一定要依無生法忍才能入地，或依上一層次的無生法忍才能轉進上一地。雖然一般只說增上意樂是對十無盡願的極強烈而決不退縮的意樂，但並不是單純對十無盡願的意樂增上而已，而是得要在眞如法性是否具足勝解，以及是否心得決定來判定（前面所說永伏性障如阿羅漢而不懼生死等已說明過了，此處不論）。例如，有許多菩薩親自聽聞諸佛世尊說法時，所說的上一地之法其實是自己已曾觸證領受過，但是心中未得決定；如今再聞世尊宣說此法，心中已然決定不移，因此而使自己的無生法忍決定無疑，據此得以進入上一地中，如是亦名得無生法忍。

始從入地，末至等覺地，都是無生法忍；因此說，發起增上意樂而入地時的無生法忍，不得與向上諸地的無生法忍—特別是八地的無生法忍—混爲一譚等視同觀。諸經中也可以看到一個現象，往往 世尊說完某一菩薩的證境時，當場有許多菩薩證得無生法忍；然而該處經文中並未說到那位菩薩所證的無生法忍內涵，也沒說到那些聞法菩薩發起無生法忍前究竟是聽到 世尊說了什麼妙法，竟也能得無生法忍；其實是那個無生法忍智慧早已證得，只是心中仍然有疑，以致未能心得決定而沒有定心所，因此不能獲得該層次的無生法忍；現在聞 佛說法以後，當場心得決定，於是那個層次的無生法忍果就現前了，這也屬於增上意樂的一種。

又，三地滿心以下的地上菩薩再來時，雖然仍有胎昧，但有無師智，是故無妨此世被邪師誤導以後，還能遠離邪師所傳授的邪見而自修自悟；這時所悟只是往世的見道、修道所得，在這一世中又重新發起，所以他在證悟之後不久，將會漸漸與往世的實證內涵相應，在幾年或十幾年之後，就重新通達初地的智慧與證境，便得入地。這個現象一併講給讀者大眾參考；也由於這個緣故，《大方廣佛華嚴經》卷三十四〈十地品 第二十六〉說：

悲先慧爲主，方便共相應，信解清淨心，如來無量力，無礙智現前，**自悟不由他**；具足同如來，發此最勝心。佛子始發生，如是妙寶心，則**超凡夫位**，入佛所行處，**生在如來家**，種族無瑕玷；與佛共平等，決成無上覺；纔生如是心，即得入初地。[107]

第三節　關於大乘見道疑訛的辨正

關於大乘見道，向來都有尚未通達的三賢位菩薩，由於是新學菩薩，學佛以來不超過一萬大劫，但因喜歡自行依文解義，在證量尚淺之時便想要一悟而得入地，不願接受善知識的教導而自行尋經覓論依文解義，因此誤會經論眞義而產生謬見，企圖一悟即能入初地；或是由於迷信某些有大名聲的古人，導致被誤導而誤認爲一悟之時即是初地菩薩，皆不免犯大妄語業。

事實上，古時造論寫疏之祖師們，已入地者可謂少數中之少數，多屬尚未通達初地入地心的三賢位菩薩；更多的是尚未明心而不證眞如的凡夫論師，全然不懂何爲眞見道、何爲相見道、何爲通達位，對於這三位階的見道內涵

107《大正藏》冊 10，頁 184，上 4-12。

都無所知，爲求名聞利養而造論寫疏，於是錯謬之處極多，每言眞見道時即入初地；因此導致後人希求地上菩薩之名位、身分者引爲佐證，便於「悟後」自稱已入初地，於是摘取出來指責如實說法而無錯謬的平實。故說古時這類造論寫疏的凡夫祖師或淺悟祖師可謂害人非淺，亦導致平實爲欲尊崇大乘而對彼等古人之推崇，於今不得不撤除而據實辨析之。

言歸正傳，若是已證眞如之三賢位菩薩，誤信這些祖師之謬說而誤犯大妄語業之後，肯接受善知識攝受、教導，隨即改正，對眾懺悔大妄語業，亦可消滅過愆；然而若是增上之慢心已生，不肯接受善知識攝受，硬要主張自己一悟之下已是初地菩薩，異生性既已現行，未來世不免沉淪三惡道中；出離之期極爲久遠而致世世受苦無量，再回人間往往已是百餘劫之後。更難堪者，則是回到人間重新修學時，又因如是邪見障道種子未滅，縱使再有因緣得遇善知識，異生性重新現行之後，仍將難免又再誤犯同一過失，再次沉淪三惡道中；第二次回頭再生於人間之時，又是另一個百劫之後，思之令人悲憫。

以是緣故，必須將大乘見道的疑訛加以解析，以求今人、後人同得遠離如是惡緣，故有此節之辨正內涵供養一切讀者；這也是因爲此類事情在正覺同修會的解悟者中曾經發生過，而且不只發生過一次，更是今年（2013）方始第四次發生者。以下便檢證曾經發生過的事例，依他們所舉出的一悟即是初地菩薩（認爲眞見道時即入初地）的依據文字（主要是唐朝窺基大師的錯誤註釋），於本節中加以解析。本節中所解析的文字，曾以〈窺基所說見道疑訛略辨〉之文件名稱，於二〇一三年九月發給會中的所有親教師、助教老師們，以釋會中某師之疑，欲杜未來再有後人同此生疑；今於此書中，予以列入並略加演繹，供養讀者，以防萬一。

又，窺基大師的《成唯識論述記》，古來即有「奘師口述，基師手記」的傳說；這個傳說是否屬實，有待檢驗。若是已經通達般若而入初地的明眼人，讀之即知；若是仍未入地者，即使確認已經證眞如了，讀後還是會有淆訛等待釐清。今將平實不久前對窺基大師《述記》中的錯誤註解，所簡擬的〈窺基所說見道疑訛〉一文之中以「註解」方式所解析窺基所說錯謬的文字，隱去現代人名，取消「註解」而改爲逐段解析的方式重新列在本書中，並加上比較詳細的辨析，冀望今世、後世所有佛弟子證眞如、眞正開悟之後，都不會再被窺基少數的錯謬註解所誤而生疑退轉，或是解悟之後自稱入地而犯下大妄語業，能令大乘見道位所應斷之極寬廣難斷的異生性，不致於在大乘見道方面現起。今先舉《十住毘婆沙論》卷一〈入初地品 第二〉的論文作為此節之序曲：

問曰：初地何故名為歡喜？

答曰：如得於初果，究竟至涅槃；菩薩得是地，心常多歡喜。自然得增長，諸佛如來種；是故如此人，得名賢善者。[108]

語譯如下：

【猶如聲聞解脫道中證得初果的人即將轉入二果等修道位中，不久必將究竟無餘涅槃而使得心中有歡喜一樣；菩薩得到這個初地的果德時，將會正式進入修道位開始佛道修學的過程，心中恆常擁有很多的歡喜。從歡喜地開始就是行不退的進程了，道業就會自然而然增長，這是生如來家成如來子的菩薩，真正是諸佛如來的種姓；由於這個緣故，凡是初地心聖人都可以名為賢善的人。】

108 《大正藏》冊 26，頁 25，下 18-23。

這是說，過了大乘見道的通達位以後，成爲初地的住地心時，就是佛菩提道開始正式修道的人，已在修道位中，不是初地的入地心或三賢位的證眞如者，已不在見道位中。仍在見道位者有三種人：或者處於眞見道位，或者處於相見道位，俱在三賢位中；或者處於見道通達位，是初入地的摩訶薩，住初地的入地心中。這意思是說，證眞如之後必須繼續進修，直到已經超過三界生死境界了，也就是悟後依所證眞如觀行非安立諦而修三品心，過完三賢位；並且在最後階段再依眞如心而觀修安立諦—**大乘四聖諦**—十六品心、九品心，依眞如的觀修而證得阿羅漢果時，已經有能力取無餘涅槃而超過三界境界了；這時起惑潤生而不取涅槃，進入初地的入地心中，才是大乘無礙道。因爲眞如永遠不被三界任何一法所障礙，於十方三世一切淨穢土中都能無礙的緣故；所以初地心就可以通達世間、出世間、世出世間上上法的見地，他的智慧是通達三乘菩提的，不會被三乘菩提中任何一乘智慧未證前的無明所障礙。

然而這個大乘見道的義理甚深極甚深、難解極難解，眞見道的證悟者，在三賢位中都能依止大善知識繼續受學；但若是解悟者，往往不肯接受大善知識的攝受，自心生慢而自以爲是，憑自己粗淺的般若總相智，便想要從經論中自行通達佛道次第，或者想自己閱讀《成唯識論》而求通達見道次第之內涵，則不免陷入依文解義或錯解經論的窠窟中，最後成就邪見及大妄語業。這是正覺同修會成立以來，已歷三次法難事件中所顯示出來的事實；今時（2013/9/15）會中某師亦復如是，逆料未來世中仍不免有人解悟之後亦復如是。是故，爲免除現在世及未來世中解悟眞如者不接受大善知識攝受時，同樣再犯如是過失，對於大乘見道的三個層次內涵，以及古時誤會經論或謬註經論者對大乘見道內涵的錯誤註釋，都有加以辨正之必要；以免崇古賤今之愚人，輕視現前之大善知識，繼續援引古人的錯誤註釋作爲根據，犯下大妄語業及弘揚「**相似像法**」的大惡業。以下針對近來發生於正覺同修會中解悟之人，依文解義而對大乘見道的次第與內涵所作質疑辯難，給予分段提出辨析，期能滅除今世、後世新學菩薩解悟後，對大乘見道次第內涵繼續產生同樣疑惑；更期望藉此而使眞見道者悟後如實了知見道次第之內涵，期能增益道業。

換句話說，未離胎昧之人，若不是往世已經入地的乘願再來者（位在三地之內），佛菩提道中並無眞見道時即能入地的事情。即使是往世已入地之菩薩，此世悟後也得要再經過幾年或十年時間心心無間、中無猶豫（剎那無間）的觀行，方能一一發起往世相見道位的智慧與功德，才能重回往世入地後的智慧與功德境界。所以必須先有眞見道的眞如總相智（根本無分別智），然後緣於眞如的別相智（後得無分別智），繼續進修而全部通達以後，才能說是具有入地所必須的無生法忍智。因此《解深密經》卷三〈分別瑜伽品 第六〉如是云：

> 或補特伽羅無我相、或法無我相，於彼現行，心能棄捨；彼既多住如是行故，於時時間從其一切繫蓋散動善修治心。從是已後，於七眞如，有七各別自內所證**通達智生**，名爲見道。由得此故，名入菩薩正性離生，生如來家，證得初地。109

既然已說是「**通達智生**」，這個見道顯然不只是眞見道，也不只是相見道，而是「有七各別自內所證**通達智生**」，是眞見道以後再現觀非安立諦七眞如，並以大乘四聖諦安立諦觀十六品心、九品心而發起阿羅漢的解脫證

109《大正藏》冊 16，頁 702，上 29-中 5。

境，以出三界果的證境來通達眞如，由這個「**通達智**」的出生才能證得大乘阿羅漢果而說爲「**正性離生**」，方能名爲具足大乘「**見道**」的智慧，才能說是大乘法中的「**菩薩正性離生**」，才能說是「**生如來家，證得初地**」。然而往往世學法以來不過萬劫之新學菩薩，於善知識指授太快而得眞見道時，往往只是解悟，仍非眞見道；因爲他的轉依並不成功，也因尚未以修習五停心觀來發起未到地定故，未能心得輕安導致無法成功轉依眞如。又因在資糧位修行時並未努力修伏性障，不服善知識教導，自己誤會此段經文意旨而自認爲一見道就入初地了；又誤信古今未悟之師或已悟而未通達見道內涵者的註釋，便援引爲自己已經入地的教證，不免誤犯大妄語業，殊堪憐憫。以此緣故，針對正覺同修會中對於眞見道內涵確屬落入解悟者，就見道內涵依文解義而提出的古人錯謬註釋，爭執彼於眞見道時已入初地的說法一一加以辨析，欲令大乘見道三位差別之義理分明易知。以下都是唐朝窺基法師所造的註釋，每舉出一段之後隨即加以辨析，令大乘見道眞義得以明白顯示於一切人。

窺基原文（《般若波羅蜜多心經幽贊》卷上）：

若入五位所修無邊勝善法種，名習所得。五位者何？一、**資糧位**：從初發起大菩提心，乃至始修四尋思觀，住四十心，皆此位攝；一、信等十心：一信，二精進，三念，四慧，五定；六施，亦名不退；七戒，八護，九願，十迴向。二、十住：一發心，二治地，三修行，四生貴，五方便，六正心，七不退，八童眞，九法王子，十灌頂。三、十行：一歡喜，二饒益，三無恚，四無盡，五離癡，六善現，七無著，八尊重，九善法，十眞實。四、十迴向：一救護眾生，二不懷（壞），三等一切佛，四至一切處，五無盡功德藏，六隨順平等善根，七隨順等觀一切眾生，八如相，九無縛無著，十法界無量。二、**加行位**：從資糧後四種等持：一明得定，二明增定，三印順定，四無間定。三、**通達位**：從四定後，**初地初心**，**真**、**相見道**。四、**修習位**：從見道後，至金剛定十地修道。十地者：一極喜，二離垢，三發光，四焰慧，五極難勝，六現前，七遠行，八不動，九善慧，十法雲。五、**究竟位**：金剛定後解脱道中三種佛身，四妙圓寂，圓滿佛果。[110]

110《大正藏》冊 33，頁 525，中 13-下 4。

窺基說：「**一、資糧位：從初發起大菩提心，乃至始修四尋思觀，住四十心，皆此位攝；……**」

辨析：窺基把初信位到第六住位未滿心，對眞如尚無實證而無勝解的人，以及對眞如已經實證而有勝解的第七住位到第十迴向位，都歸類爲未證眞如的資糧位，那麼眞見道位以後相見道位的非安立諦三品心等三賢位觀行，究竟應該放在哪個位次？佛在《菩薩瓔珞本業經》中判般若正觀現前的證眞如菩薩爲第七住，難道判錯了？

又：若依窺基此判，則應三賢位眞見道後的「非安立諦」三品心及入地前的「安立諦」十六品心加行，都在入地前而且是眞見道前的資糧位，那麼證眞如前的煖等四加行，又應放在哪個位次？全都錯亂了。亦成爲第七住菩薩般若正觀現前時仍未證眞如、未證第八識，則又何來般若正觀現前之可言？佛法中豈有不證第八識眞如而能有般若正觀現前者？顯然，窺基把五十二階位的前四十心都判爲資糧位，把眞見道、相見道、通達位，合併而斷爲極短時間內（幾天或幾年）可以全部完成者，是違背聖教及實證正理之說。

又：不論是經中或根本論中說的相見道位三品心，都說屬於「**非安立諦**」而不是安立諦。因為是依眞如而現觀有情假，然後再依眞如自住境界而遣除此智，名為「**內遣有情假緣智**」，令所證眞如與智平等平等而無所分別，滿足十住位解脫，此則必須先證眞如才能觀修，故名非安立諦。接著再依眞如而現觀有情身心的諸法假，然後依眞如境界而遣除所觀的五蘊身心諸法假等智慧，證得「**內遣諸法假緣智**」，令所證眞如與該智慧平等平等而無所分別，滿足十行位解脫，而此仍屬非安立諦。最後仍依眞如而現觀一切有情、諸法假，再依眞如境界而普遍遣除所觀的一切有情假、諸法假的智慧，成就「**遍遣一切有情諸法假緣智**」，令所證眞如與該智慧平等平等而無所分別，滿足第十迴向位的解脫。這三品心歷經第七住位到第十迴向位的現觀，都不是安立諦，因為都是依眞如境界而作觀行；既然全都名為非安立諦，是已證眞如者方有智慧能作的觀行及遣除，當然是已證眞如的眞見道位後進入相見道位的菩薩。若把眞見道位移入初地心中，則三賢位中的這三種非安立諦的相見道位觀行便無法實行了，只能依世俗法蘊處界而作觀行，尚且不屬於依眞如所作的安立諦觀行，又如何能涉及依眞如所作的非安立諦觀行？

由此可見窺基對於《成唯識論》所說「無間」之意有所誤會，錯把悟後多劫之中心心無間而無懷疑（多剎那無間），依文解義認定為短短幾個剎那或幾天、幾個月，他這個誤會真的很大。觀乎世尊為悟後的菩薩們宣演般若二十九年之久，方令大阿羅漢們入地，並非證悟後幾個剎那或幾個月的短時間。而且為證悟眞如而迴心為菩薩的大阿羅漢們講了二十九年以後，尚有大多數人（大阿羅漢們座下各有極多阿羅漢弟子們）仍未能入地，何況往世修學未久，今世才剛明心幾年並且尚未證得阿羅漢果的新學菩薩，便妄想一悟入地而得成功？

又，明心後多年仍然未能深入別相智中，仍在第七住位原地踏步而繼續依文解義者，所在多有，亦是正覺同修會中現前可見之事實，新學菩薩又如何能在幾剎那、幾天、幾月、幾年之間就完成非安立諦三品心的觀行？又如何能在幾剎那間就完成三品心後才能修行的十六品心觀行證得阿羅漢果而階於初地？由此證知窺基的這個說法荒誕不經。

窺基說：「二、**加行位**：從資糧後四種等持：一明得定，二明增定，三印順定，四無間定。三、**通達位**：從四定後，**初地初心**，**眞**、**相見**

道。」

辨析：窺基在這裡把眞見道、相見道、通達位合在一起，直接說爲通達位，認定是初地初心（入地心）眞見道時在幾個剎那間或幾天之間便能具足親證，非如《成唯識論》以眞見道爲主來說見道位函蓋眞見、相見、通達，要歷經久劫才能完成。而且，《成唯識論》中說加行位這四定心，只是斷除能取所取見，不同於通達位的斷除能取所取相，但窺基的說法卻等於硬將二者判爲同時完成，非如《成唯識論》所說在二個相距遙遠的時程中才能完成者，顯然嚴重牴觸《成唯識論》所說，亦悖於根本論中的所說。

窺基所說是眞見道的證眞如發起根本無分別智、相見道位依眞如發起的後得無分別智，以及相見道位後已經通達的初地眞如智，都歸入「初地初心」中，是將第七住位眞見道般若正觀現前之前的第六住心中應該修學的四加行等觀行，後移到初地入地心之前的第十迴向位末心，認定第七住位後到第十迴向位都是尚未見道的凡夫，那麼這些位次的菩薩們豈非都成了未證眞如者？如是，這些菩薩們又何來眞如智的勝解而說爲勝解行位？經中所說第七住位後出現的般若正觀又何從發起？非安立諦三品心中對於七眞如的觀行也隨之無法現觀，又何能證得「非安立諦」的三品心？

今同修會中某師迷信窺基這個說法，也是因爲這個說法很迷人：一悟即入初地。卻是全然違背《成唯識論》、根本論，也是違背般若諸經、律部的《菩薩瓔珞本業經》……等 佛陀聖教的謬說。某師陷在此一泥淖中無法自拔，因爲未能通達四加行、眞見道（證眞如）、相見道「非安立諦」三品心以及入地前「安立諦」十六品心的觀行內容，心中又不信善知識上師的教導所致，應該也有迷信古人窺基而輕視今人之意。殊不知今人都是古人再來，歷經多世進修後的證量應該不比古人差，方屬正見。平實認爲窺基不太瞭解《成唯識論》所說「無間、剎那」二詞背後的意涵，誤以爲是「極短時間」之意，不懂得《成唯識論》中「無間、剎那」二詞是指悟後多年、多世、多劫，都是**心心無間**、**剎那剎那間都無所疑**而說爲多剎那無間之意；由於不解二詞之眞正意思才會有此荒唐判教的產生，違背了經、論中的聖教，把眞見道、相見道、通達位都匯集在初地入地心之中，認爲可在極短時間內完成三種見道的極廣大內涵。如是過失，後文將會再三加以深入論析，以明大乘法中的三種見道義。

窺基原文（窺基法師著《瑜伽師地論略纂》卷五）：

「何故此中先說空性等」者，第三段，釋三次第。

此意問言：「苦四行中，先說無常苦，後說空無我。今於此中，先說空行，後無願行，方說無常等，豈不相違？」

此意答言：**十六行中**先無常者，**見道已前**，先觀無常乃至無我。**入真見道**，**依此前觀**，故先無常後說無我。入見道後，初證無我；後於三界，方不願求；無常苦觀，方得清淨。故此等持先說於空，次明無願，故此次第兩義不同。

又問：「何故此中，先陳無願，次說無相？顯揚第二先說無相，後陳無願耶？」

答：此說要於三界先不願求，方於無相圓證清淨，故先無願，後說無相。初證二空無，即達無我有，故於空後即說無相，方令無願圓證清淨。此依後時無相圓滿，彼依初時無願圓滿，故不相違。。[111]

111《大正藏》冊43，頁80，上10-24。

窺基說：「**十六行中先無常者，見道已前**，先觀無常乃至無我。**入真見道，依此前觀**，故先無常後說無我。」

辨析：窺基此說，已顯示他主張「安立諦」的大乘四聖諦十六品心，應該在眞見道前觀修之，因爲他認定見道二字已含攝眞見、相見、通達三位的見道內涵。然窺基此處文字所說是聲聞法之見道，並非大乘見道，所觀結果只是證得聲聞法中的初果向，當然他這裡說的修十六品心，不是（或不應是）《般若經》、《成唯識論》所說於大乘眞見道、相見道後所修之大乘四聖諦十六品心，而是小乘見道前所修的聲聞四聖諦，不得引來大乘見道中作爲佐證。

假使窺基說此十六品心的觀行係指大乘見道，仍屬有過：既然窺基主張十信到十迴向位等四十心都是資糧位，尚未到他所定義的入地前的加行位，當知尚未證得第八識眞如，連眞見道位都還不是；這顯然不是《成唯識論》所說相見道位後，依眞如觀安立諦四聖諦十六品心的觀行，必然只能假立眞如實有而作斷我見的觀行，本質即是四加行位而只能獲得煖、頂、忍、世第一法的現觀，最多只能斷我見，伏斷能取所取見而不能伏斷能取所取相；亦未曾涉及大乘眞見道位證眞如的現觀，自然不許指爲《成唯識論》相見道位三品心圓滿後依眞如作十六品心證阿羅漢果的觀行，否則即違背相見道位三品心圓滿後所作依眞如觀十六品心證阿羅漢果的觀行次第。再從窺基此文的註解乃屬**聲聞解脫道之加行道**釋義，會中某師若引爲大乘通達位前的四加行中應修的十六品心證阿羅漢果，仍然不能符契窺基註釋的原意，何況誤引爲大乘見道入地的佐證？

窺基原文（《瑜伽師地論略纂》卷五）：

當知此在能發天眼前方便道所有修定者。此第二修定，唯以四根本地修天眼通。前加行道及無間道所有修定，此通有漏無漏。能知諸天如是名字等者，依勝趣說，實通見諸趣有，乃至廣說言故，謂得諦現觀預流果向方便道中所有修定等者。**預流果向**，**謂真見道及相見道**；前十五心皆名分別慧，爲得此故；煖頂忍世第一法加行道中所有修定爲此修體，**唯是有漏爲性**。或爲修習諸無礙解者，其無礙解名分別慧。依四靜慮等修此方便定，是此修定體，通有漏及無漏。謂阿羅漢果方便道中所有修定者，阿羅漢果諸漏已盡；金剛喻定及加行道，爲此修定體。[112]

窺基說：**「預流果向，謂眞見道及相見道；……」**

辨析：假設窺基此處所說是指大乘見道（其實他這些文字是在註釋小乘見道，不該引作大乘見道的註釋），但眞見道位不可能是初果向，因爲聲聞法中四加行完成時必然已證初果向乃至初果。若有未到地定者，四加行完成而且心得決定時，必然已經全面否定五陰十八界等我爲眞實，此時必得初果，這是根本論中所說；何況大乘法中斷我見後證眞如者已入眞見道位，更不可能逗留於初果向中；更何況第七住位眞見道後的相見道位中之十行、十迴向位？何有可能仍是初果向？此謂大乘四加行完成時已成初果人故，並且是依假立眞如實有而成爲初果人，已成就能取所取皆是空性心如來藏之見解故。由此可見質疑者對此正見顯然仍無所知。

窺基說：**「前十五心皆名分別慧，……」**

辨析：窺基此說乃聲聞法而非大乘法，並無錯誤，因爲他是在註解根本論中的〈聲聞地〉小乘見道義理。所以他若主張眞見道前的四加行中亦

112《大正藏》冊 43，頁 82，中 17-下 1。

修十六品心觀行，應定位爲小乘「安立諦」之四聖諦觀行，目的是在斷我見、取初果；不得定位於大乘法中證眞如之後再依眞如「非安立諦」所作三品心相見道位觀行後始修之大乘十六品心安立諦觀行。是故窺基此說並非《成唯識論》所說眞見道、相見道位末後依眞如所作的十六品心證大乘阿羅漢果的「安立諦」加行。又，窺基將聲聞法的見道也建立眞見、相見、通達等三位，明顯違背四阿含諸經中的佛說，天竺古德極少有人將聲聞見道如同大乘法的證眞如一樣建立三種階次；或有如是建立者，都因尚未如實了知二乘菩提的見道義涵，誤將大乘法與二乘法的見道混同爲一所致。這種建立，在唐朝時由於當時佛門四眾不能區分大乘與小乘法義差別，容或已成眾家之說，導致窺基同作此說；而當時玄奘菩薩辨析之時，有時容或不得不隨俗而說，屬於當時佛教學人之共業，積累至今則已成爲現代佛教的歷史共業，卻是混淆大乘佛法之說，其實不宜。是故，小乘見道仍應回歸四阿含諸經所說的斷三縛結爲宜，不該再將大乘見道的眞見、相見、通達三位的區分用於小乘見道中。

窺基說：「煖、頂、忍、世第一法加行道中所有修定，爲此修體，唯**是有漏爲性，……**」

辨析：由此句，證明窺基此文所說前十五心之觀行只能獲得煖等四法，故說「**前十五心**」「**爲此修體，唯是有漏爲性**」；謂至十六心時應得初果，已非有漏。又，窺基此處就聲聞道中證初果前所修的煖等四加行，乃是依聲聞法四聖諦十六品心而修，故說未到第十六心之前的十五品心都仍屬有漏性，正符「安立諦」的意旨；如是義理若在第六住位中，依心中假立眞如而作四聖諦十六品心的觀行，即屬合理、合法。但窺基把大乘法中的眞見、相見、通達三位，拿來二乘法中說，混淆了大小乘之法，仍非合宜。這是因爲小乘見道所修的四聖諦等安立諦，應該是三轉十二行法輪的觀行，應該是十二品心而非十六品心，讀者對此也應有所理解，所以窺基將大乘見道中說的「安立諦」大乘四聖諦十六品心，套在小乘見道中說，是有過失的。

原文（《瑜伽師地論略纂》卷九）：

論解見道中，云從此無間，於先所觀諸聖諦理起內作意，作意無間，隨前次第所觀諸諦，若是現見、若非現見諸聖諦中，如其次第有無分別決定智現見智生者，從前世第一法無間、從前世第一法所觀諸聖諦理，今於**真見道**門起內作意；此**真見道**作意無間，於**相見道**中隨前第一法時所觀諸諦。若此二現見，他方不同分界等不現見；諸聖諦中如苦集等之次第有無漏無分別決定，不由他引自生疑智現前，以**現量證智生**，非如見道前即有分別疑可**比度而生**，是此中意。又證從世第一法無間，名從此無間；今意欲解**真見道**難知，**越說**相見道，却解所從無間處，即世第一法；今却成前，謂前所觀諸聖諦理起內作意，即乃世第一法時此作意無間，隨前次第所觀諸諦。於**相見道**中若現見、不現見，決定智現見智生，亦是此中意。[113]

窺基說：「論解見道中，云從此無間，於先所觀諸聖諦理起內作意，作意無間，隨前次第所觀諸諦，若是現見、若非現見諸聖諦中，如其次第有無分別決定智現見智生者，從前世第一法無間、從前世第一法所觀諸聖諦理，今於**真見道**門起內作意；此**真見道**作意無間，於**相見道**中隨前第一法時所觀諸諦。若此二現見，他方不同分界等不現見；諸聖諦中如苦集等之次第有無漏無分別決定，不由他引自生疑智現前，以**現量證智生**，非如見

113 《大正藏》冊 43，頁 126，上 22-中 9。

道前即有分別疑可**比度而生**，是此中意。」

辨析：窺基此處所註釋之根本論文字仍屬聲聞地所說，並非大乘法中之見道內涵；他將大乘真見道、相見道的說法引入此中來講，並寫入可以流傳極久的論述中，極易令人引生誤會。

又，若將此文字引來大乘法中真見道者之現觀智慧而作比照，則對此世界可見有情之真如皆屬於現量見，對他方世界一切有情，及此世界中不同分界（鬼道、地獄、天、修羅等）有情之真如，都屬於比量見。

窺基說：「又證從世第一法無間，名從此無間；今意欲解**真見道**難知，**越說**相見道，卻解所從無間處，即世第一法；今卻成前，謂前所觀諸聖諦理起內作意，即乃世第一法時此作意無間，隨前次第所觀諸諦。於**相見道**中若現見、不現見，決定智現見智生，亦是此中意。」

辨析：比量而知者若無錯謬，仍屬現量見的決定智。

又：窺基此段文字所說內容，依根本論本文及窺基此處所說，皆是聲聞果的觀行，並非菩薩果的觀行，但他將聲聞果的觀行也安立相見道位，即有過失；謂聲聞解脫道依四諦十二行觀而修四加行，是十二品心而非十六品心；若如鈍根者必須到最後再修小乘四聖諦，縱使依大乘法而修十六品心的加行，所得亦只是初果向，但若具有未到地定及心得決定者，必得初果；實不必比照大乘見道而別立聲聞法中的**相見道**位修**十六行觀**混淆視聽，令人誤會為大乘的相見道。如是援引大乘菩提的見道而自創聲聞菩提的見道等三階段，自有過失。

又，聲聞法中的修道位必屬二果以上，故二果已屬修道位，不必於初果位中別立聲聞法的相見道位，因為初果的智慧境界並無聲聞法中的通達位及相見道位可言，但得斷除三縛結即已圓證聲聞見道果位及智慧；即便以七生人天往返定義為相見道位，實亦無須，因為初果見道內涵全部都屬有為相，從始證初果至即將進入二果時莫非如是；然大乘相見道位之智慧與觀行內涵，都屬非安立諦故皆是無相，必須先證眞如方始能觀行故，當知並非聲聞法中所能觀修者故。如是，窺基以大乘相見道的眞見、相見、通達等名相註解聲聞道果證，實非所宜。

窺基原文（《瑜伽師地論略纂》卷十五）：

論云「爾時聖智雖緣於苦，然於苦事不起分別」等者，此通明三乘見道前方便。大乘前方便，或作安立諦觀，或作非安立諦觀，不同小乘，**如前第五十五已說**。

論云依初建立增上力故，說法智品有四種心、種類智品亦有四心，隨爾所時八種心轉，即爾所時總說名一無間所入純奢摩他所顯之心，如是總說有九種心見道究竟者，此明**相見道**也。略有三說：一云、法智品等者，品者品類。品類言，即并攝忍，即四法忍、法智，一品類合名四心，類智亦爾。此是智品有八種，能有斷惑之功。此說次後入如智品時節，八定品能寂靜故，住心故，總名為一奢摩他之心故。言九心，前智品八心，後定品一心；以定品無斷惑之功，不為智故，但總名一心。雖智時有定，定時有智，功能別故，智時隱定，定時隱智不論。

問曰「初四法忍、法智，為四心，類智亦爾」者，應隨順小乘解，以斷上下界惑別故。又解，大乘別者，如對法，初無間、後無間別故，云各爲一類。二說，今言品者，是品類義。[114]

窺基此文中說：「論云依初建立增上力故，說法智品有四種心、種類智品亦有四心，隨爾所時八種心轉，即爾所時總說名一無間所入純奢摩他所顯之心，如是總說有九種心見道究竟者，此明**相見道也**。」

辨析：十六品心總說爲九品心者，詳《成唯識論》卷九：

二者，依觀下上諦境，別立法類十六種心，謂觀現前不現前界，苦等四諦各有二心：一、現觀忍，二、現觀智。如其所應法眞見道，無間解脫；見分觀諦，斷見所斷百一十二分別隨眠，名相見道。若依廣布聖教道理，說相見道有九種心。[115]

此九品心者，只是將十六品心另作分位觀察而立，仍不外於十六品心的觀行，皆屬「安立諦」；於後針對窺基所說錯謬之辨析中將有解說，此處容略。窺基既說入地前的四諦十六品心總說爲九種心時，是相見道位所攝，

114《大正藏》冊 43，頁 216，中 4-23。
115《大正藏》冊 31，頁 50，中 2-7。

並指明是相見道位的究竟位，當然已把十六品心及九品心的加行定位在相見道位最後階段，而非眞見道證眞如之前，如是應知窺基前文將這十六品心、九品心的觀行定位爲眞見道前的加行位，已經自語相違。是故不應說此依眞如修「安立諦」的四諦十六品心觀行是在眞見道前的加行位中，證知窺基上來所說十六品心觀行在眞見道前的說法錯謬。

窺基說：「論云『爾時聖智雖緣於苦，然於苦事不起分別』等者，此通明三乘見道前方便。大乘前方便，或作安立諦觀，或作非安立諦觀，不同小乘，**如前第五十五已說**。」

辨析：《瑜伽師地論》卷五十五是否誠如窺基所說的道理呢？先引論中的文字證據如下：

> 云何名爲第四現觀？謂於加行道中，先集資糧極圓滿故，又善方便磨瑩心故，從世間順決擇分邊際**善根無間**（辨正1），有初內遣有情假法緣心生，能除軟品見道所斷煩惱麁重；從此無間，第二內遣諸法假法緣心生，能除中品見道所斷煩惱麁重；從此無間，第三遍遣一切有情諸法假法緣心生，能除一切見道所斷煩惱麁重。又此**現觀即是見道**，亦

名雙運道（辨正2）。此中雖有毘鉢舍那品三心及奢摩他品三心，然由雙運合立三心，以於一剎那中止、觀俱可得故，當知此諸心**唯緣非安立諦境**（辨正3）。又前二心法智相應，第三心類智相應。又即由此（三品）心勢力故，於苦等安立諦中，有第二現觀位清淨無礙苦等智生，當知**依此智**故，**苦**、**集**、**滅**、**道智得成立**（辨正4）。即前三心并止觀品，能證見斷煩惱寂滅，能得**永滅**一切煩惱及所**依事**出世間道，是名現觀智諦現觀（辨正5）。

云何名爲現觀邊智諦現觀？謂此現觀後所得智，名現觀邊智。當知此智，第三心無間，從**見道起**方現在前（辨正6）；緣**先世智**曾所觀察下、上二地及二增上安立諦境（辨正7）。似法、類智世俗智攝，通世、出世，是出世間智**後所得**（辨正8）；如其次第，於一一諦二種智生，謂忍可欲樂智及現觀決定智。如是依前現觀起已，於下、上諸諦中，二二智生，是名現觀邊智諦現觀。此中前智遣假法緣故，是無分別；後智隨逐假法緣故，是有分別。又前智於依止中，能斷見斷煩惱隨眠；後智思惟所緣故，令彼所斷更不復起。又前智能進趣修道中出世斷道，第二智能進趣世、出世斷道。無有純世間道能永害隨眠，由世間道是曾習故，相執所引故；如相執所引，如是亦不能泯伏諸相；如不能泯伏諸相，如是亦不能永害麁重；是故彼道無有永害諸隨眠義。[116]

辨正1：無間者，**心心無疑**故名無間。設使十大劫中都不生疑，但因其他應修之法都未實修，以致停滯於眞見道位的功德中，亦是心心無間，不得解釋爲短短幾分鐘、幾刹那。

辨正2：根本論這些文字中，已經說明眞見道後的「非安立諦」三品心也屬於見道位，並且都具足止與觀故，已說是「止觀雙運道」故，是故在此三品心後所觀行的「安立諦」十六品心，當知必在眞見道後，乃至在相見道的最後位中，焉能像窺基一樣指稱入地前加行的「安立諦」十六品心是在眞見道前？證知窺基的教判是錯誤的。

辨正3：此三品心全都緣於眞如「非安立諦」，不緣四聖諦「安立諦」；又這三品心都必須依於所證的眞如方能觀行，因爲論中已經明說爲「非安立諦」，只有證眞如後依眞如而觀行者才是「非安立諦」故。又根本論此

116《大正藏》冊 30，頁 605，下 17-頁 606，上 22。

段文字中也說：「當知此智第三心無間，從**見道起**方現在前。」意謂「現觀智諦現觀」的這三品心，都要先有眞見道的證眞如智慧以後，才能夠生起作觀的。由此三理，亦已證明未證眞如的煖等四加行，位在眞見道之前，而非相見道位最後階段的入地之前，當知窺基判五十二位階的前四十心，都屬資糧位而無加行位、亦無眞見與相見等見道位，確實妄判。

辨正4：由此證明依眞如而作「安立諦」大乘四聖諦十六品心的觀行，必在證眞如後再依眞如觀「非安立諦」三品心的觀行之後。「非安立諦」三品心的觀行伊始，是第七住位證眞如時般若「正觀現在前」；「非安立諦」三品心觀行的圓滿，則是從第七住位進修到第十迴向位。然後才依所證眞如而繼續觀行所獲得之三品心的「非安立諦」智慧，來作四聖諦安立諦十六品心的觀行，這時是依眞如觀十六品心證得大乘阿羅漢果而入地。意謂必須具足三品心「非安立諦」的觀行智慧以後，方有能力從事大乘安立諦四聖諦十六品心的觀行；所以根本論中說：「又即由此（三品）心勢力故，於苦等安立諦中，有第二現觀位清淨無礙苦等智生，當知**依此智**故，**苦**、**集**、**滅**、**道智得成立**。」意思是說，若無「非安立諦」這三品心的觀行所得智慧，即無後面「安立諦」依眞如觀四聖諦十六品心的成立，顯然四加行必須位在眞見道前，而非四聖諦十六心的觀行之時。又，必須在「**非安立諦**」三品心觀行完成後，再加上「**安立諦**」四聖諦十六品心的觀行，才能永滅後世五蘊成大乘阿羅漢，然後才能起惑潤生而得入地。「**依事**」是指後有。但這三品心「**非安立諦**」及十六品心「**安立諦**」，都是在入地前的三賢位眞見道後二十四心中就得要完成的，並不是臨入地前才有眞見道，也不是臨入地前藉眞見道智慧在幾剎那或幾天就能完成的，這也證明五十二位中的前四十心不該全都判爲資糧位，更不該再把眞見道、相見道也判歸通達位的入地心中，由此證明窺基的教判確有大過。

辨正5：此現觀只到三品心的觀行圓滿，十六品心的觀行已是下一個現觀了：現觀邊智諦現觀。因爲根本論卷五十五中已說，見道位的三品心是第四現觀「**現觀智諦現觀**」，在這三品心後才能建立的第五現觀「**現觀邊智諦現觀**」則是依這三品心所證眞如而作的「**安立諦**」十六品心、九品心的觀行；顯然這些都不是煖等四加行位之末證眞如者所能作的，因爲加行位只是心中建立似有眞如而未實證，無法依所未證的眞如而作這三品心及十六品心的觀行；但證眞如時已是見道位，不是資糧位，由此亦可證明窺基判五十二心中的前四十心爲資糧位，連加行位都排除掉，確實錯得很嚴重。

辨正6：如《成唯識論》卷九所言：【前真見道證唯識性，後相見道證唯識相，二中初勝，故頌偏說。前眞見道，根本智攝；後相見道，後得智攝。】必須先有眞見道的根本智，後面三品心相見道智慧的後得智方得生起，故說後得無分別智是「從見道起方現在前」，也就是要從眞見道獲得根本無分別智以後，才會有後時的後得無分別智現前；除非要把眞見道從見道位中排除，否則這句「從見道起方現在前」當然必須解讀爲「從眞見道生起根本智開始，非安立諦這三品心才會次第現前」；然而，後得智的相見道位智慧，卻是必須先有第七住眞見道位的證眞如，再歷經十住、十行、十迴向等位以後才能完成這三品心的智慧，才算是完成相見道位的智慧功德，這些卻都是已證眞如的賢位菩薩了，所以相見道位的證唯識相等後得無分別智，一定是在眞見道位以後的事，當然已是證眞如之後的事了，窺基當然不該判這地前二十四心（第七住位到第十迴向位）與十信位及初住位到第六住位等十六心同樣都是資糧位；因爲，資糧位是還沒實修四加行的凡夫菩薩，更不該是三賢位中第七住位起已證眞如而使般若「正觀現在前」的賢位菩薩，更不該說已修得「非安立諦」三品心的菩薩們仍是資糧位中的凡夫。

辨正7：除非是三地滿心以下的地上菩薩乘願再來，否則此世眞見道後轉入相見道位中依眞如而修「**非安立諦**」這三品心，所需的觀行時劫必然很久遠，不是幾天、幾個月或幾年就能完成的，是故根本論卷五十五中特地說是「**緣先世智……**」等，意謂：即使是未離胎昧的地上菩薩乘願再來，此世初悟以後仍得「**緣先世智**」而作思惟，才能在很多年後漸漸通達往世的所悟；何況往世未入初地的十行、十迴向位菩薩再來時，爲得不「**緣先世智**」繼續進修而漸漸入地？可以證明眞見道後的三品心（內遣有情假緣智、內遣諸法假緣智、遍遣一切有情諸法假緣智）「**非安立諦**」，必須歷經極久遠時劫而走完三賢位以後才能完成，不是在幾天、幾個月或幾年之中就能完成這個歷程的；所以窺基把眞見、相見、通達判爲幾天、幾個月或幾年就能一起完成，將見道中的眞見、相見、通達等三位合在一起完成而判在初地的入地心中，又判三賢位全都還在資糧位中，是不正確的教判；會中某師把這種錯謬的教判，誤認爲符合《成唯識論》及諸經中的佛說與《根本論》中的菩薩說，不是眞實理解見道義涵的人，則他所謂的證悟眞如顯然只是解悟而非眞悟。

辨正8：緣眞如**非安立諦**所觀行者（三品心的觀行），並非以世俗法蘊處界等爲觀行的中心內涵，而是以眞如爲中心來作這三品心的觀行，故非二乘法中依蘊處界等世間法觀行所得的智慧，所以《根本論》及《成唯識論》中都說這三品心的觀行不是「安立諦」，都說爲「**非安立諦**」；因爲《成唯識論》中也已說這「**非安立諦**」三品心後的十六品心觀行，也是依所證眞如而作大乘四聖諦「**安立諦**」的觀行。如今此《根本論》中既說十六品心的觀行也是「**緣先世智**」的三品心而作的觀行，又說是緣於眞如出世間智後的所得智慧，這必然是緣於眞見道的根本智而生起的後得智，不屬於眞見道所得的根本智；由此當知十六品心的觀行必在已證眞如後所作「**非安立諦**」三品心的觀行之後，不該說眞見道證眞如前的四加行位尚未證眞如之時，就能依眞如而觀修這大乘十六品心了，所以會中某師與窺基主張三賢位都屬於資糧位的說法同有大過。

又《根本論》卷五十五中說「**緣先世智**曾所觀察**下上二地及二增上安立諦**境」，也證明「**安立諦**」十六品心的觀行是依所證眞如「**非安立諦**」三品心後所作的觀行，所以這個即將入地的「**安立諦**」十六品心的觀行，並非一世即能完成的，所以才說要「**緣先世智**曾所觀察」的欲界、色界、無色界「增上安立諦境」，繼續作這十六品心「安立諦」的觀行，直到證得大乘阿羅漢果而得入地方止。這已經證明《根本論》中不但主張「非安立諦」三品心的觀行得要歷經很長的時劫，而且必須依「非安立諦」三品心而作的「安立諦」十六品心的觀行，也不是一世就能完成的，否則又何需「緣先世智」而繼續作觀行？這也證明「安立諦」十六品心的觀行，不可能是在眞見道位前的四加行位中；而是在眞見道後完成相見道位三品心「非安立諦」的觀行之後，方始依「非安立諦」三品心而作「安立諦」十六品心的觀行；這也同樣證明會中某師及窺基主張「安立諦」十六品心的加行在眞見道前的說法，都是荒誕不經的謬見。

窺基原文（《成唯識論述記》卷五）：

論：「後通一切」至「現在前位」（**辨正**）。述曰：即平等智相應心也。後勝全論，即一切如來全，無有漏故；一切菩薩見道全，通頓、漸悟，一切菩薩必法空觀入見道故。此非三心**真見道**義，及一切菩薩修道位中法空智及果現在前位，皆起平等智故。人觀不然，如前已說。然果中有遠果、有近果。如何等者，佛地論說：後得智若是法觀等流者，即是法觀。若定爾者，八地已去不出無漏觀，彼位何時非法觀果？由此應說，隣近果者，如佛地論說法觀後得現前。若遠果者，即人觀後得現前。或八地以去無分別智自入人觀，彼果起人觀後得智亦無妨。然此中據初解隣近果說，若約後義即果全論。又此果有緣慮、不緣慮，不緣慮者即滅定，緣慮者可知。[117]

辨正：《成唯識論》卷五中該句原文及前後文如下：【次通一切異生，聲聞、獨覺相續、一切菩薩法空智果不現前位，彼緣異熟識起法我見。**後通一切如來相續，菩薩見道及修道中，法空智果現在前位**；彼緣無垢、異熟識等，起平等性智。】[118]這段論文說的是與法我執相應的染污意根，有三種層面的有情相應中的第二種。

窺基說：「述曰：即平等智相應心也。後勝全論，即一切如來全，無有漏故；一切菩薩見道全，通頓、漸悟，一切菩薩必法空觀入見道故。此非**三心真見道義**，及一切菩薩修道位中法空智及果現在前位，皆起平等智故。」

117《大正藏》冊 43，頁 407，上 21-中 7。
118《大正藏》冊 31，頁 24，中 14-18。

辨析：雖然窺基這段文字中所說不是在講見道位的意涵，但他同樣把眞見道之後，在相見道位中應修的三品心，全都指爲眞見道位所修；而這三品心本來就不許指稱爲眞見道位，也就是說，這三心所緣的乃眞如種種別相，以及緣於眞如而細觀**有情假**、**諸法假**等別相，已非眞見道位之單緣眞如總諦而不別緣，是進而緣於眞如別相及有情假、諸法假的現觀了。這已分明指出：眞見道位證眞如而緣於眞如總相以後，才會有後續的「**非安立諦**」這三品心的觀行；此三心既緣於眞如別相及諸法假相，當知不得謂此三心爲眞見道位，則已證明窺基指稱這三品心都屬於眞見道位，所說大謬。

又：《成唯識論》卷九中已有辨正，謂此三心爲相見道義：**【有義：此三是眞見道，以相見道緣四諦故。有義：此三是相見道，以眞見道不別緣故。】**第一個有義所說，不是玄奘菩薩的看法；不能單單只依十六品心屬於相見道位所作的觀行，就把這三品心巡行判定爲眞見道，因爲彼十六品心不能作爲判定此三品心的標準。猶如有人把大學課程定位爲學生學習的最終點，而把中學的課程判定爲所有學生的首次入學，這是錯誤的判定，因爲在中學之前還有小學的課程；同理，依眞如所觀的相見道位三品心「非安立諦」的智慧，來作「安立諦」十六品心的觀行完成時，固然已是通達位，但不能因此就把「非安立諦」這三品心的觀行定義爲眞見道；因爲眞見道只緣於眞如總諦而不別緣，但相見道卻是廣觀眞如別相以外，又依眞如而觀行五蘊及諸法等別相；猶如中學生依小學的所學而進修中學裡的各種課程一般，不該說中學生的所學就是初入學校的所學，而把小學的所學給棄置不理；所以不該說證得眞如而作「非安立諦」三品心的觀行也屬於眞見道，除非這三品只緣於眞如總諦而不觀眞如別相及有情假、諸法假，但這樣一來就不用建立爲觀眞如別相等的三品心了。但這三品心已明說是觀眞如別相及有情假、諸法假等，不是單緣眞如總諦，所以窺基認同《成唯識論》中第一個「有義」的說法而把這三品心的觀行，判定爲眞見道位，是錯誤的判定。也因此故，玄奘菩薩於第二個「有義」中說出自己的看法：**眞見道唯緣眞如總相而不別緣種種相故**（《成唯識論》原文：「以眞見道不別緣故。」是因眞見道只緣於眞如總相故），由此已證明窺基此說爲謬，而窺基不能覺悟此義。

窺基原文（《成唯識述記》卷六）：

論：「見所斷十」至「總緣諦故」（詳後辨正）。述曰：下別解斷，於中有二：初分別，後俱生。分別中初總，後別，此初也。此中十種皆俱頓斷，以**真見道總緣諦故**，總緣四諦之眞如。眞如雖自相觀，望諦而說，並皆緣之，名總緣諦，至下第九斷惑中解，五十九說與壞緣諦作意相應故。煩惱雖九品，違一或三品智故，非如俱生九品諸惑違九品智故，數數修道方能斷之。然除利根由先聞、思力加行，以三界九地煩惱上下地九品各各爲類，修道一時總斷，得第四果。[119]

辨正：《成唯識論》卷六原文如下：【此十煩惱，何所斷耶？非非所斷，彼非染故。分別起者，唯見所斷，粗易斷故；若俱生者，唯修所斷，細難斷故。**見所斷十，實俱頓斷，以真見道總緣諦故**。】[120]

窺基說：「**此中十種皆俱頓斷**，以**真見道總緣諦故**，總緣四諦之眞如。」

辨析：大乘眞見道是由四加行圓滿而覓眞如，非藉四諦觀行十六品心圓滿而覓眞如，《成論》已說此理，故證窺基此說爲謬。若有人眞見道之

119《大正藏》冊 43，頁 455，上 24-中 5。
120《大正藏》冊 31，頁 33，上 5-8。

前是藉四聖諦觀行先斷我見，這只是心中建立似有眞如而修四聖諦以斷我見，猶如二乘人心中預立第八識（涅槃本際）常住而觀四聖諦以斷我見，殊無二致；是故大乘眞見道位所緣的眞如不與四聖諦相涉，而眞見道後的三品心亦不緣於四諦眞如，所以窺基說眞見道位「總緣四諦之眞如」，確屬錯誤的說法；因爲眞見道位只緣於眞如總相，且《成唯識論》中已說「不別緣故」。

復次，緣於四諦之眞如，是觀修「安立諦」十六品心的事，已在相見道位「非安立諦」三品心的觀修之後了，怎麼會是窺基所說眞見道時或眞見道前之所緣？縱使眞見道前已曾觀修四聖諦，也只是能斷我見而與證眞如無關，因爲依窺基的說法是尚未證眞如而修十六品心故，則成以己之矛攻己之盾。得要依四加行確立有一實法眞如與能取、所取不一不異之正見，心得決定以後去尋覓眞如（參禪）才能證眞如，而觀修四諦本身是不可能使人證眞如的。因此說，窺基把這十六品心或九品心判爲地前才得眞見道再往前推的加行位所修，不是依煖等四加行而求證眞如總相的眞見道，再依眞見道功德進修相見道圓滿後的入地前所修，是錯誤的說法。

縱使詭辯爲眞見道位能夠「總緣四諦之眞如」，亦只是**總緣**四諦眞如，並非相見道位中**別緣**各種四諦眞如而證的三品心及更末後十六品心或九品心的智慧，此時也仍在初果位或二果位中，並非眞見道後入地前依現前之眞如觀四聖諦十六品心、證大乘第四果。《根本論》中亦說大乘眞見道位所必須的解脫道果證只需初果即可，不需第四果，所以二者不可混同。是故眞見道時至多唯緣四諦眞如總相，不緣四諦眞如之別相；其實是**唯緣眞如總相而不別緣**，《成唯識論》中已經明說故。所以應須心心無間、多剎那後轉入相見道位修三品心完成後，重觀四諦之時方緣四諦眞如諸相。如是正理，《成唯識論》中亦有具說，窺基忘之而有彼說，有過。

窺基說：「**眞如雖自相觀，望諦而說，並皆緣之，名總緣諦，至下第九斷惑中解，五十九說與壞緣諦作意相應故。**」

辨析：根本論卷五十九所說者，係指相見道位「**非安立諦**」中的三心作意相應，在第三心觀行完成頓時斷盡迷苦諦等見道所斷習氣種子煩惱（尚未斷盡迷集諦等見道所斷習氣種子煩惱），並非眞見道位的作意相應。窺基此處聯結在眞見道後說，易引人誤會。是故眞見道位不緣四諦眞如一切別相，單緣眞如總相，如《成唯識論》所說。

窺基說：「然除利根由先聞、思力加行，以三界九地煩惱上下地九品各各爲類，**修道一時總斷**，得第四果。」

辨析：窺基所說應改爲「將入修道位前一時總斷，得第四果」，單由聞慧力及思慧之力不可能證得大乘通教第四果故。必須有眞見道所緣眞如總相智，以及相見道位「非安立諦」三品心的別相智作爲基礎，才能進修「安立諦」四諦十六品心，此時才能證得大乘第四果，然後發起增上意樂才能入地；所以「安立諦」十六品心的觀行，仍在見道位的通達位中，不是修道位中所斷，是故窺基說「**修道一時總斷**，得第四果」，是把見道位中四聖諦十六品心的修行改稱爲修道位，窺基有時又說是入地前（窺基也說此爲眞見道位前）的加行位所修，明顯都是錯誤的說法。

再者，入地前觀四諦十六品心而圓滿的第四果必先得之，後再依增上意樂起惑潤生方得入地，成通達位，仍屬見道位故；十六品心的加行可以說爲相見道位之後的入地前加行，不屬於修道位故，初地住地心起方是修道位故；然窺基說此十六品心是「**修道一時總斷**」，又說是眞見道前的觀修，顯然錯誤。又，窺基判定修道位才證第四果，則與根本論卷五十五所說先證阿羅漢果而後入地的說法不符，也與《成唯識論》所說入地之前必須「永伏性障如阿羅漢」而留惑潤生，或者成阿羅漢以後起惑潤生的聖教相異。若依窺基所言「修道一時總斷，得第四果」，則通達位中將是未證第四果，仍須轉入修道位的初地住地心中方得第四果解脫功德，則非見道通達位前先得第四果，即與《根本論》及《成唯識論》所說相異，則二論所說入地前依眞如修十六品心證第四果方成見道通達位的說法，便成爲謬說；然非謬說，是故窺基此說有誤。

窺基原文（《成唯識論述記》卷七）：

論：「未知當知」至「可當知故」。述曰：體謂體性，位謂五位。體性居位，故名體位。根本位者，五十七云：幾不繫？答：後三、九少分。三者即三無漏根也，不取前位故。見道中如對法第九有十六心，此除末後心。問：何故見道通十六心，此根唯在十五心時？見道據見觀諦行故，即十六心皆是；此根有所未知而當知根，唯前十五心；以第十六，無所未知可當知故。此中類忍皆緣前心，其第十五心已緣，前心遍成訖，第十六心汎觀類忍；不同小乘證無爲故，唯取十五心爲此根也。

問：此相見道在眞見道後，**真見道中已有無間及解脫道**，**解脫道中已得初果**，何故相見至十五心猶此根攝？豈預流果亦此根耶？

答：此不然，其預流果至相見道第十六心，見、相諦圓，方始建立。非眞解脫可名初果，故十五心猶此根攝，而非初果得有初根。義唯菩薩**從真見後**，**亦不出觀即入相見**，至第二心猶此根攝；至第三心相、見既圓，方極見滿，乃非此根，第二根攝。[121]

今舉《成唯識論》卷七之原文：

未知當知根，體位有三種：一、根本位，謂在見道，除後剎那，無所未知可當知故。二、加行位，謂煖、頂、忍、世第一法，近能引發根本位故。三、資糧位，謂從爲得諦現觀故，發起決定勝善法欲，乃至未

121 《大正藏》冊 43，頁 502，中 19-下 10。

得順決擇分所有善根，名資糧位，能遠資生根本位故。[122]

語譯如下：

【**未知當知根**的體位有三種：第一是根本位，是說在見道位中大多時間都有未知當知根，除非到了最後剎那通達的時候，對見道的內涵已經沒有所未知而可當知的緣故。第二是加行位，是說煖、頂、忍、世第一法，很接近見道而能引發根本位的眞見道故。第三是資糧位，是說始從爲了證得第一義諦現觀的緣故而發起決定勝善法欲，乃至還沒有獲得順決擇分之前的所有善根，名爲資糧位，能遠資生根本位故。】

窺基說：「見道中如對法第九有十六心，此**除末後心**。問：何故見道通十六心，此根唯在十五心時？見道據見觀諦行故，即十六心皆是；此根有所未知而當知根，唯前十五心；**以第十六，無所未知可當知故**。」

辨析：1、此見道應言欲界地十六品心，否則即違通達位之理，則是妄謂通達位之見道內涵仍有未知當知根故，亦是妄言通達位對色界、無色

122《大正藏》冊31，頁41，上15-21。

界等上二地仍未知故。

2、窺基既說「見道中如對法第九有十六心，此除末後心」，顯然他認爲「安立諦」十六品心的觀行，到了第十六品心時對於見道內涵就沒有未知當知根了；但窺基又說這時只是眞見道位，後面還有相見道位的三品心待修，顯然對見道內涵仍有未知當知根，怎能說這十六品心的最後一心已經沒有未知當知根？所以窺基判這十六品心在眞見道前修，又判這十六品心的末後心已無未知當知根，這二個教判與他自己的說法全都自相矛盾，當然都是錯誤的教判。應當回歸《根本論》及《成唯識論》所說「安立諦」十六品心都在相見道位「非安立諦」完成後才觀修，是在這十六品心之前已有眞見道與相見道二個分位必須先修；而見道的通達位是初地入地心，觀修這十六品心而證阿羅漢果，當然必須在入地前而非入地後的住地心中。

又《根本論》及《成唯識論》中都說，觀修這十六品心之前還有相見道位的三品心「非安立諦」應修，相見道位前則有證眞如的眞見道位應證，而這十六品心的內涵並非煖、頂、忍、世第一法等四加行的內涵，二者迥然不同，顯然煖等四加行的觀修應在眞見道位前而非入地前，則應依 世尊在《菩薩瓔珞本業經》中所示般若「正觀現在前」為第七住位為準，應判眞見道位為第七住位，不該如窺基一樣判眞見道為初地入地心。

窺基說：「問：此相見道在眞見道後，**眞見道中已有無間及解脫道，解脫道中已得初果**，何故相見至十五心猶此根攝？豈預流果亦此根耶？答：此不然，其預流果至相見道第十六心，見、相諦圓，方始建立。」

辨析：窺基言，預流果要至相見道位第十六心方始建立。則有大過，謂欲入地者修十六品心圓滿時，要須證四果故；而根本論中則言，眞見道位及相見道位，都必須有初果的實證作為所依條件，而初果的實證則必須有「未至定」為依憑故。窺基文中所舉質問者之所言其實正確，窺基駁之其實無理；因為眞見道位中確實已證初果，在前舉根本論《瑜伽師地論》卷五十五中已有明言：「**即前三心并止觀品，能證見斷煩惱寂滅，能得永滅一切煩惱及所依事出世間道。**」謂相見道位的三品心與後面十六品心的止觀品，可以使菩薩證得見道所斷的煩惱寂滅果及後世所依五蘊永滅的出世間道。換句話說，觀修相見道位的三品心時已是斷除見惑的初果人，後面十六品心的止觀品完成時，已是證得後有永滅的四果人，所以相見道位最後觀修十六品心至第十五品心時，固然仍有未知當知根，但對於解脫道的初果見道內涵而言，已無未知當知根，只是對於大乘見道的通達位尚有未知當知根。但窺基認為大乘真見道後轉入相見道位後觀修十六品心時，仍只是預流果，則是認為真見道時既是入地又只有預流果，是入地後方始證得預流果，所以窺基說：「其預流果至相見道第十六心，見、相諦圓，方始建立。」那麼入地心的初地菩薩在解脫果上的果證就都只有初果，這與根本論及《成唯識論》中說入地時必須有阿羅漢的果證，全然相違。

又窺基所說：「其預流果至相見道第十六心，見、相諦圓，方始建立。」指稱相見道位第十六品心觀修完成時，是大乘見道的「見、相諦圓」，是真見道、相見道完成而入通達位時「方始建立」初果。然而《顯揚聖教論》卷十七〈成現觀品 第八之餘〉中說：

> 論曰：從此無間無有加行，**解脫見道所斷隨眠三心**智生：一、內遣有情假緣智。二、內遣諸法假緣智。三、遍遣一切有情諸法假緣智。[123]

這已經明白指出：相見道位的菩薩至少必有初果的實證，豈有可能在第十六品心觀行完成而入初地時，才只有初果？顯然窺基的說法是錯誤的。

123《大正藏》冊 31，頁 562，上 27-29。

復有教證，《顯揚聖教論》卷十七〈成現觀品 第八之餘〉：

> 復次頌曰：次上十六行，清淨世間智；對治界地故，究竟事成就。
>
> 論曰：從此諦現觀已上，於修道中有十六行，世出世清淨智生；謂於欲繫苦諦生二智：一、現觀審察智，二、現觀決定智。於色、無色繫苦諦，亦有如是二智。如於苦諦有四智，如是於集滅道諦亦各有四智，如是總有十六種智。復次如是現觀智，若聲聞等所得，為對治欲色無色三界雜染；若諸菩薩所得，為對治十種地障。如是當知諸所作事成就究竟，所謂轉依究竟，亦是現觀智究竟，亦名究竟現觀。[124]

這也證明安立諦十六品心的現觀完成時，若是聲聞人的所得，是對治三界雜染，即是證得第四果成阿羅漢；若是大乘菩薩的所得，是可以用來「對治十種地障」，當然更必須有阿羅漢果的實證，因為對治十種地障的困難度遠高於對治三界生死雜染，已涉及煩惱障所攝的習氣種子的斷除，而非只是斷除煩惱障的現行故。由此也證明窺基在大乘見道的內容上面是有些信口開河了。

124《大正藏》冊 31，頁 562，中 27-下 9。

又《成唯識論》卷九云：

若依廣布聖教道理，說相見道有九種心，此即依前緣安立諦二十六種止觀別立；謂法、類品忍智合說，各有四觀即為八心；八相應止，總說為一。雖見道中止觀雙運，而於見義觀順非止，故此觀止開合不同。由此九心名相見道。[125]

此謂相見道位最後觀修的安立諦十六品心，依止與觀的開合而別說為九品心，在相見道位的最末後觀修，仍說為相見道位，必然是在眞見道位後。但窺基把這入地前所修的安立諦十六品心列為加行位，而非眞見道乃至非相見道位，甚至判在眞見道前，都屬錯誤的教判。

窺基原文（《成唯識論述記》卷九）：

論：「二者依觀」至「十六種心」（詳後辨正）。述曰：五十五說，觀上下二地安立苦等四諦境，似法、類智生，是第二現觀位。乃至廣說，謂忍可欲樂智、現觀決定智，是現觀邊智諦現觀。顯揚十七說，法智、

125 《大正藏》冊 31，頁 50，中 6-12。

類智四諦智不由行差別，然隨所作說其差別。眞見道中**亦可**義說有十六心，**十六心既爾，三心亦然**。今此約行差別說故，唯是相也，然**彼文說下上地十六心者是修道**。瑜伽五十五說見道，顯揚說修道，不是相違。然五十五仍說，從見道起有下上十六心生，從三心非安立見道起，作此安立諦觀，非全出見道，**在修道中方起**。彼文稍異，可細尋之。[126]

辨正：《成唯識論》卷九原文：**【二者，依觀下上諦境，別立法類十六種心。】**[127] 聯結前後文就是：「二、緣安立諦，有十六心。此復有二：一者，依觀所取能取，別立法類十六種心。……二者，依觀下上諦境，別立法類十六種心，謂觀……。」

窺基說：「**述曰：五十五說，觀上下二地安立苦等四諦境，似法、類智生，是第二現觀位。**」

126 《大正藏》冊 43，頁 571，上 21-中 4。
127 《大正藏》冊 31，頁 50，中 2-3。

辨析：如前一辨析所舉《成唯識論》文字說，相見道十六品心的這二種觀行，全都是在三賢位的三品心觀行之後，當然是在相見道之最後階段，玄奘菩薩已說「非安立諦」三品心的觀修屬於相見道位故，而這十六品心的觀行又位在三品心之後，當然不可能如窺基所主張爲眞見道前的觀行。既是三心觀行之後的下一位階現觀中的二種，當然也不可能是在眞見道之前，那麼窺基主張眞見道之前作此十六品心之現觀，以及主張眞見道就是初地心，即成邏輯自相背反的錯誤之說。

窺基說：「眞見道中亦可義說有十六心，十六心既爾，三心亦然。」

辨析：1、「**亦可**」者，義說乃下地十六品心，無涉上二地十六品心之觀行。既說「**亦可**」，顯屬方便說而非決定說也，會中某師即不應引爲憑證而破玄奘菩薩《成唯識論》中之所說。然而入地前這十六品心的觀修是要使人成就通教阿羅漢果的，當然必須涉及上二地（色界地、無色界地）的觀行，因此窺基說不涉及上二地十六品心的觀行，也是錯謬的說法。

2、如前所舉《成唯識論》中的文字，玄奘菩薩已說三心屬於相見道，而此十六心是在三心後作觀，更當是相見道，應屬於相見道最後位，是即將入地時的加行，不可能在眞見道前。但窺基**愛作人情**而認同別人所說，故於此處言「**亦可**」而並列謬說，已違《成唯識論》之理，更違《根本論》卷五十五所說，但他似乎不知此誤。

3、其實如上所舉窺基的說法：「**眞見道中亦可**義說有**十六心，十六心既爾，三心亦然**。」就把眞見道證眞如後始能觀修的三品心及十六心都歸類於眞見道位中。但是如前所舉根本論與《成唯識論》中的說法，已說眞見道只緣眞如總相，不緣於相見道位所觀修的眞如別相（七眞如等），以此緣故《成唯識論》中說「**以眞見道不別緣故**」，證明這三品心及後十六品心的觀行，都屬於相見道位的觀行，不屬於眞見道位的觀行，因爲眞見道位中只緣眞如總相，還沒有智慧能作這些觀行。但窺基註解《成唯識論》時，故意以「**亦可**」二字把相見道位的三心及最後的十六心都歸類在眞見道位中，導致二〇一二年本會中某師及會外許多凡夫法師都誤認爲眞見道證眞如時即是入地了，因此誤犯大妄語業而必須懺悔滅罪。

之所以會造成今天這些人的誤會，甚至使某師於前年出面質疑本會對大乘見道的道次第法義有問題，造下謗法大惡業；或是猶如該師今年（2013）

第二度質疑本會的見道次第法義問題，而在本會為其證明無問題之後，轉而想要如同窺基一般，要求本會把錯誤的見道法義同時承認為正確的佛法，故而又第三次提出質疑，希望正確與錯誤的見道次第及實證的位階，可以並存於世而由本會承認其邪見為正確，這其實是同於窺基一般，**愛作人情**的鄉愿心態而導致。為永除如是後患，遵從 世尊教誨而破斥相似像法的流通，以免致令正法因此不彰，而使相似像法繼續遺害後世佛子，因此必須把窺基這一類錯誤加以拈提辨析，其實是被某師三度質疑所逼迫下不得不之作為。

誠如 世尊聖教：

「如是，迦葉！命濁、煩惱濁、劫濁、眾生濁、見濁，眾生善法退減故，大師為諸聲聞多制禁戒，少樂習學。迦葉！譬如劫欲壞時，眞寶未滅，有諸相似偽寶出於世間；偽寶出已，眞寶則沒。如是，迦葉！如來正法欲滅之時，有相似像法生；**相似像法出世間已，正法則滅**。譬如大海中，船載多珍寶，則頓沈沒；如來正法則不如是，漸漸消滅。如來正法不為地界所壞，不為水、火、風界所壞；乃至惡眾生出世，樂行諸惡、欲行諸惡、成就諸惡，**非法言法、法言非法**、非律言律、律言

非律，以相似法，句味熾然，如來正法於此則沒。」[128]（《雜阿含經》卷三十二）

以是緣故，爲防大乘正法猶如聲聞正法在部派佛教第一次分裂後，開始逐漸被凡夫僧以相似聲聞法取代聲聞正法而漸漸滅沒，所有大乘正法中的實證菩薩們，都不該使大乘相似像法同時並存於世而逐漸取代正法，導致大乘正法逐漸消滅而在最後滅沒。

窺基說：**「今此約行差別說故，唯是相也，然彼文說下上地十六心者是修道。」**

辨析：窺基把依眞如而修「**安立諦**」十六品心的二種觀行，一方面指爲眞見道前之所應修，在此則又指稱是「**在修道中方起**」，又說「**彼文說下上地十六心者是修道**」，又全都指爲修道位中所應修，則成爲入地後的住地心中或二地等心才應修此十六心耶？即同前過，俱違《般若經》、根本論、《成唯識論》，自有大過也。

128《大正藏》冊 2，頁 226，下 2-13。

復次，遍查《顯揚聖教論》卷十七，《根本論》卷五十五，《成唯識論》卷九所說見道義理中，都不曾說這十六品心的觀行是修道位中所攝，是故窺基說「**彼文說下上地十六心者是修道**」，並不正確。

又窺基既說「**彼文**」亦認爲針對下欲界，及上色、無色等三地作四聖諦十六品心的觀行，屬於修道位，則依其意，應是過入地心以後的初地住地心中該作的觀行，而非入地心之前的十迴向滿心位爲了入地所該作的觀行，那麼窺基就不該把這十六品心列在眞見道前的加行位中所修，自律背反故。而根本論的「**彼文**」中並未如他所說的那樣主張，那麼他等於把《般若經》中、《根本論》中，《顯揚聖教論》、《成唯識論》中所說入地前應該作這十六品心的觀行而證阿羅漢果始能入地的聖教推翻了。

窺基不但有這樣的過失，當他如此主張時，又與他在前面所主張的三品心、十六品心的觀行都在眞見道位中完成的說法，產生了自相矛盾的結果，不論他所說十六品心的觀行是只觀下地（欲界地），或者兼含上二地（色、無色界）的觀行。明瞭這些道理以後，吾人究竟應該認同窺基個人前後不一的說法或認同《般若經》、《根本論》、《成唯識論》終始如一的聖教？而他說：《根本論》中的「**彼文**」亦如他所說。可是《根本論》中的文字並無如他所說一樣的開示，因爲「**彼文**」卷五十五的白紙黑字記載分明，也說是要「**緣先世智**」，不是他說的能在眞見道位中一時、一月、一年、一世完成的；這不但是查證即知，我們也在二〇一三年九月七日增上班的課程中，把《根本論》卷五十五中的聖教詳細講解過了，有增上班的會員四眾共同聽聞。這已證明窺基的說法是錯謬的，是違背《根本論》中的開示。

窺基在最後說：「瑜伽五十五說見道，顯揚說修道，不是相違。然五十五仍說，從見道起有下上十六心生，從三心非安立見道起，作此安立諦觀，非全出見道，**在修道中方起**。彼文稍異，可細尋之。」

辨析：1、如前所說，《顯揚聖教論》中並未說這十六品心是修道位所攝，反而是在見道位的「現觀邊智諦現觀」中說的，證明《顯揚》與《瑜伽》所說相同，並無相違，窺基之「不是相違」的聲明並無必要。又據本會二〇一三年九月七日增上班課程中依《根本論》卷五十五已對眾明徵：卷五十五說十六心屬通達位前，故是在相見道位的最末階段所修，同於《成唯識論》所說，絕非窺基所說「修道中方起」，亦非窺基有時所說的眞見道前方修；是故仍屬見道（仍屬通達位前之相見道最末後位）方起，然後由此證得第四果而依增上意樂的清淨進入通達位。今依窺基所說而於論文中「細尋之」，證明「**彼文**」與正覺同修會所說並未稍異，只是窺基誤會而作此謬說，依舊證明窺基未曾通達大乘見道次第，故仍未入初地。

如前所舉《瑜伽師地論》卷五十五聖教所說：「云何名為第四現觀？……從世間順決擇分邊際善根無間，有初內遣有情假法緣心生，能除軟品見道所斷煩惱麁重；從此無間，第二內遣諸法假法緣心生，能除中品見道所斷煩惱麁重；從此無間，第三遍遣一切有情諸法假法緣心生，能除一切見道所斷煩惱麁重。又**此現觀即是見道**，亦名雙運道。此中雖有毘鉢舍那品三心及奢摩他品三心，然由雙運合立三心，以於一剎那中止觀俱可得故，當知此諸心唯緣非安立諦境。」

前已略敘這三品心的現觀已經是眞見道後的相見道位，而「安立諦」十六品心的觀行又是這相見道位三品心之後，是即將入地前的觀行，怎麼會是加行位而非眞見道位以後的觀行？而這三品心觀行完成，即將入地前應修這十六品心時已在相見道位中，窺基怎能說四十心全屬資糧位？而這三心各有止與觀，合立為三心之時的止與觀都在同一剎那中並存，故說「**然由雙運，合立三心，以於一剎那中，止觀俱可得故**」。

2、又《成唯識論》卷九針對眞見道與相見道的次第，另有此說：【**由此九心名相見道。諸相見道，依眞假說；世第一法無間而生及斷隨眠，非實如是，眞見道後，方得生故；非安立後起安立故，分別隨眠眞已斷故。**】[129]

意謂相見道位依眞如而觀的四諦十六品心，又可依止、觀二品而歸類為九品心，也就是八心可得八觀，而這八心得觀以後全都同歸一止，將這八個觀心與同一個止心，合說為九心；並說這九心都屬於相見道位，當然是在眞見道位之後；若不是有前面的眞見道智慧，就不會有後面的相見道位智慧，所以《成唯識論》才說「**諸相見道，依眞假說**」，意謂「**非安立諦**」的三品心，以及這十六心或九心都是要依眞見道而修，也要依眞見道而假說有後來的三品心及十六品、九品心的，所以不是在眞見道時就可以生起這九心，也不可能是窺基所說在加行位就修這十六品心或九品心，更不是窺基說的眞見道便能一時具足這三品心及十六品心而得入地；因為後面的

129 《大正藏》冊 31，頁 50，中 11-14。

三品心、十六品心都是相見道位中的事，而相見道是要依於眞見道的總相智先證得以後，才能次第建立的，所以《成唯識論》才會說：「**諸相見道，依真假說**。」如前所舉根本論聖教中又說最後面的十六品心，要依相見道位的三品心才能成立，當然已證明相見道與眞見道不是一時具足，而是有前後次第；同時也證明十六品心的加行，是相見道位的最末階段所修，不是窺基說的眞見道前的加行位所修。但窺基對此等法義並無認識，所以把大乘見道的次第分位，自行建立眞見、相見、通達三位合併而無次第，認爲可在一時之間同時成就，才把三品心與十六品心都定位在眞見道位前修。

3、又《成唯識論》說：「**世第一法無間而生及斷隨眠，非實如是，真見道後方得生故**；」這就是說，相見道位最後階段觀修安立諦的十六品心或九品心完成，連同在這之前的「**內遣有情假緣智**」等「**非安立諦**」三品心，都是要先有眞見道的體驗眞如過程，依「**證真如智**」而作觀之後才能生起的緣故。也就是說，若沒有先證得眞見道的智慧功德，就不會有相見道位依所證眞如而在別相上面心心無間的觀修事相生起，也不會有後面相見道位深入斷除見道所斷異生性習氣種子隨眠的事情可以生起。單憑加行位的世第一法無間而生時，就想要證眞如及斷隨眠，都不可能！必須眞見道位證眞如以後才行。因此，《成唯識論》才說「**世第一法無間而生及斷隨眠，非實如是**」；所以《成唯識論》在「**非實如是**」之後又說「**眞見道後，方得生故**」，這也是說，從眞見道位後轉入相見道位中觀行，由三品心及十六品心（或歸類爲九品心）的觀行內涵，分別斷除見道所斷的所知障隨眠及煩惱障中異生性習氣種子隨眠等，都是必須等到眞見道位的證悟體驗完成以後，才能夠次第生起。

若無眞見道位的證眞如智慧，就沒有後面相見道位的三品心及最後階段的十六品心（或九品心）觀行而斷盡見道所斷隨眠的事，證大乘阿羅漢果也就不可能了；因爲若無眞見道的根本無分別智，則後面斷除見道所斷所知障隨眠，及見道所斷煩惱障習氣種子隨眠的事，都將不會生起。所以從斷除二障中的見道所斷隨眠的事，就已說明必須先有眞見道，然後才能在相見道位中次第斷除；當然這個斷除一定不是眞見道位中就能完成的，因爲所知障中的見道所斷隨眠非常寬廣難斷；而且大乘見道通達位中應該斷盡的見道位煩惱障習氣種子隨眠，同樣不是幾世、幾劫就能斷除淨盡的，何況是眞見道的短短一世或幾世時間裡就想要斷除淨盡？更何況在眞見道前四加行最末位的世第一法中，都還沒有證得眞如就想要斷除淨盡？當然

《成唯識論》中要否定說：「非實如是。」而窺基在《述記》中的說法是明顯違背《成唯識論》的。

得要等到經歷長時間觀修「非安立諦」三品心，這些隨眠已經斷除大部分了，然後在最後階段觀修「安立諦」十六品心及九品心，把這些隨眠都已斷盡而證得通教阿羅漢果了，才是即將成爲通達位的初地入地心菩薩，但這卻不是眞見道位中單緣眞如總諦的粗淺根本無分別智所能了知與觀修的；由此證明窺基主張眞見道位就能同時完成相見道而到通達位，因此錯把地前四十心都判爲資糧位的說法，是不如理的；而且他的師父玄奘大師早在《成唯識論》中以「眞見道後，方得生故」，把他的邪見預先破斥過了，窺基註解時還是未能讀懂而作了錯誤的演繹。

4、《成唯識論》中玄奘菩薩接著又說「非安立（諦）後，起安立（諦）故」，意謂：必須先依眞如總相來觀修三品心等**非安立諦**的觀行完成以後，才能建立後面四聖諦等**安立諦**來觀修十六品心及九品心，然後才能斷盡大乘見道所應斷的所知障隨眠及煩惱障中大乘見道所應斷的習氣種子隨眠；根本論卷五十五也說必須先有非安立諦三品心觀修完成，才能成立後面的安立諦十六品心：「又即由此（三品）心勢力故，於苦等安立諦中，有第二現觀位清淨無礙苦等智生，當知**依此智**故，**苦**、**集**、**滅**、**道智得成立**。」這已證明必須依前三品心「非安立諦」的觀行之後，才能生起或建立十六品心等「安立諦」的觀行；所以四聖諦十六品心及九品心的觀行，非但不是在眞見道前的加行位中觀修，而且是眞見道位也還無法觀修，連相見道位的前三品心「非安立諦」尚未完成時也都還無法觀修的；但窺基認爲在四加行位就得觀修四聖諦十六品心而得眞見道時即可入地，顯然是謬誤很大的說法，也已落入玄奘菩薩在《成唯識論》中預破的過失中：「**非安立**（諦）**後，起安立**（諦）**故**。」

　　這就是說，一定要在「非安立諦」之後，才能生起「安立諦」；顯然「安立諦」十六品心的觀行，一定是在眞見道證眞如之後，也是位在依眞如妙法觀行「非安立諦」的三品心之後，已經明說這些觀行都是在證眞如的眞見道之後，都不是加行位中所能作的觀行；但窺基顯然不知不覺，誤把這三品心及十六品心的觀行放在見道前的加行位中，導致他註解《成唯識論》而寫出《成唯識論述記》時，依舊落入玄奘菩薩在《成唯識論》已經明載而預破的錯謬中。

　　接著《成唯識論》中玄奘菩薩又針對後人可能會發生猶如窺基一類主

張者的說法，預先反問說：「分別隨眠眞已斷故。」玄奘這句話是反問說：「你們主張大乘見道所斷的分別習氣種子隨眠要在入地時斷盡，又說眞見道時就入地了，那麼在眞見道時就應該把分別隨眠全部斷盡了，又何必建立相見道位觀修十六品心來斷盡分別隨眠呢？因爲依你們的說法，『分別隨眠眞（見道時）已斷故』，當然不必於眞見道以後再於相見道位中來修斷大乘見道位所應斷盡的分別習氣種子隨眠。」玄奘這句話是反問對方，而不是支持對方；平實上來所舉玄奘菩薩的前後四句都是反質對方，把對方主張一悟之時就能把隨眠斷盡、就能一時完成眞見、相見、通達等見道三位的修證而入地的說法，正式提出反質。

但是這種如同綱要式而文字太簡略的反質，由於言辭太簡略的緣故，證量不夠的人讀了，往往誤以爲是在支持敵方的說法，於是往往認爲《成唯識論》的說法前後自相矛盾，或是思惟時的方向產生偏差而轉爲認取反質的語句爲正說；所以正覺同修會裡某師舉出窺基錯誤的說法，來證明眞見道位就是初地菩薩，認爲窺基的說法是與玄奘菩薩在《成唯識論》中的說法相同，顯然是嚴重的誤會，且有很多錯誤；而古時的窺基閱讀《成唯識論》時，正好與他一樣落入同一種誤會之中，才會把四十心都判定爲資糧位，錯把眞見道、相見道、通達位判定爲短時間內可以完成的修證，而將「**分別隨眠眞已斷故**」的反質說法，錯認爲是支持他們錯誤見道的說法，便錯判眞見道時即可入地而使會中的某師迷惑自喜已得入地，便敢三度對平實提出質疑而始終解不開心中的結。

如今平實據實而說、而解、而演繹之，證明窺基與會中某師都同樣誤會了《成唯識論》中的正義，而以誤會後的錯謬見道內涵取來質疑平實的正確法教。這不禁令人有所感嘆：針對主張眞見道後隨即可以完成相見道而入通達位者的謬說，玄奘菩薩於《成唯識論》中已經先舉出這四種過失來反問了，不意玄奘菩薩過後，窺基隨即落入了《成唯識論》預先反問的四個修證上前後次第錯誤中：「**諸相見道，依眞假說；……眞見道後方得生故；非安立後起安立故，分別隨眠眞已斷故。**」如今〔編案：這是作者於二○一三年九月所寫〕同修會裡的某師也和窺基同樣落入《成唯識論》在千餘年前預先反質之過失中，還舉出窺基誤會後的謬說，振振有辭指責同修會的法義不符《成唯識論》，導致今天平實必須加以回應而列入此書中，以儆來茲。由是不免損及窺基威望，實非所願；但有損於窺基者亦只是有關見道部分內容，《述記》之其餘所說雖非絕對正確，但大部分都是未悟之人可以信受者，平實於此必須預作聲明。而對窺基所說見道次第與內容之過失，冀望今人後人同皆得以預知邪見而遠離之，道業庶幾有成而遠離岔路。

窺基原文（《成唯識論述記》卷十）：

問：「今以二障分別起種，名爲此性，即二乘聖應名異生，未斷所知分別障故。」

答：隨望**自乘見道**所斷種上立故，若定性者名已斷此性，自乘障無故，唯依煩惱種子立故。若不定者名爲未斷，依二障種立異生故。若不爾者，不定性者應無異生性障。

問：「若爾，無種性者既無自乘聖道，說何爲異生性？」應說但**依二障分別種上立異生性**，不須別說，**望自乘見所斷種上立故**。「所知未斷雖曰聖者，尚名異生，此何位捨？」

答：不同小乘唯修所斷世第一法與見道合捨，今大乘唯見所斷，見道無間道起時捨，**依所斷種**立此性故，與種俱捨。

問：「若異生性，不定性聖未全斷盡故，仍得名異生，未全得無漏，應不名聖者。」

答：異生之性通二障，不定之性已分斷，可名分斷異生性。**二真見道**

名爲聖，已得小分名爲聖；未全斷盡故，不全名爲聖。言不定性名異生者，非是全名，分已斷故。言「聖應爾」，分已證故。由此總應四句分別：有異生非聖，如全未得三乘聖道；有聖非異生，大乘者得見諦；有異生亦聖，如不定性聖未至十地中；有非異生非聖，如入無餘依涅槃界。[130]

窺基說：「答：不同小乘唯修所斷世第一法與見道合捨，今大乘唯見所斷，見道無間道起時捨，**依所斷種**立此性故，與種俱捨。」

辨析：小乘縱使眞有所修的世第一法，亦唯在加行位，並非見道位，仍未能捨解脫道中見道所斷異生性；謂加行位非見道位故，則不應言「小乘唯修所斷世第一法與見道合捨」，必須見道斷三縛結後，方能捨棄解脫道所攝的異生性，在世第一法中並未能捨，唯在見道而得初果以後方能捨之。

又，大乘見道所斷異生性種子極寬廣，非如二乘見道所斷異生性在斷除三縛結時便能頓捨；今窺基把大乘見道的眞見、相見、通達合併於入地

130《大正藏》冊 43，頁 583，下 1-24。

前的「**四加行**」中一併斷盡，進入眞見道位而說爲入地心，事實上是不可能的；因爲還有相見道位應得的眞如智—**後得無分別智**—三品心尚未證得，也還有煩惱障中見道所斷的三界愛習氣種子隨眠尚未斷盡，更有所知障中見道應斷的異生性尚未斷盡。假使窺基所說的眞見道即是入地的事情是可能的，應該眞見道時就把大乘見道所斷的所知障所攝異生性與煩惱障分別習氣種子隨眠都全部斷盡了，那麼《菩薩瓔珞本業經》中淨目天子、法才王子與舍利弗，往昔無量劫前修習般若，「**正觀現在前**」得眞見道時應該就能一時斷盡，世尊又怎會說他們眞見道後因爲十劫之中無善知識攝受，是故退失而造惡業、下墮地獄？

而玄奘菩薩也在《成唯識論》中反質預破說：「**分別隨眠眞已斷故。**」又何須轉入相見道位及通達位中方始斷盡？由此證明「**眞見道時不可能一併完成相見道位的內涵而立即通達**」，故世尊在經中才會有眞見道位因無善知識攝受，導致一世乃至十劫之後退轉之說（註）。這已證明眞見道位可能短至一世（因爲有大善知識攝受故），但也可能長至十劫方始不退；乃至十劫之後仍然退轉（因無大善知識攝受故）。由是證明窺基所說眞見道時隨即連同相見道功德一併完成而得通達的說法，很是牽強。（註：《菩薩瓔珞本業經》

卷一〈賢聖學觀品 第三〉：【佛子！若不退者，入第六般若修行，於空，無我、人、主者，畢竟無生，必入定位。佛子！**若不值善知識者，若一劫、二劫乃至十劫，退菩提心**。如我初會衆中有八萬人退，如淨目天子、法才王子與舍利弗等，欲入第七住，其中值惡因緣故，退入凡夫不善惡中，不名習種性人；退入外道若一劫、若十劫，乃至千劫作大邪見及五逆，無惡不造；是爲退相。】（131）

窺基說：「答：異生之性通二障，不定之性已分斷，可名分斷異生性。**二眞見道**名爲聖，已得小分名爲聖；未全斷盡故，不全名爲聖。」

辨析：那麼窺基主張眞見道即入初地心，這時初地心仍應不是聖者，仍該是三賢菩薩嗎？卻又何言入地？而他自己這四句的說法，亦已自相矛盾而不自知。若依他的說法，入地的初地聖者是否該區分爲全聖與非全聖呢？若他所說非全聖，是指二乘見道之人，勉強可通，亦僅能依大乘眞見道位所破的所知障，或依大乘見道通達位所斷盡的異生性所知障，說二乘見道之人未斷盡異生性。但他們並非大乘人，不迴心大乘，則不須將其帶進大乘異生性中而說，因爲他們在二乘法中見道時已斷盡解脫道所攝的異

131《大正藏》冊 24，頁 1014，下 6-13。

生性了，與大乘見道所斷異生性無涉。又，既說大乘眞見道事，又何需扯進二乘見道者而並言眞見與相見呢？

若說基師所言是指大乘見道所斷異生性，那麼基師說：「**二眞見道名爲聖，已得小分名爲聖；未全斷盡故，不全名爲聖。**」亦復有過，謂基師亦承認大乘眞見道時「**已得小分名爲聖**」，既是聖人，爲何卻又言「**未全斷盡故，不全名爲聖**」？大乘教的眞如實證者中只有賢人與聖人之分，焉有少分聖人、半分聖人、全分聖人之分？古來 佛與諸菩薩聖教中未見有如此擅自區分者，唯除凡夫論師所說。由此亦證明基師將眞見道、相見道、通達位合併在一時之間通達，必然自相矛盾而不能決。唯有依《般若經》、《瓔珞經》所說，唯有依根本論、《顯揚聖教論》、《成唯識論》所說，眞見道位（解悟者除外）唯是第七住不退者，悟後依非安立諦眞如心觀修「**內遣有情假緣智**」等三品心而到達第十迴向位，具足如幻、陽焰、如夢等三種現觀，再作安立諦大乘四聖諦十六品心及九品心的加行，依眞如而證阿羅漢果，在已具足福德及初分無生法忍之後，生起增上意樂而勇發十大願，極度樂意無盡受持，然後方得通達大乘見道而得入地，成初地心。否則，眞見道時無法斷盡異生性，在還有異生性存在之時就說已經入地了，窺基又應如何自圓其說？若辯稱只得眞見道，尚未完成相見道功行而未通達，故仍有異生性；則應問言：「既然眞見道後多剎那中，心心無間即能完成相見道位功德而得通達，爲何您不在眞見道位中順勢而爲？遲到如今已經九年、十九年、二十九年，而仍然無力斷盡異生性？」彼又焉能置詞一答？是故不應如基師一般擅將眞見道、相見道、通達位合併爲一，企圖一時通達，否則必將引生其他眾多無邊過失，以是故言，眞見道等三位不宜合併爲一，自亦不許倡言眞見道時即是入地心。

窺基原文（《成唯識論述記》卷十）：

論：「煩惱障中」至「地前已伏」。述曰：下文有二，初明二障伏斷位次，後釋妨難。初中先明煩惱障，以體性麁，三乘共斷，易可見故，分別種子不論二乘。說菩薩者於極喜地見道初**斷**，以見道位體性稍寬；乃至**相見道**後得智起位久時，猶名見道。今簡於相（見道），唯**眞見道**；眞見道中唯取無間惑滅智生，故說初斷，非相見道亦能斷故。然此分別煩惱現行，瑜伽五十八等說，世間道唯伏俱生若愛、若恚、隣近憍慢，不言能**伏**分別煩惱。此據異生、二乘性等說，若直往菩薩彼障現起地前已**伏**，故前卷云唯能**伏除**分別二取。此在加行位，若資糧位，此麁現行亦能伏滅，二細現行即未能伏。至加行位，分別細者亦皆能伏。由此菩薩正願、勝解世間道力，邪見、疑等伏而不行，非以六行。有所欣厭菩薩不爲，非此菩薩無此能也。緣起經說，内法異生若放逸者無不共無明故，邪見等未必皆起；即資糧位已不現行，唯分別貪等二位不起，故論總言地前已伏。[132]

《成唯識論》卷十原文：【煩惱障中見所斷種，於極喜地見道初斷；彼障現起，地前已伏。】[133] 意謂：【煩惱障中大乘見道所斷的習氣種子，於極喜地的見道通達位中初次斷盡；這類習氣種子的現起狀況，在入地之前已經降伏但未斷盡。】是說煩惱障中的大乘見道所應斷除的習氣種子（眞見道應斷者、相見道應斷者、通達位應斷者），在初入地的見道通達位中初次斷盡成阿羅漢，是指大乘見道通達位中應斷盡的煩惱障所攝習氣種子。

窺基說：「初中先明煩惱障，以體性麁，三乘共斷，易可見故，分別種子不論二乘。說菩薩者於極喜地見道初斷，以見道位體性稍寬；乃至相見

132 《大正藏》冊 43，頁 589，中 25-下 15。
133 《大正藏》冊 31，頁 1585，上 6-7。

道後得智起位久時，猶名見道。今簡於相（見道），唯真見道；真見道中唯取無間惑滅智生，故說初斷，非相見道亦能斷故。」

辨析：窺基這些註解已證明他同樣落入淺智之中，竟說大乘見道通達位所斷盡的煩惱障中見道所斷習氣種子，在眞見道位就能全部斷盡；難道大乘見道所斷除的煩惱障相應異生性種子，同於二乘見道所斷除的煩惱障相應異生性種子？若是如此，又何必言大乘「**見道位體性稍寬**」？

窺基說眞見道、相見道、通達位都在初地的入地心中一併完成，然而，大乘相見道位、通達位中所應斷盡的煩惱障習氣種子，不必俟相見道、通達位中斷除，就可以在眞見道時一次斷除嗎？難道相見道、通達位中對煩惱障中見道所應斷的習氣種子都不必有所斷，只在眞見道位中就能全部斷盡嗎？但大乘見道通達位斷盡見道所應斷的煩惱障習氣種子時，方證得阿羅漢果，觀乎古今禪宗祖師已得眞見道者，卻少有已證阿羅漢果者，卻同能驗證其眞見道屬於眞悟而非錯會，是如實證眞如故。是故窺基主張眞見道、相見道同在初地入地心中，是不切實際之謬說。

窺基又說：「緣起經說，內法異生若放逸者無不共無明故，邪見等未必

皆起；即資糧位已不現行，唯分別貪等二位不起，故論總言地前已伏。」

辨析：觀乎二種緣起經中，未有說言內法異生或外法異生之分，亦未說言不共無明等，今且暫置不論。於大乘見道之通達位中（初地入地心中），煩惱障所攝大乘見道位應斷盡的習氣種子斷盡時，已得通教阿羅漢果，因爲大乘見道的通達位是內法，並非二乘外法。大乘眞見道位證眞如時必得聲聞初果，唯除心不決定之退失者；此時依大乘別教之判教，名爲外聖內凡的賢人；雖然仍非大乘法中的聖人，依二乘法的證境卻必然已是初果聖人；是故二乘解脫道見道所斷的異生性已同時斷除，但不斷除習氣種子。大乘眞見道時同時斷盡煩惱障的三乘見道所斷異生性，然而煩惱障所攝的大乘見道應斷習氣種子，則要繼續進修至通達位中方能斷盡，這二者不可等視同觀。而今基師所說十迴向位前的四十心皆屬資糧位，尚非加行位，則通達位中所應斷盡的習氣種子豈非要等修道位中才斷盡？因爲現見眞見道位中不可能同時斷盡這些煩惱障所攝見道所斷的習氣種子，亦現見無人能在一世之中將眞見、相見、通達全部完成而斷盡這些習氣種子成阿羅漢。

若依基師所說，則是此世眞見道後應能一年或一世之中完成相見道及通達位的功德，自應一世之中斷盡煩惱障所攝的大乘見道所斷習氣種子，必成阿羅漢；但眞見道後其實未能斷盡通達位所應斷盡的習氣種子，因爲那時只是初果人，但大乘見道的通達位入地心已是證得阿羅漢的解脫果，在《根本論》、《顯揚聖教論》、《成唯識論》中都如是說。

所以說，必須在初住位開始熏習如是聖教，在第七住位眞見道時觀行眞如法性而且轉依成功，然後在相見道位中依「**非安立諦**」觀修而證「**有情假緣智**」，而在第十住位向內遣除這個假緣智歸於眞如，使這個智慧與眞如平等平等，具足十住位的眞如，名爲「**內遣有情假緣智**」的十住眞如境界。轉入初行位以後，開始觀修而證「**諸法假緣智**」，在第十行位具足這個智慧時，仍要匯歸於眞如的無所得境界而向內遣除「**諸法假緣智**」，使眞如與諸法假緣智平等平等，成就十行位眞如，名爲「**內遣諸法假緣智**」。轉入初迴向位以後開始普遍觀修而證「**一切有情諸法假緣智**」，到第十迴向滿心時具足「**一切有情諸法假緣智**」，仍應匯歸於眞如的無所得境界而遣除「**一切有情諸法假緣智**」，使眞如與「**一切有情諸法假緣智**」平等平等，名爲「**遍遣一切有情諸法假緣智**」，具足第十迴向位應證的眞如境界，才是圓滿第十迴向位的般若實證。

這個過程，就是《摩訶般若波羅蜜多經》所說的主要內涵。而這三品心「內遣有情假緣智、內遣諸法假緣智、遍遣一切有情諸法假緣智」，全都屬於「非安立諦」，換句話說，都是必須依所證眞如才能觀行成功的；未證眞如之人絕無絲毫智慧能作這三品心的觀修。由此可以證明，在第七住位證眞如以後才有智慧能夠觀行這三品心；既然如此，這三品心的觀修當然是在眞見道位以後，否則這三品心的觀修，便不能稱爲「非安立諦」了。這三品心觀修完成了，表示在這個三賢位的觀修過程中，已經漸次伏除大乘見道所應斷除的煩惱障習氣種子了，然後再觀行安立諦大乘四聖諦十六品心及九品心而成爲通教阿羅漢，然後依十大願而起惑潤生，再依十大願的增上意樂而入初地，才是大乘見道的通達位。

在通達位中方能全部斷盡大乘見道所應斷的煩惱障習氣種子而成阿羅漢，始能入地；既然「非安立諦」三品心的觀修，必須依所證眞如才能觀修，當然是在眞見道證眞如之後，不可能在眞見道之前。而入地前的「安立諦」大乘四聖諦十六品心的觀修，又是在「非安立諦」三品心之後所觀修的，則是在眞見道以後更久的事了，窺基怎能把這十六品心的觀修挪來眞見道之前，而當作是眞見道之前的加行位所應觀修的呢？所以，不論「非安立諦」的三品心或「安立諦」的十六品心的觀行，都是在眞見道之後，絕無可能是在眞見道之前；那麼窺基把十六品心的觀修判定在眞見道前，他這個判教究竟正確與否？有智之人思之即知，自不待平實更增贅言了。

若如窺基錯將十信位及三賢位等四十心都判爲資糧位，把大乘四聖諦「**安立諦**」十六品心的入地前加行，錯認爲眞見道前的煖等四加行，不免誤會在眞見道位就已斷盡大乘見道應斷的習氣種子，就不免誤會眞見道時已經入地了，然後必因異生性、見道所斷煩惱障習氣種子……等問題不斷地出現而無法自圓其說，這都是因爲有文字障或智慧尚淺所致，顯然《摩訶般若經》、《顯揚聖教論》中都已具說的道理，他是還不明白的；以致《成唯識論》中早已明載的「**諸相見道，依眞假說……眞見道後方得生故；非安立後起安立故，分別隨眠眞已斷故**」等破斥辨正之理，窺基似乎都誤會成支持自己的論點，令菩薩摩訶薩們聽聞之後啼笑皆非。

然而推究會中某師落入這些問題之中的原因，肇因於窺基將眞見道、相見道、通達位合併在一起，又誤將五十二位階中的前四十心都判爲資糧位，而將「**非安立諦**」後始修的安立諦十六品心，說爲眞見道前所應觀修的內容，判定眞見道即是初地入地心，誤導了某師；再因某師迷信古人而輕賤古人再來的今人，不信眼前善知識之教授而導致，有智之人則不應如其一般妄生迷信。

讀者閱讀到此，再加上詳細比對經教原文及平實的解析以後，對於古來認爲窺基大師的《成唯識論述記》是「奘師口述，基師手記」的傳說，究竟屬實與否，應該已有正確的認知了；所以平實認爲「奘師口述」容有其實，然而「基師手記」必在事後而非當場，又因事後手記結果未經玄奘菩薩斧正潤色而無法修正錯謬之說，於是產生了嚴重錯誤的判教。大家可以想想看：玄奘大師既然寫了《成唯識論》，法義內涵已以文字明載於論中，又如何可能口授給窺基時，竟然講出與自己在論中的辨正完全相違的內容來？當知此事絕無可能也。

寫到這裡，平實心中著實很無奈，近年被會裡某師再三質疑大乘見道義，他不斷地堅持窺基所說眞見道即是初地心的說法才是正確的，二年之中前後三次質疑，並在親教師會議中二度公開要求本會必須同時承認窺基這種錯說的見道義理，要求正覺同修會同時認定窺基的謬說也是正確的佛法；但這將使了義正法與相似像法並存而成爲破壞正法的狀況，是世尊所不允許的，致令平實不得不指陳窺基法師在大乘見道（眞見道、相見道、通達位）等分位中的諸多錯謬處，致使當代及後世學人對窺基失去許多恭敬之忱，眞是罪過！

然而這究竟是誰的罪過呢？若不是會中某師堅決主張窺基所判的錯誤見道內涵亦爲正確，三次提出對本會大乘見道三個次第內涵的質疑，要求平實必須將佛菩薩所說及窺基對見道內涵的謬說並列，同時承認爲「亦眞」；平實於此情況下，爲免彼師破壞佛法之事實成功，不得不對窺基在《述記》中對大乘見道內涵的錯誤註釋加以列舉、辨析、評破。這眞是無奈之舉，所以就辨正到這裡爲止吧；除非又有人繼續抬出窺基其他錯說之理來非議《成唯識論》或根本論，或非議諸經中 世尊所說的正理。

最後平實要聲明的是：窺基大師的論註，大致上多屬正確；其在修證上的參考價值，亦遠高於大多數古德的註釋；雖有少數地方（主要是大乘見道次第的內涵）有不少錯誤，綜合而觀，瑕不掩瑜，仍應推崇爲中國佛教史上極爲難得的鉅著，不應因平實上來所辨析之內容而全面否定之，仍應承認其在佛教史上的崇高地位。最後要說的是：塞翁失馬、焉知非福？會中某師如是三次質疑的結果，使平實不得不對大乘見道的內涵，依據《般若經》、《根本論》、《顯揚聖教論》、《成唯識論》的明載，加以列舉辨正並於增上班課程中解說之後，已使會中增上班的同修們智慧大開，對於開悟明心而得眞見道功德以後應如何入地的內涵，已有了更深入、更廣大的理解與現觀，或可說是因禍得福吧！只是耗費了平實許多時間，令某些要事被延遲，以是緣故不能無言。

第四章　無住處涅槃

第一節　無住處涅槃係諸佛之所證

緒說：無住處涅槃是諸佛之所證，必須具足三德，而且一一德都已具足圓滿時，方能得之。一切已證無住處涅槃之人都是究竟佛，全都具足十力、四無所畏、十八不共法、一切種智，具足而且圓滿大圓鏡智、妙觀察智、平等性智、成所作智，此時十號之功德已經具足圓滿，即是圓滿而究竟的佛果。簡言之，無住處涅槃的證得，要以親證如來藏而證取本來自性清淨涅槃來生起法身德，要以斷盡所知障來圓滿法身德；要以現觀眞如證得實相法界來生起般若德，要以具足大乘無生法忍而斷盡所知障，最後斷除變易生死來圓滿般若德；要以具足解脫德——斷除分段生死之後進而斷盡習氣種子隨眠，證得究竟解脫而圓滿解脫德。凡我佛子若欲宣稱已經成佛者，必須如是次第進修而且圓滿以後，始能成就無住處涅槃，不住生死亦不住涅槃，方可自稱成佛；若如密宗假藏傳佛教等四大派，都是以凡夫之身而成爲因中說果，成就天下最大的大妄語業，報在阿鼻長劫地獄。

如是諸佛方證之無住處涅槃，是說既不住生死之中，亦不住於無餘涅槃之中，憑藉這個涅槃可以常在三界中利樂有情永無窮盡，直到四生三有等一切有情度盡方休。無住處涅槃乃是佛地所證，唯佛與佛乃能知之；始自第七住位，末至妙覺位的最後身菩薩位所證，都是本來自性清淨涅槃，本質上屬於分證無住處涅槃，但因功行未圓而無法使無住處涅槃的功德現前，大圓鏡智、成所作智不能現前，妙觀察智、平等性智不能圓滿；五陰習氣種子尚未滅盡，不得六根互通，第八識不能與五別境、善十一等心所法相應，變易生死尚未斷盡，因此而猶不能成佛。

爲何說要由本來自性清淨涅槃之本來實存，方有二乘菩提之實證及佛地無住處涅槃之實證？《大般若波羅蜜多經》卷四〈學觀品 第二〉：

「又，舍利子！於意云何？一切聲聞、獨覺頗能作是念：『我當修行布施、淨戒、安忍、精進、靜慮、般若波羅蜜多；我當修行殊勝四念住、四正斷、四神足、五根、五力、七等覺支、八聖道支；我當修行殊勝四靜慮、四無量、四無色定；我當修行殊勝八解脫、八勝處、九次第定、十遍處；我當修行殊勝空、無相、無願解脫門；我當安住內空、外空、內外空、空空、大空、勝義空、有為空、無為空、畢竟空、無際空、散空、無變異空、本性空、自相空、共相空、一切法空、不可得空、無性空、自性空、無性自性空；我當安住眞如、法界、法性、不虛妄性、不變異性、平等性、離生性、法定、法住、實際、虛空界、不思議界；我當安住殊勝苦、集、滅、道聖諦；我當修行一切陀羅尼門、三摩地門；我當修行極喜地、離垢地、發光地、焰慧地、極難勝地、現前地、遠行地、不動地、善慧地、法雲地；我當圓滿菩薩神通，成熟有情嚴淨佛土；我當圓滿五眼、六神通；我當圓滿佛十力、四無所畏、四無礙解、大慈、大悲、大喜、大捨、十八佛不共法；我當圓滿三十二大士相、八十隨好；我當圓滿無忘失法、恒住捨性；我當圓滿一切智、道相智、一切相智，永拔一切煩惱習氣，證得無上正等菩提，方便安立無量、無數、無邊有情於無餘依涅槃界』不？」舍利子言：「不也！世尊！不也！善逝！」

佛言：「舍利子！修行般若波羅蜜多諸菩薩摩訶薩皆作是念：『我當修行布施、淨戒、安忍、精進、靜慮、般若波羅蜜多，乃至我當永拔一切煩惱習氣，證得無上正等菩提，方便安立無量、無數、無邊有情於無餘依般涅槃界。』舍利子！譬如螢火無如是念：『我光能照遍贍部洲普令大明。』如是一切聲聞、獨覺無如是念：『我當修行布施、淨戒、安忍、精進、靜慮、般若波羅蜜多，乃至我當永拔一切煩惱習氣，證得無上正等菩提，方便安立無量、無數、無邊有情於無餘依般涅槃界。』舍利子！譬如日輪光明熾盛，照贍部洲無不周遍，如是修行般若波羅蜜多諸菩薩摩訶薩常作是念：『我當修行布施、淨戒、安忍、精進、靜慮、般若波羅蜜多，乃至我當永拔一切煩惱習氣，證得無上正等菩提，方便安立無量、無數、無邊有情於無餘依般涅槃界。』以是故，舍利子！當知一切聲聞、獨覺所有智慧，比行般若波羅蜜多一菩薩摩訶薩於一日中所修智慧，百分不及一，千分不及一，百千分不及一，俱胝分不及一，百俱胝分不及一，千俱胝分不及一，百千俱胝分不及一，數分、算分、計分、喻分乃至鄔波尼殺曇分亦不及一。」

爾時，舍利子白佛言：「世尊！云何菩薩摩訶薩能超聲聞、獨覺等地，能得菩薩不退轉地，能淨無上佛菩提道？」佛告具壽舍利子言：「舍利子！諸菩薩摩訶薩從初發心修行布施、淨戒、安忍、精進、靜慮、般若、方便善巧、妙願、力、智波羅蜜多，住空、無相、無願之法，即能超過一切聲聞、獨覺等地，能得菩薩不退轉地，能淨無上佛菩提道。」

時，舍利子復白佛言：「世尊！諸菩薩摩訶薩住何等地能與一切聲聞、獨覺作眞福田？」佛告具壽舍利子言：「舍利子！諸菩薩摩訶薩從初發心修行布施、淨戒、安忍、精進、靜慮、般若、方便善巧、妙願、力、智波羅蜜多，**住空、無相、無願之法**，乃至安坐妙菩提座，常與一切聲聞、獨覺作眞福田。何以故？舍利子！**以依菩薩摩訶薩故，一切善法出現世間**。謂依菩薩摩訶薩故，有十善業道、五近事戒、八近住戒、四靜慮、四無量、四無色定、施性福業事、戒性福業事、修性福業事等出現世間；又依菩薩摩訶薩故，有四念住、四正斷、四神足、五根、五力、七等覺支、八聖道支、空無相無願解脫門、苦集滅道聖諦等出現世間。又依菩薩摩訶薩故，有布施、淨戒、安忍、精進、靜慮、般若波羅蜜多出現世間；有內空、外空、內外空、空空、大空、勝義空、有爲空、無爲空、畢竟空、無際空、散空、無變異空、本性空、自相空、共相空、一切法空、不可得空、無性空、自性空、無性自性空出現世間，有一切法眞如、法界、法性、不虛妄性、不變異性、平等性、離生性、法定、法住、實際、虛空界、不思議界出現世間，有八解脫、八勝處、九次第定、十遍處出現世間，有一切陀羅尼門、三摩地門、菩薩十地出現世間，有五眼、六神通出現世間，有佛十力、四無所畏、四無礙解、大慈、大悲、大喜、大捨、十八佛不共法出現世間，有無忘失法、恒住捨性出現世間，有一切智、道相智、一切相智出現世間，有成熟有情、嚴淨佛土等無量、無數、無邊善法出現世間。」

「由有如是諸善法故，世間便有剎帝利大族、婆羅門大族、長者大族、居士大族；由有如是諸善法故，世間便有四大王眾天、三十三天、夜摩天、覩史多天、樂變化天、他化自在天；由有如是諸善法故，世間便有梵眾天、梵輔天、梵會天、大梵天、光天、少光天、無量光天、極光淨天、淨天、少淨天、無量淨天、遍淨天、廣天、少廣天、無量廣天、廣果天、無想有情天、無繁天、無熱天、善現天、善見天、色究竟天；由有如是諸善法故，世間便有空無邊處天、識無邊處天、無所有處天、非想非非想處天；由有如是諸善法故，世間便有預流、一來、不還、阿羅漢、獨覺；由有如是諸善法故，世間便有菩薩摩訶薩及諸如來、應、正等覺。」[134]

爲何　世尊要這麼說？原因是什麼？正是因爲菩薩摩訶薩已經證得本來自性清淨涅槃，由這個涅槃的實證，可以證實二乘的有餘、無餘涅槃都是因此一涅槃而方便施設，不離本來自性清淨涅槃；菩薩如是現觀已，知二乘無學聖者滅盡五蘊、不受後有而入無餘涅槃時，仍是各自第八識眞如的本來自性清淨涅槃，始終都不超出於現前所證的本來自性清淨涅槃之外。菩薩如是現觀，諸佛世尊於因地時亦復如是現觀，故能不辭勞苦久修成佛之道而世世受生於三界中，於度化有情實證本來自性清淨涅槃同時，不唯兼亦住持二乘涅槃妙法而轉授於定性聲聞，不唯轉授成佛之道於一切有緣人，自身亦次第成就自己的道業而逐漸接近佛地。

本來自性清淨涅槃函蓋三乘菩提一切有學無學聖者所證之涅槃，如本書前面所說，二乘涅槃是　佛陀依本來自性清淨涅槃而施設、而教導，令二乘學人實證而成爲聖者；但本來自性清淨涅槃不因修得，因爲是本來涅槃；卻又是不修即不能證得，因爲必須依正確的佛菩提道修行而證第八識眞如

134 《大正藏》冊 5，頁 19，上 22-頁 20，中 5。

以後，才能證得本來自性清淨涅槃；由如是緣故，說本來自性清淨涅槃非修得、非不修能得。由於實證本來自性清淨涅槃的菩薩次第進修之後，獲得初分無生法忍時，便能通達佛道之概要與次第而入初地心中，此時便已具足證得二乘涅槃，以此緣故，便能住持三乘菩提於人間，令三乘菩提不致失傳斷滅。菩薩又因如是現觀之智慧，漸漸了知佛地之無住處涅槃，其實亦是因於本來自性清淨涅槃之具足圓滿而成就，是故 世尊於如上經文中如是開示。

諸地菩薩摩訶薩縱使未離胎昧，然而世世具有無師智；捨壽重新受生於人間時，縱使已被邪師、無眼阿師所誤導，然而最後一定可以捨棄邪師、無眼師之錯謬邪見，獨自參究佛法以後便能自行悟入，名爲無師智。若如是菩薩捨壽再度受生而來人間時，已有善知識住持正法於人間，他只要接觸到正法的開示後不久，便能自行悟入，不待善知識之教導；則其悟入之時間將更爲快速，不必等到失望於假名善知識的誤導謬說以後，方才重新自參自悟；那麼他重新出世弘法的時間將會更快，就會有更多學佛或學羅漢的有情受惠。

爲何菩薩摩訶薩可以同時住持三乘菩提而二乘無學聖者無法作到？爲

何他們連自家的二乘菩提都無法長久住世連綿不斷？此有二因：一者，二乘無學聖者捨壽必入無餘涅槃，留在人間住持二乘菩提的無學聖者越來越少，最後是全部離開三界而無人住持二乘菩提，二乘菩提也就隨之中斷而無人繼續弘傳。縱使二乘菩提中的聖者不是全部都證無學果，仍有三果人下至初果人；但這些聖者捨壽後，不是七次人天往返，就是人天一往返，或是如三果人不再還來人間了，往上受生以後就入無餘涅槃了，人間不久之後即無二乘聖者住持二乘菩提，自然不久之後便告中斷而無人可以繼續傳揚。雖然初果、二果受生欲界天以後，都會再來人間；然而天上時劫遠長於人間，即使以四王天而言，那裡的天人壽命五百歲，那裡的一天相當於人間五十年之久，同樣是三十天為一個月，十二個月為一年，他們在人間死後往生四王天，將要經過人間的九百萬年後才會在四王天中捨壽而返來人間受生，那時在人間的二乘菩提早已滅亡了。

且不說九百萬年，單說二乘菩提的傳弘，到了聲聞法分裂成部派佛教以後，實證二乘菩提的教法已經失傳而無人可以實證，於是南傳佛教大家都只能依止西元五世紀末斷我見的覺音論師所寫的《清淨道論》而修學了！如是修學聲聞解脫道者，一千六百年來留下的文獻中，未見有一人是已斷我見者；諸多聲稱或被稱已證阿羅漢果者，從其遺留下來的文字證據中，都未見其已斷我見之證據，阿羅漢果即無論矣。好在還有大乘菩提由菩薩們住持著，綿延不斷而持續至今仍在弘傳著；由於菩薩摩訶薩所證的佛菩提道是具足三乘菩提的，因此便能觀察因緣而將二乘菩提也連帶弘揚起來，《阿含正義》一套七輯問世而重新建立正確的、實證的二乘菩提教法，即是現成的例子。然而推究菩薩摩訶薩之所以能夠傳揚自己所證的佛菩提道，還能同時宣揚二乘菩提，正是因爲菩薩摩訶薩已經通達佛菩提道所致。

若是對於自己所證的佛菩提道仍未通達，也就無法通達二乘菩提而住持、弘揚二乘菩提；然而菩薩摩訶薩能夠通達三乘菩提之原因，卻是由於已證眞如而能現觀一切有情同有本來自性清淨涅槃，非修非不修，同自有之，只是證抑未證而有賢聖與凡夫之差別而已。菩薩即因此故而得實證本來自性清淨涅槃，再由所證的本來自性清淨涅槃而旁通法身德、般若德、解脫德，便能通達三乘菩提而住持三乘妙法於人間。所以平實說：菩薩要以親證第八識眞如而證取本來自性清淨涅槃，以本來自性清淨涅槃而生起法身德、般若德，再以般若德證取大乘無生法忍，後以具足解脫德—**斷盡煩惱障習氣種子隨眠及所知障隨眠**—證得究竟解脫；如是三德具足並已圓滿時，方能成就無住處涅槃，此時方可自稱已經成爲究竟佛。

第二節　略說三德

緒說：佛地獨有的無住處涅槃，必定要具足而且圓滿三德之時始能成就。法身德，大乘眞見道位初證，佛地圓滿。般若德，大乘眞見道位初證，佛地圓滿。解脫德，直往菩薩於四加行位圓滿時初證（得初果），至佛地圓滿；二乘有學、無學聖人迴心者，初斷我見時證得，佛地圓滿。

先說法身德。法身者，是指萬法之所依身；吾人之五陰十八界是組成人類身心的基本要素，再由五陰、十八界而輾轉出生萬法；然而萬法與五陰、十八界都互有關聯而不可分割，因爲這是一個完整的有情之所必然，所以釋印順把 世尊的一代時教分割爲性空唯名、虛妄唯識、眞常唯心等三系，使本來完整而緊密關聯的佛法「支離破碎」而互不相干；他的師父太虛大師如此評論他，並無絲毫冤枉他。因爲不論是二乘菩提的解脫分段生死，第二轉法輪的般若系列諸經所說的實相般若，第三轉法輪諸經所說的唯識增上慧學一切種智（不是釋印順割裂後的虛妄唯識與眞常唯心，而是函蓋虛妄唯識、眞實唯識二門的唯識增上慧學），都是緊密關聯而不可分割的；因爲三乘菩提一切法，以及三界世間二十五有等一切法，莫不由此法身所出。法身者，即是第八識如來藏，又名阿賴耶識、異熟識、無垢識，又名阿陀那識、眞如、所知依，能生萬法，一切有情莫不由之而有生死；外道不知，因於妄想而名之爲造物主、創世主、上帝，婆羅門教稱之爲大梵天、祖父，數論外道等稱之爲冥性……等。

彼等建立種種名目所指涉之能生有情身心者，無非都在探討有情五陰身心之所從來，欲知父母未生自己以前之本來面目；然而由於無明所致，故有種種臆想而說出各類不同名稱。乃至今時科學昌明之時代，仍有許多生物學家作出種種臆測、判斷，倡言地球上人類之所從來，或言皆由海中生物演化而來，或言是由猿類演化而來……等，各種所說不一而足，然皆屬依物、依臆想而說者；乃至亦有醫學家倡言，覺知心之所從來是因色身而有，則成爲物能生心之大謬言語，然而彼等醫學家迄今猶自不知所說大謬，絲毫都無自省之智。若從實證層面而得之現量觀察而言，無非是本來自性清淨涅槃所依之眞如妙心——如來藏阿賴耶識；皆因三界有情身心及其所衍生之一切萬法，無不從此妙心而生而滅、而證解脫、而證佛菩提果；是故歸結萬法於此眞相，即依祂能出生萬法而同時作爲萬法運作時的所依身，名之爲法身。

人類有八個識，不多不少，一切人都如是，唯除生而殘障或意外受損之人。八識者，謂眼、耳、鼻、舌、身、意識，意根末那識，第八識如來藏（又名阿賴耶識）。如來藏是無始以來本自已在，法爾如是；以其不曾出生故亦永不壞滅，不是有生而必有滅之法；亦以其無生無滅故是能生之法，即能出生第七識意根及眼耳鼻舌身意等六識；而有情各自之色身及六塵，亦是有情各自之如來藏妙心所生。人類死時，眼等六識漸漸壞滅而無所知，但意根不壞，由意根的俱生我執作意，促使如來藏出生了中陰身，於是眼等六識又在中陰身裡出生了；中陰身會遇未來世的父母時，於未來世父母和合時生起顛倒想，應受生爲女者即於父起顛倒想，應受生爲男者則於母起顛倒想，父母和合事畢時便入胎了。然而意根的了別功能極差，入胎後眼等六識消滅了，只剩意根與如來藏住於母胎中，猶如吾人眠熟一般。於住胎期間，因意根我執作意而使如來藏攝取母體血液中之四大元素，令受精卵逐漸生長爲具足五根之人身，十月期滿便出生爲人類。由如來藏出生了眼等五色根而使意根得以在人間正常運作，於是便有六塵、六識出現，十八界便具足了，就有五陰得以自我認知爲人類；然後再從自我認知及對外法的認知，發展成萬法而得在人間生存活動等。

但若歸結萬法之所從來，莫不由如來藏直接出生、間接出生、輾轉出生，所以如來藏是萬法之所從來，當然也是萬法出生後不斷運行時的所依身。由依止如來藏故萬法得以正常運作，成就人間、欲界天、色界天、無色界天、鬼道、畜生道、地獄道等有情世間，故說如來藏是法身。若有人已得未到地定，斷了我見又證得如來藏時，便有法身德，因為這時必定會出生實相智慧，能瞭解宇宙萬有及諸法背後的眞相，這種智慧就稱為實相般若。由此證實，如法修行而證得如來藏的人，一定會有法身德；唯除不曾如法修行，亦尚未具有親證如來藏時應先具備的未到地定、斷我見……等次法者。

「功」的意思是說，有其自性及功能，不是名言施設之假法；「德」的意思是說，有自受用及他受用的作用。證得諸法所依身如來藏以後，就能開始解脫於世間有情及諸外道的無明與邪見，具有自受用功德；且能演說或教導有心求證實相智慧的有緣人，因此而有他受用之功德。但這二種智慧受用，都源於親證萬法之所從來、之所依靠的第八識如來藏，明白了知萬法之所依身如來藏，所以發起了法身德。

次說般若德。般若意譯爲中文即是「智慧」，然而通常不以「智慧」二字說之；因爲智慧的意涵淺而窄，只函蓋經由世間法的學習所得智慧，以及投入佛法中修行以後的聞、思、修慧，不能及於實證法界實相的智慧；但般若智慧是函蓋世間、出世間、世出世間智慧的，所以佛教界便沿用音譯的般若二字來指稱實證法界眞相的世間出世間智慧，有時就稱爲實相般若。

實相般若的建立，是因爲 世尊來人間示現成佛，主要是示現悟得宇宙萬有背後的奧祕，由此而得以了生脫死及了知宇宙萬有背後的眞相，接著便爲眾生施設解脫、成佛之方法，因此開展出三乘菩提，而有二乘解脫道及大乘佛菩提道之演繹；復因許多眾生尚無因緣可以實修三乘菩提法道，不想解脫及成佛，只想保住人身或天身而繼續生存於三界中，於是爲這一類有情施設了人乘及天乘，故而成就了佛教中的五乘佛法：人乘、天乘、聲聞乘、緣覺乘、佛乘；實則由此佛菩提道的世出世間勝法，即已函蓋了整個三界六道之法及出世間的二乘涅槃。推究 世尊如是示現的初因，是爲了要告訴大眾：證得第八識如來藏時，就可瞭解法界萬法的實相而開始逐步探知解脫及成佛之道，然後一一實證之，逐步邁向成佛之道，同得解脫及智慧，這就是宣揚實相般若理趣的最重要緣由。

但是，親證實相般若之時，並非一證就能全部了知實相法界而具足般若（實相智慧），所以世尊圓滿宣演二乘菩提之後，開始宣演實相般若時，在教外別傳的施設下，幫助大眾親證第八識眞如時，大眾仍不能即時通達實相般若的全部內涵，世尊便又以二十二年時間爲諸初證實相般若的大阿羅漢們宣演般若諸經，幫助大家通達般若；在大阿羅漢們依憑往昔無量劫來廣修菩薩道的大福德下，受到鼓勵發起受生願而起惑潤生，於十大願發起增上意樂，願盡未來際永遠受持不捨，護持三寶、住持正教、攝受眾生、流傳正法、紹隆佛種，久時發願而到增上意樂清淨，因此方得入地。在諸大阿羅漢往昔無量劫廣修菩薩道的前提下，世尊助其證得大阿羅漢解脫果後，益之以教外別傳之實證如來藏眞如法性，又親自教導實相般若二十九年，方才得以入地成就無生法忍。由是故說，實相般若的通達極爲甚難，不是眞見道這一悟便能入地的，更別說是「**一悟即至佛地**」！那只是依理上而說，鼓勵大眾精進求證般若兼而顯示禪宗的勝妙，絕對不是事修上面一悟就能成佛的。

這個般若德之所以稱之爲德，是因爲有自受用和他受用的差別，既能利益自己也能利益其他有情，所以稱之爲德。般若德之所以有德，是因爲證得法身如來藏之後，不但能在現量上面瞭解法界實相及本來自性清淨涅槃，也能在比量上面瞭解十方世界中一切有情猶如虛空的法身及實相法界，更能了知一切宗教修行者對於萬法之所從來的說法全屬臆想，並不如理；唯有諸佛如來及座下諸多實證眞如的菩薩們，才具有現觀法身的智慧與功德，由此而出生實相般若之時，便有更勝妙的擇法覺分而不被假名善知識所迷惑與誤導，進而可以利益他人遠離所知障及煩惱障的無明，發起智慧；所以具有自受用之德及他受用之德，故稱爲般若德。

但是般若德的圓滿，並非三賢位所修圓滿即具足了，而是要在入地以後受持十度波羅蜜多，繼續進修一切種智。要依於無生法忍而進修十度波羅蜜多，在三地滿心位色陰習氣種子斷盡；在六地滿心位，受陰習氣種子斷盡；在七地滿心位，想陰習氣種子斷盡；此時三界愛的一切習氣種子隨眠無復存在，已經無想無夢。在十地滿心位，行陰習氣種子斷盡；下生人間成佛時，識陰習氣種子斷盡而使無垢識能與五別境、善十一等心所法相應，四智圓明照耀大千，成就無上正等正覺，具足四無所畏、十力、十八不共法……等，十號功德悉皆具足，才能說是般若德已經圓滿具足了。

末說解脫德。聲聞緣覺所證的解脫果報是捨壽後不再出生中陰身，故已不再去受生而稱爲「**我生已盡**」、「**不受後有**」。但這只是 世尊慈悲而方便施設，爲令大眾快速證得出離三界分段生死痛苦的果報，使心中對於無盡的生死痛苦得以止息而得安隱；然後再宣說佛菩薩之勝妙證境，方便引入大乘法中。所以二乘菩提解脫果報，只是 世尊以大慈悲而方便施設，是從佛菩提道中分析出來先安大眾的心，最後仍是要回歸到佛菩提道中來；所以 世尊於最後圓教說法時，以《妙法蓮華經》唯一佛乘，總攝五乘教而歸於佛菩提道，希望大家都能領解而邁向成佛之道，不要只當個出離三界生死的自了漢——不要只學羅漢而不學佛；這才是 世尊的本懷。

然而二乘無學聖者已能出離三界生死苦，爲何說他們只有解脫而無解脫德？也就是說他們有解脫而其實尚未到達無生無死的彼岸。這是因爲他們的「**我生已盡**」、「**不受後有**」出離三界生死，只是出離生死而已，但是本來無生亦無死的解脫彼岸，他們其實還是不知道的，所以說他們有解脫而無解脫德；因爲無生無死的解脫彼岸是第八識如來藏的境界，而他們生前未曾證得，死後亦無身心可以證知。直往菩薩則不同，菩薩在修完五停心觀中的一種而證得未到地定以後，斷除我見證初果時，依心中假立眞如而尋覓自心如來藏並且實證了，在善知識的教導下，便能現觀二乘無學聖者捨壽後所入的無餘涅槃中的非境界，了知無生無死的彼岸就是自心如來藏的非境界相，便能現量觀察自己的五蘊十八界滅除以後獨存如來藏時的非境界相，即是實相無相的非境界，是如來藏獨住的恆離六識、六塵見聞覺知、絕對寂靜的非境界，並非滅除五蘊十八界後才形成的，是生前五蘊俱在時就能現量觀察的。

但這種實相中的非境界相，卻不是二乘無學聖人所能臆想或猜測的，因爲他們生時並未證得如來藏，只是針對五蘊十八界的虛妄作觀，斷除我見、我執、我所執以後，捨壽時不再出生中陰身而不受生死了；但是滅除五蘊十八界後的如來藏獨存之非境界相，他們生前全無所知；死後也無五蘊十八界自己存在，故也無法觀察如來藏獨存的非境界相；因此而沒有菩薩們現觀無餘涅槃本際非境界相的智慧，所以縱使解脫生死而出三界了，依舊不知道無餘涅槃中無生無死的本際究竟是什麼境界，以此而說他們有解脫而無解脫德。但菩薩們卻是親證如來藏而能現觀的，凡是不退轉的菩薩，遲早都會實證這個解脫德。

然而菩薩們是否這樣實證就已具足或圓滿解脫德呢？也不盡然！因為菩薩們初證如來藏以後，不但尚未具足對眞如深入體驗的別相智（尚未生起後得無分別智），也都還有習氣種子、異生性以及無記性的異熟法種，仍待菩薩們繼續進修斷除。菩薩們證得第八識而能現觀祂的眞如性以後，必須繼續深入觀察如來藏的眞如法性，藉如來藏的眞如法性來滅除有情實有的見解，然後藉眞如法性來遣除有情非實有的作意而無所礙，成就「**內遣有情假緣智**」。

當這個智慧具足了，還得再依眞如而觀察如來藏自身的諸法，以及如來藏所生蘊處界諸法都依如來藏而生，皆緣於如來藏而有，現觀有情身心引生的諸法都是假緣而有，生起「**諸法假緣而有**」的智慧；然後再藉眞如法性來遣除「**諸法假緣而有**」的智慧，都無所記掛而得解脫於諸法，具足「**內遣諸法假緣智**」。

接著還要現觀一切有情身心諸法，乃至比量觀察十方世界三界六道一切有情身心諸法莫非假緣而有，出生了「**一切有情諸法假緣而有**」的智慧；

再以眞如法性作轉依而遣除「一切有情諸法假緣而有」的智慧，成就「遍遣一切有情諸法假緣智」。這時是初階般若德即將成就，因爲還得再依眞如來觀行大乘四聖諦，具足成就十六品心及九品心的觀修時成就通教阿羅漢果，才算是具足成就初階的解脫德，才能配合其他條件而進入初地心中。

先已證得解脫果的大阿羅漢們迴心大乘而證眞如了，雖然已是阿羅漢，不必再求證阿羅漢果，但那只是解脫而無解脫德，所以仍然必須依照這個佛道次第，於證眞如之後依十住位應修的內涵，求證「內遣有情假緣智」，才能滿足十住位的功德；繼續進修「內遣諸法假緣智」而具足眞如方面的法智，滿足十行位的功德；完成這些功行之後再進修「遍遣一切有情諸法假緣智」而滿足十迴向位的功德。但這時仍無法入地，因爲他所證的阿羅漢解脫果還沒有完全轉化爲初地心所必須的解脫德；若是入地所需的其他條件已具足了，還得再依眞如法性而重新觀行大乘四聖諦，具足大乘四聖諦觀行而成就了四諦的法智、類智等十六品心；接著順觀眞如四諦的止與觀，成就九品心，使自己證眞如而發起的眞如智，能與自己的眞如全然相融而無隔礙，此時「證眞如智與眞如平等平等」，才能稱爲已證初地眞如。這時不但具足三賢位非安立諦的三品心，也具足入地前最後加行的四聖諦的十六品心、九品心，必然已經具足如幻觀、陽焰觀、如夢觀，所以「證眞如智與眞如平等平等」；此時依十大願而生起增上意樂，進入初地心中，不但無礙於二乘涅槃，並且已離二乘涅槃之貪，才能說是「**生如來家、成佛子住**」，才算完成佛菩提道中的初階解脫德。

初階的解脫德中，同時也已斷除了大乘見道所應斷的分別所生的異生性，這個異生性不同於二乘見道所斷的異生性；二乘所斷的異生性，只侷限在煩惱障方面，也就是對於解脫道有所誤解而不信斷我見的眞正內涵，基於名聞利養或顏面等顧慮而橫加毀謗，造就三塗惡業種子，即是二乘見道所應斷的異生性。然而二乘見道所應斷的煩惱狹窄而粗淺，所以二乘見道所斷的異生性也隨之狹窄粗淺而易斷。但大乘見道是函蓋第七住位的眞見道，及第八住位開始到第十迴向位的相見道，並且及於四聖諦加行完成後初入地時的通達位見道功德；於其中間所應斷除基於不如理作意而產生的無量無邊邪思，以致毀謗大乘見道法義所引生的異生性，非常寬廣深細，極難斷盡，直到初地入地心之時方才斷盡。但二乘見道者並未斷除如是極寬廣深細的異生性，即使證得阿羅漢果了，也還是未曾斷除大乘見道所斷盡的異生性少分；直到迴心大乘而證眞如，並且依大乘見道的三個次第（眞見道、相見道、通達位）全部完成了，才能斷盡如是寬廣深細的異生性，永遠解脫於異生性的繫縛，才能說已經有了大乘法中初階的解脫德。

進入初地以後，還得在煩惱障相應的習氣種子上面修斷，直到七地滿心位，把煩惱障相應的習氣種子（三界愛相應的有記性習氣種子——色陰、受陰、想陰習氣種子）全部斷盡了，才能說有第二階段的解脫德；而這個解脫德，依舊是要依眞如法性而修，不是單由二乘解脫道的修行就能完成的。

到此時，解脫德仍然沒有完全成就，因爲還有無記性的異熟種子生滅不住，未曾脫離異熟生、異熟死，也就是行陰及識陰等無記性的習氣種子仍有隨眠，種子仍會有所變異而稱爲變易生死。在七地滿心位念念入滅盡定時，極寂靜的心境很容易進入無餘涅槃，所以 世尊前來加持，修得引發如來無量妙智三昧；依於這個更深妙的無生法忍智慧，觀行一切無記性的異熟種子，繼續斷除所知障所攝的極微細無明塵沙惑——過恆河沙數的上煩惱，轉轉生起對治所知障的智慧光明而滅除更多微細無明，使第八識中的無記性異熟種子漸漸不再變異；直到成佛時識陰已盡而全部不再變異，便說爲眞常、眞樂、眞我、眞淨。此時無記性的行陰、識陰習氣種子都已經斷盡，不再領受變易生死了，解脫德才終於具足而圓滿了。但這個解脫德，是必須依所證眞如、依第八識觀修才能實證的，不是二乘無學聖者之所能修、之所能證，因爲二乘無學位的聖者未能證得第八識眞如心。

第三節　證眞如後應進修相見道功德

證眞如以後，爲了具足習種性、性種性、道種性故，應該進修相見道位的功德，方能滿足三賢位功德而進入初地。從初住位到第十住位是習種性，仍有極多佛法應修習故，凡夫習性依舊厚重故。初行位到第十行位是性種性，凡所修習都爲具足菩薩性故。初迴向位到第十迴向位是道種性，以初地至十地之道爲極難修習之道，爲具足諸地修道的習性故修十迴向行，這也是三賢位中最難實修的道業。換句話說，證眞如時並非即已入地，更非一悟成佛，除非是諸佛乘願於各處世界再三、再四不斷地受生而接引有緣人的示現，方能一悟即至佛地，彼時四智俱圓故。以下是《仁王護國般若波羅蜜多經》卷上〈菩薩行品　第三〉的經文，逐段舉列於下，並逐段語譯之。

諸菩薩摩訶薩依五忍法以爲修行，所謂：伏忍、信忍、順忍、無生忍，皆上中下；於寂滅忍而有上下，名爲菩薩修行般若波羅蜜多。善男子！初伏忍位，起**習種性**，修十住行。初發心相，有恒河沙眾生，見佛法僧發於十信，所謂：信心、念心、精進心、慧心、定心、不退心、戒心、願心、護法心、迴向心；具此十心而能少分化諸眾生，超過二乘一切善地，是爲菩薩初長養心，爲聖胎故。[135]

語譯如下：【諸菩薩摩訶薩依止於五種忍法而作爲修行，就是所說的：伏忍、信忍、順忍、無生忍，這四種忍都有上、中、下三品；於寂滅忍中則有上、下二品，這樣修行就稱爲菩薩修行實相智慧到達無生無死的解脫彼岸。善男子！第一個伏忍位，是要生起**習種性**，應該修習十住位的種種行。在十住位正修習開始之前是發心信受，修學十信位之法；十信位最初發心的行相，就是有恆河沙數不可計算的眾生，由於看見佛、看見佛法、看見僧寶而發起十種信，就是所說的：信心、念心、精進心、慧心、定心、不退心、戒心、願心、護法心、迴向心；具足這十心以後便能少分度化諸眾生，已超過二乘凡聖所住的一切善心境界，這便是我說的菩薩初入佛法

135《大正藏》冊 8，頁 836，中 14-22。

中應修的長養心，爲了發起聖胎的緣故。】在這個十信位滿足後，從初住到十住的位階中，是要具足修證「**內遣有情假緣智**」，屬於習種性的初賢位菩薩。

> 復次，**性種性**菩薩修行十種波羅蜜多，起十對治，所謂：觀察身、受、心、法，不淨、諸苦、無常、無我；治貪、瞋、癡三不善根，起施、慈、慧三種善根；觀察三世過去因忍、現在因果忍、未來果忍。此位菩薩廣利眾生，超過我見、人見、眾生等想，外道倒想所不能壞。[136]

語譯如下：【復次，**性種性**的菩薩要修行十種波羅蜜多，來生起十種對治，就是所說的：觀察色身不淨、有受皆苦、心是無常、諸法無我，色身不淨、八苦三苦、五陰無常、諸法無我；爲了**對治貪**、**瞋**、**癡**三**種不善根**，應修行發起布施、慈悲、智慧等三種善根；然後觀察三世因果而能生忍：過去因忍、現在因果忍、未來果忍。在這個階位中的菩薩已經能廣利眾生，他們已超過我見、人見、眾生等想，外道各種顛倒想已經不能毀壞他的修證。】在這個從初行位到十行位的過程中，是要具足修證「**內遣諸法假緣**

136《大正藏》冊 8，頁 836，中 23-28。

智」。

復次，**道種性**菩薩修十迴向，起十忍心，謂觀五蘊色、受、想、行、識，得戒忍、定忍、慧忍、解脫忍、解脫知見忍；觀三界因果，得空忍、無想忍、無願忍；觀二諦假實諸法無常得無常忍，一切法空得無生忍。此位菩薩作轉輪王，能廣化利一切眾生。[137]

語譯如下：【復次，**道種性**的菩薩要修學十種迴向，生起十種忍心，是說他們要觀察欲界、色界五蘊色、受、想、行、識，及無色界受、想、行、識的全部內容；要獲得戒忍、定忍、慧忍、解脫忍、解脫知見忍；還要觀察三界因果，獲得空忍、無想忍、無願忍等三三昧；進而依於非安立諦及安立諦，現觀假有的世俗諦以及眞實的第一義諦諸法都是無常，依眞如而獲得無常忍，最後依眞如現觀一切法空而獲得無生忍。修到這個第十迴向位的菩薩們，若願意接受異熟果報，轉生時可以作轉輪聖王中的鐵輪王，有能力廣爲化度而利益一切眾生。】

在這個從初迴向位到第十迴向位的道種性中，應該修證「**遍遣一切有**

137《大正藏》冊 8，頁 836，中 29-下 5。

情諸法假緣智」。到這裡，即是唯識增上慧學中說的大乘眞見道位後，轉入相見道位中應修的非安立諦三品心，這三品心都是依眞如法性爲根基而觀修的。當這三品心修習圓滿而到了第十迴向位滿心時，即將入地之前，除了要具足入地所應有的廣大福德，及這三品心的眞如無生法以外，還得再修加行；也就是依所證的非安立諦三品心的眞如法性，來觀修安立諦大乘四聖諦，要觀修這四諦的每一諦中各有法智忍、法智、類智忍、類智；總共十六品心觀修完成時，確定自己是可以不受後有的，死後不會再出生中陰身了，成就通教的慧解脫或俱解脫果時，現觀「**證眞如智與眞如平等平等**」而生起初地眞如果德。這時尚未入地，但只剩下熟讀詳思十大願；心中要能很歡喜接受十大願，無窮無盡地供養三寶、請轉法輪、救護眾生……等，乃至成佛以後亦永遠受持這十個無盡的大願，永無棄捨之時。若確定永不捨棄此十無盡願而且是極歡喜接受的，就可以在佛像前請求諸佛菩薩爲自己證明；若是人間尚有已入地菩薩時，應於發願之時請來現前作證；此時即是「**生如來家，成佛子住**」的初地菩薩了。

關於這個階段的實修，與娑婆世界中生在五濁惡世的佛弟子們有著緊密關聯，故應說之；至於第二大阿僧祇劫的入地後所修，對五濁時世的佛弟子而言，未免遠了一些，本書就不詳加開示。因此，針對第一大阿僧祇劫的三賢位菩薩所應修者，再舉出《佛說仁王般若波羅蜜經》卷下〈受持品第七〉中的世尊開示與大眾共享：

善男子！其法師者是**習種性**菩薩。若在家婆蹉、憂婆蹉，若出家**比丘、比丘尼**，修行**十信**，自觀己身地、水、火、風、空、識，分分不淨；復觀十四根，所謂五情、五受、男、女、意、命等根，有無量罪過故，即發無上菩提心，常修三界一切念念皆不淨，故得不淨忍觀門。住在佛家，修六和敬，所謂三業同戒、同見、同學，行八萬四千波羅蜜道。

善男子！**習忍以前**行十善菩薩，有退有進，譬如輕毛，隨風東西。是諸菩薩亦復如是，雖以十千劫行十正道，發三菩提心，乃當入習忍位，亦常學三伏忍法，而不可字名，是不定人。是定人者，入生空位，聖人性故，必不起五逆、六重、二十八輕。佛法經書作反逆罪，言非佛說，無有是處。能以一阿僧祇劫，修伏道忍行，始得入僧伽陀位。

復次，**性種性**行十慧觀，滅十顛倒，及我人知見分分假偽，但有名，但有受，但有法，不可得，無定相，無自他相故。修護空觀常觀，亦行百萬波羅蜜，念念不去心；以二阿僧祇劫行十正道法，住波羅陀位。

復次，**道種性**住堅忍中，觀一切法無生、無住、無滅，所謂五受三界二諦無自他相，如實性不可得故；而常入第一義諦，心心寂滅而受生三界。何以故？業習果報未壞盡，故順道生。[138]

語譯如下：

【善男子！這樣的法師就是**習種性**菩薩。或是在家的優婆塞、優婆夷，或是出家的比丘、比丘尼，修行**十信位**的法，觀察自己的五陰身心是由地、水、火、風、空、識等六分組合而成為一個人，而這地等六分則是每一分都不清淨；然後再觀察十四根，也就是所說的五情、五受、男、女、意、命等十四根，各各都有無量罪過的緣故，如實觀察以後就會發起無上菩提心，恆常觀修三界一切諸法，念念之中皆是不淨，因此而證得不淨忍觀法門。然後又出家而住在佛家，一同修習六和敬之法，所謂身口意三業都是同戒、同見、同學，廣行八萬四千波羅蜜之法道。

善男子！在獲得**習種性之忍以前**是修行十善業道的菩薩，有時退失、有時升進，譬如很輕的羽毛，大多是隨著風吹而有時往東、有時往西，不

138《大正藏》冊 8，頁 831，上 29-中 25。

能得定。這一些十信位的所有菩薩們也像是如此，雖然以一萬劫修行十種正道，得要等到發起正等正覺之菩提心以後，才會在不久以後進入習種性初住位的安忍位中，還得恆常不止修學三伏的忍法，然而依舊不可以把他們命名為眞正的菩薩，是屬於不定之人。若是心得決定的人，是已經進入生空位，已經成功熏習聖人心性的緣故，必定不會生起五逆、六重、二十八輕等罪。像這樣子圓滿十住位的人，若是還會對佛法經書造作反逆之罪，公然否定而指稱不是佛陀所說或是強行扭曲，這是沒有道理的。能夠以一個阿僧祇劫，來修伏道忍的觀行，才能夠進入遠離執著的位次。

復次，**性種性**的菩薩們要修十種智慧觀行，滅除十種顚倒，以及我與眾人的能知能見的每一分全都假有而虛僞，只是徒有名字，徒然有領受，徒然有種種法，但是求其眞實不壞我時都不可得，也都沒有決定不變的法相，因爲實際理地並無自相與他相的緣故。如此修習護念五蘊諸法的空觀與眞如的常觀，亦要同時廣行百萬六度波羅蜜，於念念之中憶持著，都不會在心中起念想要丟棄；就這樣以二個阿僧祇劫行於十種正道之法，住於專精守護菩薩性位。

復次，**道種性**的菩薩們住於堅毅安忍之中，觀察一切法本來無生、都無所住、亦永無滅，就是所說的苦、樂、憂、喜、捨等五受，欲界、色界、無色界等三界，世俗諦、第一義諦等二諦，全都沒有自相與他相（都是眞如所生的緣故，所以證眞如智與眞如平等平等），如實不壞的自性都不可得的緣故；然後永遠入於第一義諦之中，前念後念心心寂滅卻又受生於三界之中行道（發起遍遣一切有情諸法假緣智而起願世世受生廣行菩薩道）。是什麼緣故而如此呢？是因爲往世諸業熏習的果報尚未全部壞盡（三界愛的習氣種子尚未斷盡），所以順著菩薩道而繼續受生。】

以上再舉的《仁王般若經》聖教中，也是同樣教導大眾證得眞如以後，不該單只轉依眞如而住，然後便永遠停留在眞見道位中。應該轉依所證的眞如，起心開始觀察有情假、諸法假、一切有情諸法假，在三賢位中完成相見道位非安立諦這三品心的觀修，才能歷經習種性、性種性的觀行與熏習而且專精守護性種性，不使菩薩性有稍微漏失；然後由救護眾生法身慧命開始，完成初迴向位至第十迴向位的道種性修習。這便是眞見道以後應該修學的非安立諦三品心。這三品心因爲是以眞如爲所依而作的觀行，所以這三品心的修習，屬於非安立諦，因爲眞如不是安立之法，是第一義諦故。

第四節　大乘見道所斷異生性

入地前必須斷盡之大乘見道所斷異生性極爲寬廣難以斷盡，非如二乘見道所斷之異生性淺狹易斷。異生性究竟是什麼呢？《阿毘達磨發智論》卷二說：

云何異生性？答：若於聖法、聖煖、聖見、聖忍、聖欲、聖慧，諸非得、已非得、當非得，是謂異生性。[139]

語譯如下：【什麼是異生性呢？答：若是對於聖法、聖煖、聖見、聖忍、聖欲、聖慧等法，一切有情中尚非證得、已經確定仍非證得、未來也會被確定仍非證得，這就是所說的異生性。】也就是於出世間聖人之法尚未證得，所以仍會對出世間法或出世間聖人有所誣謗或誤謗者，都是還有異生性的人，未來都還有可能下墮於三惡道中，便稱爲異生性。

《大乘阿毘達磨集論》卷一〈三法品 第一〉說：**【何等異生性？謂於聖法不得，假立異生性。】**[140] 則是更簡潔清晰地說明：「**凡是對出世間的**

139《大正藏》冊 26，頁 928，下 5-7。
140《大正藏》冊 31，頁 665，下 21-22。

神聖之法尚未證得者，便假立他們還有異生性。」換句話說，凡是尚未斷除三縛結的凡夫，都是還有異生性的人，今世或未來世中都還有可能誤謗解脫道正法或解脫道中的初果乃至四果聖人而下墮三惡道中，成爲欲界中的三惡道異生。

《阿毘達磨發智論》卷二有作是說：**【此異生性，當言見所斷耶？修所斷耶？答：應言修所斷。何故異生性非見所斷耶？答：見所斷法皆染污，異生性不染污故。】**[141] 有人認爲異生性是修道所斷，也有人認爲是見道所斷，那麼異生性是見道斷或修道斷呢？當然應該辨正之。既然前後三轉法輪諸聖教中說，初果人見道後七返人天必得涅槃，中間不墮三塗，明確顯示初果人已不會再誤謗三乘菩提中的聖法、聖人，當然不會再因此而下墮三惡道中成爲異生，由此證明二乘解脫道所攝分別所生的異生性是見道所斷，不該是修道所斷。但大乘見道內容極寬廣，函蓋相見道位及通達位；相見道位及通達位的內涵必須在眞見道位後久劫修行，才能具足證得而斷除後二位中修行所斷的異生性；對於這部分的內涵不知，而又不肯下心接

[141]《大正藏》冊 26，頁 928，下 27-29。

受大善知識的指導與糾正，死後就會下墮三惡道中；因此依大乘見道位而說，就包括見所斷與修所斷二個部分了。

必須有見道之智慧始能斷除異生性，二乘法中如是，大乘法中更是如此。所以加行位的世第一法中尚未見道，唯能伏住大乘見道所斷的異生性，但仍不能斷。《阿毘達磨大毘婆沙論》卷二：【**有說：此法其用最勝，能捨異生性，得聖性；捨邪性，得正性，無間能入正性離生；餘法不然，是故先說世第一法。**】[142] 這是說，加行位的世第一法能引生見道，所以能導引有情見道而得聖性、捨離邪性，能入聖性的正性而遠離三惡道生，但不是說世第一法可以令人捨離或斷除異生性。而在《阿毘達磨大毘婆沙論》卷二也有此說：【**諸異生性一向染污，謂欲界繫，見苦所斷；十種隨眠爲自性故，隨眠體是不相應行。**】[143] 這更明確說明：此見道所斷異生性是欲界所繫，並未超脫於欲界外。若說之爲證得初禪（正性離生）即得遠離異生性，或說斷除異生性即可獲得正性離生（發起初禪），二者都未免太過；所以這個正性離生，只能解釋爲離三惡道生，不宜說爲證得初禪。因此斷除

142《大正藏》冊 27，頁 7，上 2-4。
143《大正藏》冊 27，頁 8，中 21-23。

異生性，主要是將來已沒有再度下墮三惡道的可能性，依此而說所斷為異生性；然而斷異生性，依二乘見道而言，所斷淺狹，身見斷時即可斷之；但大乘見道所斷異生性寬廣，涉及眞見道後的相見道位及通達位，是已離欲界生的，一定是正性離生；反觀二乘見道，並非已離欲界生，說之為「見苦所斷」而離「欲界繫」，不免誇大；若是未離欲界繫，未來於大乘見道過程中，同樣不免值遇眞見道後所應斷之異生性，由此亦可證明大乘見道所斷的異生性，並非二乘見道者所能全部斷除。

《阿毘達磨大毘婆沙論》卷三說：

復次此中生，名顯異生性，能起暴惡、諸惑業故；**見道捨彼故說離生**，餘如前說。……復次異生身中，煩惱惡業極不調順，故說為生；諸瑜伽師於此淪沒，見道拔彼置聖位中，故名離生，餘如前說。復次見所斷惑猶如根栽，生無窮過；見道永拔，故名離生，餘如前說。有餘師說，此文應言入正性決定，所以者何？謂於此時從不定聚出，入正定聚故。復次行者爾時捨邪定聚所依異生性，入正定聚所依見道，是故名為入正性決定。[144]

這就是說，凡夫眾生有時會生起暴惡的行爲而造惡業，或者有時會因邪見而造作謗因果、謗正法、謗賢聖的大惡業，捨壽之後下墮地獄而次第流轉於三惡道中；由於眞正見道而非錯謬見道的緣故，已有智慧能使自己不謗於三乘賢聖、不謗正法、不謗因果，以此緣故，永遠不墮三惡道而說爲斷除異生性。這是說見道能使人遠離三惡道生，說爲三惡道的離生，名爲斷異生性。

但異生性有二種：煩惱障所攝異生性以及所知障所攝異生性。《成唯識論》卷九云：

一、異生性障，謂二障中分別起者，依彼種立異生性故。二乘見道現在前時，唯斷一種，名得聖性；菩薩見道現在前時，具斷二種，名得聖性。二眞見道現在前時，彼二障種必不成就；猶明與闇，定不俱生。如秤兩頭，低昂時等，諸相違法，理必應然，是故二性無俱成失。[145]

144《大正藏》冊 27，頁 13，上 21-中 5。

145《大正藏》冊 31，頁 52，中 20-26。

語譯如下：

【一、異生性障，是說煩惱障與所知障等二障中，由虛妄分別而生起的學法障礙，依於那不同的二種來建立異生性的緣故。當二乘人修學解脫道而使見道智慧顯現在眼前時，只能斷除其中的一種，就稱爲已經獲得聖性；菩薩見道智慧現在前時，具足斷除這二種異生性障，名爲已得聖性之人。二種眞實的見道顯現在前時，那二種異生性障的種子必定不會成就了；猶如光明與黑闇，決定不會同時生起。也猶如秤桿的兩頭，一定是一頭降低之時會與昂起的另一頭幅度相等一般，種種相違之法的道理也必定應該如此，由於這個緣故，異生性與聖性這二種自性，不會有同時成就並存的過失。】

《華嚴經探玄記》卷十〈十地品 第二十二〉說：【唯識論第九云：一、異生性障，謂二障中分別起者，依彼種立異生性故。二乘見道現在前時，唯斷一種，名得聖性；菩薩見道現在前時，具斷二種，名得聖性。】[146] 同樣是認同《成唯識論》所說有二種分別所生的異生性——二乘見道所斷的

146《大正藏》冊 35，頁 300，中 6-9。

異生性及大乘見道所斷的異生性，但大乘的眞實見道不僅是眞見道位，也函蓋相見道位及通達位，這顯示三位中各有所應斷的異生性。

《成唯識論述記》卷十辨正說：

若爾，無種性者既無自乘聖道，說何爲異生性？應說但依二障分別種上立異生性，不須別說，望自乘見所斷種上立故。**所知未斷，雖曰聖者，尚名異生**。此何位捨？答：不同小乘唯修所斷世第一法與見道合捨，今大乘唯見所斷，見道無間道起時捨，依所斷種立此性故，與種俱捨。[147]

窺基同樣是說有二種異生性：小乘見道所斷及大乘見道所斷。二乘見道所斷的異生性並非修道所斷，因爲只要見道而得了知五蘊無常、苦、空、無我時，就不會再有誣謗賢聖或誣謗正法、抵制正法的惡行了，當知已經不再有下墮三惡道的可能性了，所以名爲已斷異生性。譬如二乘法中眞正的見道者（具有未到地定定力而在五蘊苦、空、無常、無我的具足如實觀行以後，心得決定者），即使聽聞大乘賢聖對二乘聖人有所評論，也不敢回嘴或

147 《大正藏》冊 43，頁 583，下 7-14。

惡聲，更不敢對大乘法或實證眞如的大乘賢聖有所毀謗。若在二乘法的見道法義中實際觀行，所觀行內涵也正確無誤，但若觀行完成時仍未具備未到地定之定力者，則非眞實已斷三縛結之初果聖人；如是之人仍屬未斷異生性之凡夫，仍然會對正法或賢聖妄加毀謗，未來世仍會因此墮入三惡道中。由此亦可反證：舉凡誣謗實證賢聖者，不論其人自稱果位爲初地甚或等覺、妙覺，其實皆是未斷異生性之凡夫，未來不免大妄語業及故謗三寶之果報，不離異生性。

又，如窺基所說：「**應說但依二障分別種上立異生性，不須別說，望自乘見所斷種上立故。所知未斷，雖曰聖者，尚名異生。**」[148] 也就是說，二種異生性是依所修的解脫道或佛菩提道之不同而各別施設建立，若依大乘眞實見道的通達位而說斷盡異生性，則二乘見道者對於大乘見道的內容若生起疑心時，仍然處於大乘見道所斷的異生性中，所以窺基說：「**所知未斷，雖曰聖者，尚名異生。**」是說二乘初果人乃至四果人，衡之於大乘見道所斷的異生性，因於大乘見道所斷的所知障仍在，尚未斷除，雖然已是

148《大正藏》冊 43，頁 583，下 8-11。

能出三界的聖者，在大乘法中也仍然具有異生性而名爲異生。此位雖斷二乘見道所斷異生性，但若心性剛強、見道不久，甫聞大乘賢聖評論二乘聖者不解般若時，仍然不免因瞋不能安忍而故謗大乘賢聖，亦說爲尚有大乘見道所斷異生性未斷。

最後回到根本論來說。《瑜伽師地論》卷五十二云：

復次，云何異生性？謂三界見所斷法種子，唯未永害量，名異生性。此復略有四種：一、無般涅槃法種性所攝，二、聲聞種性之所隨逐，三、獨覺種性之所隨逐，四、如來種性之所隨逐。149

語譯如下：

【復次，什麼是異生性呢？是說誤認爲三界實有的各種謬見中，見道所斷的三界實有等邪見法的種子，仍是尚未永遠斷除的境界，名爲異生性。這個異生性大略而說則有四種：一、沒有般涅槃法之種姓所攝的一類有情；二、被聲聞種姓所隨逐的有情；三、被獨覺種姓所隨逐的有情；四、被如

149《大正藏》冊 30，頁 587，中 25-29。

來種姓所隨逐的有情。】

也就是說，在見地上面而非在修道位所應斷除的錯認三界諸法實有的邪見，還沒有斷除的人就稱爲還有異生性的人，將來都還有可能誤謗聖法及實證的賢聖，捨壽墮入三惡道中成爲異生有情，就稱爲仍有異生性。若是如實見道了，已經滅除心中的見道所應斷除的疑惑了，就不會有誤謗正法與賢聖的情形發生，永遠不會因此而墮入三惡道中，就說此人已經斷除異生性了。由此可證，凡是誣謗已證眞如的菩薩者，都是仍處在異生性位中，不論他們宣稱自己是阿羅漢或已經成佛，都不能自外於此；學人可以依此原則而自行判斷眞假善知識，建立擇法眼而選擇之後從之受學，即可眞入佛法門中，修學一世即能不再唐捐其功。

又《瑜伽師地論》卷五十六說：

問：依何分位建立異生性？此復幾種？答：依未生起一切出世聖法分位建立異生性；此復三種：謂欲界繫、色界繫、無色界繫。[150]

語譯如下：

150《大正藏》冊 30，頁 607，下 8-10。

【問：是依什麼樣的不同階位區分，來建立異生性呢？這個異生性又有幾種呢？答：是依尚未生起一切出世聖法的不同層次來區分階位，建立不同層次的異生性。這個異生性的建立又說有三種，是說被欲界所繫縛的異生性、被色界所繫縛的異生性、被無色界所繫縛的異生性。】

換句話說，依二乘菩提來說，凡是依於未到地定的定力而觀修蘊處界無常、苦、空、無我，已確實斷除三縛結的初果人，就是已斷二乘見道所斷異生性的聖者；此後再也不會由於五蘊十八界實有的邪見而妄謗二乘正法及二乘法中實證的賢聖，永遠不會再因此而下墜於三惡道中。但這只是對欲界五蘊十八界的觀行所生的正見，未來開始修道以後，仍有二乘菩提中修道位所斷的異生性等待他去斷除，所以他還會繼續受生於欲界天、色界天、無色界天中，這時就說他的修道位所斷異生性還沒有斷除，他還是有三界所繫的修道所斷異生性存在；但已不會因為邪見而誤謗二乘菩提正法及二乘賢聖，就永遠不會下墜於三惡道中成為異生。如是類人，即使不服菩薩演說勝妙法義，也不會引起他故謗菩薩的惡行，因為菩薩所說分明顯示已斷我見乃至我執等。

換成大乘菩薩來說，道理也是一樣的：當大乘菩薩修到通達位時，大乘見道所斷的異生性已經斷盡了，再也不會誤謗大乘正法及大乘賢聖了，因爲所有迷事無明、迷理無明中的見道所斷隨眠都已斷盡，就說他已經斷盡大乘見道所斷的異生性；這時已斷除三界愛（我執、我所執）的現行，成就通教四果的解脫德，但還有欲界繫、色界繫、無色界繫的煩惱障習氣種子待斷，就說他還有三界繫的修道所斷二障所攝異生性存在。因此說，三地未滿心菩薩還有色陰習氣種子未曾斷盡，六地未滿心菩薩還有受陰習氣種子未斷盡，七地未滿心菩薩還有想陰習氣種子未斷盡，十地未滿心菩薩還有行陰習氣種子未斷盡，妙覺位一生補處菩薩還有識陰習氣種子未斷盡，直到佛地才是五陰盡的究竟佛果，五陰習氣種子全部斷盡。

然而大乘見道所斷的異生性，函蓋了二乘解脫道中的我見、我所執、我執等煩惱障的現行，也函蓋了所知障中見道所斷的無始無明隨眠；這二種都必須在眞見道以後，繼之以非安立諦的相見道位三品心的觀修，完成第十迴向位的實修以後，再作安立諦四聖諦十六品心及九品心的觀修而取證阿羅漢果，並且勇發十大願而無有窮盡，生起了增上意樂而起惑潤生得以入地之後，才能全部斷除。由此緣故，大乘見道所斷異生性，極爲寬廣而難以斷盡，徵之於二○○三年楊先生、法蓮師等人迷惑於眞見道位的眞如，提出眞見道證眞如時即是證得佛地眞如（成佛）的謬見，被平實及會中的諸師據現量理、據聖教、據比量而評破，道理已經極爲彰顯。

不意二〇一三年的現在，仍有在平實給與攝受的環境下，本會某師仍極力爭執眞見道在菩薩道中的位階，意欲將眞見道證眞如的第七住位，強行擠入初地心中，而要求平實接受眞見道即是初地心菩薩；並引窺基的錯誤註釋爲據，意欲令正理與邪理並行於正覺同修會中，將來成爲末法時代佛教界的共同認知。但這是根據錯誤的註釋而欲推翻 世尊在《般若經》中的聖教，也是推翻諸大菩薩在《根本論》（《瑜伽師地論》）、《顯揚聖教論》、《成唯識論》中的聖教，是破壞正法及毀謗諸聖的地獄業；若不及早徹底懺悔求見好相，捨壽後未來世將會淪墜三惡道中，表示其人在所知障中關於眞見道應斷的異生性並未斷除，由此足以證明大乘見道所斷的異生性確實無比寬廣而難以全部斷盡。

第五節　近波羅蜜多、大波羅蜜多

以下《仁王護國般若波羅蜜多經》卷上〈菩薩行品 第三〉[151]的經文，是解說菩薩行的第二大阿僧祇劫及第三大阿僧祇劫的大略修行次第，於下逐段列舉並語譯之。

經文：

復次，信忍菩薩，謂：歡喜地、離垢地、發光地，能斷三障色煩惱縛；行四攝法：布施、愛語、利行、同事；修四無量：慈無量心、悲無量心、喜無量心、捨無量心；具四弘願，斷諸纏蓋，常化眾生，修佛知見，成無上覺；住三脫門：空解脫門、無相解脫門、無願解脫門。此是菩薩摩訶薩從初發心至一切智諸行根本，利益安樂一切眾生。

語譯如下：

【復次，依證眞如而且通達的見地而信入，已有無生法忍的菩薩，是說：歡喜地、離垢地、發光地，這三個位階的菩薩們修完第三發光地應證的所有功德時，能斷除煩惱障、業障、報障層面的色法煩惱繫縛；在這三地心中，要修行四攝法：布施、愛語、利行、同事；也要修習四無量心：慈無

151《大正藏》冊 8，頁 836，下 6-25。

量心、悲無量心、喜無量心、捨無量心；還得具足四宏誓願，斷除貪欲、瞋恚、掉悔、睡眠、疑等五蓋的繫縛而具足四禪八定，並且必須常常教化眾生，進修佛法知見，將來成爲無上正等正覺；常住於三解脫門：空解脫門、無相解脫門、無願解脫門。這三地心是菩薩摩訶薩從初次發起無生法忍之心而到達一切智的各種修行的根本，能利益安樂一切眾生。】

初入歡喜地中，已能確定自己捨壽後不會有中陰身生起，平時也都有初禪身樂自娛，而不思欲界中的男女細滑觸及香美飲食、悅耳音聲……等，於佛道次第已經了然於心。於初地滿心位證得**猶如鏡像**的現觀，所見六塵悉皆是自心如來之所現像。二地滿心位已能自己改變內相分，自行決定何時要改變任何部分的三界愛習氣種子，證得**猶如光影**的現觀。三地心中已可改變他人的內相分，但不許作，以免捨壽後下墜地獄；於第三地發光地的修行圓滿了，此時具足四禪、四空定、四無量心、五神通，能證滅盡定而不證。於三地滿心位證得**色陰盡**的境界，從此時開始，日日之中，於無月無星烏雲密布的暗夜、密室中，雖無燈光照明，目光所見室中及山野皆如同白晝，已不受色陰所限制，不再被色塵境界明暗所侷限[152]。此時入定光明無量，也能以三昧樂意生身來往十方世界，爲有緣人說法而度眾生，身在此地而能觀聽意識在他方世界利樂有情的說法音聲**猶如谷響**。

經文：

復次，順忍菩薩，謂：焰慧地、難勝地、現前地，能斷三障心煩惱縛，能於一身遍往十方億佛刹土，現不可說神通變化，利樂眾生。

語譯如下：

【復次，隨順於無生法忍的菩薩，是說：焰慧地、難勝地、現前地，能夠斷除煩惱障、業障、報障方面的心煩惱繫縛，當他修完這三地應修應證的一切法而成爲現前地滿心位時，能夠於此一身之中化現諸多意生身，普遍前往十方億佛的清淨國土中，示現不可具足說明的神通變化，利樂廣大眾生。】

第四地菩薩依無生法忍創觀安立諦四聖諦，智慧光明熾盛猶如猛焰；

---

152 詳見《楞嚴經講記》，此處容略。

滿心位所見三界一切有情都由自心如來所生，故於十方三界中處處受生，悉**如水中月**一般無二，證得如水中月現觀。五地依無生法忍重觀安立諦四聖諦，使世俗諦智與第一義諦智交互融合於眞如智中，並依此五地無生法忍而精修引發靜慮、安住靜慮、辦事靜慮，增益三昧樂意生身之功德；若於三地滿心仍未發起意生身者，至五地滿心位亦得發起，變化意生身於諸世界廣度有緣人，證得**變化所成**現觀。六地心中以無生法忍創觀因緣法，至六地滿心位，斷盡緣覺所未能斷之習氣種子，此地滿心位之現觀爲**非有似有**的現觀，遍見自己所化現之化身於十方世界利樂有情時，都是非有而似有，不眞亦不假；此時亦證得**受陰盡**境界，請詳《楞嚴經講記》所說，此不贅述。

經文：

復次，無生忍菩薩，謂：遠行地、不動地、善慧地，能斷三障色心習氣，而能示現不可說身，隨類饒益一切眾生。

語譯如下：

【復次，依本來無生之法而得忍的菩薩，是說：遠行地、不動地、善慧地，能斷除煩惱障、業障、報障方面之色法、心法的習氣，而能示現不可思議的無數無量意生身，隨於各種類有情的因緣而饒益一切眾生。】

六地滿心位證得似有非有的現觀，已到**受陰盡**的境界，覺知心來去無礙，這時已經可以預備離開三界萬法的最後聯繫而開始遠行了。轉入第七地時就名爲遠行地，此時三界愛習氣種子隨眠即將斷盡，於三界境界即將究竟遠離了，於佛法中可以眞的開始遠行了，故名遠行地。此位菩薩仍有想陰習氣種子未斷盡，仍住於想陰區宇之中，未能究竟脫離三界愛之習氣種子隨眠；直到七地滿心位，證得念念入滅盡定的境界，煩惱障習氣種子隨眠已經斷盡，對解脫於三界愛之習氣種子隨眠已經具足方便善巧，於度化有情也具足方便善巧，因此而得**想陰盡**境界，滿足七地心。此時想陰習氣種子滅盡而名爲想滅，從此以後眠而無夢，名爲無夢無想境界。此位不論是有記業之夢或無記業之夢，悉皆已斷；此時煩惱障、業障、報障方面的色法心法一切習氣種子隨眠已經斷盡，能示現不可思議的無數無量意生身，隨於各種類有情的因緣而饒益一切眾生，可以轉入第八地了。當七地菩薩成就想陰盡境界時，已滅除了融通妄想，證得一個現觀，就是一切所見都如乾闥婆城——猶如海市蜃樓，都只是自心如來光影之所反映，永遠不會再有融通妄想的境界出現了。關於證得**想陰盡**而滅除融通妄想的境界，請閱《楞嚴經講記》中的說明，此處容略。想陰盡時，念念入滅盡定，寂靜極寂靜，爲防此菩薩不愼而入無餘涅槃，諸佛一時授手，傳予引發如來無量妙智三昧，令其不入涅槃，轉入第八地中。

第八地是不動地，不再名爲近波羅蜜多，已轉入第三大阿僧祇劫中開始更加深入行於成佛之道，已進入第三大阿僧祇劫的菩薩行道過程，稱爲大波羅蜜多。這時要修願波羅蜜多，因此八地菩薩爲了幫助眾生成佛，應該持續不斷地修習願波羅蜜多；同時在心中不斷地觀察三界一切無記異熟種子的眞實法性，都是非有非空的中道妙理。如是深細現觀以後，對於三界世俗法中的一切事都能明辨而了達，以此緣故，成就覺法自性性意生身，於相於土皆能自在變化。到此時，八地菩薩爲了化度有情同成佛道，必須恆常不斷地精修慈悲心，發起極大願心而願度有情，便因這個緣故而名爲**願波羅蜜多**。這時以四宏誓願攝受眾生永無終盡，所攝受眾生已極廣大，由此時開始，距離佛地已經不遠了，因此而立名爲**大波羅蜜多**。八地菩薩因爲攝受眾生演說微妙佛法時辯才無礙，假使有已經親證眞如之菩薩得以聽聞，皆得畢竟不退於所聞、所證，因此又立名爲**眞實波羅蜜多**。

第九地菩薩是善慧地，應該成就的波羅蜜多名爲力波羅蜜多。這個力波羅蜜多，略說有無等波羅蜜多等五十種，廣說無量。九地菩薩皆修童子行，出家住於閑靜遠離之處，以正智深細觀行而了達三界一切有情心行之黑業、白業果報，已多分證得處非處智力，是故能爲諸菩薩演說不同層次之相應法，令皆各得相應而能幫助各階位菩薩們實證大乘法的各種深妙義趣，能令諸階位菩薩安住於三種涅槃，其善慧智力無一有情可比，因此名爲**力波羅蜜多**，成爲九地滿心菩薩。九地菩薩以正智慧眼照見五蘊空寂之理，普能捨棄身命以利眾生，法執之斷除更爲徹底，以此緣故，力波羅蜜多名爲**大波羅蜜多**。

九地出家菩薩如是成就力波羅蜜多，能行力波羅蜜多，能降伏天魔、摧壞一切外道，具足種種福德、智慧之故，於一切佛法無不一一實修，於一切諸佛境界無不一一證見。如是九地滿心菩薩能以神通力：**【用一毛端舉贍部洲，或四洲界，或大千界，乃至十方無量殑伽沙等世界，還置本處而無所損；或以神力，於虛空中取種種寶施有情類；能於十方無邊世界，諸**

佛說法無不聞持。不見能行及所行法，無二、無別、自性離故。】[153]以此緣故，成就種類俱生無行作意生身，圓滿四無礙辯而能利樂一切菩薩，於菩薩眾中具大威德力、大神通力。

八地至十地菩薩都無三界有記法之一切習氣種子隨眠，已在七地滿心位斷盡故；所餘應修習的一切法都屬於所知障方面，所應修習者都是無記性的種子異熟範疇，目的是爲滅盡行陰習氣種子；而行陰習氣種子並無善惡性可言，都屬於無記法。如是修學而期滅盡無記性的異熟種子變異，方能斷盡變易生死。

經文：

復次，寂滅忍者，佛與菩薩同依此忍，金剛喻定住下忍位名爲菩薩，至於上忍名一切智。觀勝義諦，斷無明相，是爲等覺；一相無相，平等無二，爲第十一一切智地。非有非無，湛然清淨，無來無去，常住不變，同眞際、等法性，無緣大悲常化眾生，乘一切智乘來化三界。

153《大正藏》冊7，頁925，下1-6。

語譯如下：

【復次，寂滅忍的道理是說，諸佛與菩薩眾都是同樣依止於這個寂滅忍，在這個金剛喻定中而住於下忍位的人就稱爲等覺、妙覺菩薩；到達上忍的時候就是成佛了，名爲一切智。此時能具足現觀勝義諦，斷除了所知障所攝的無明相，就可以名爲等覺菩薩（等覺的最後位即是妙覺）；若是已經完全住於一相，永無任何有爲相了，世間與出世間已經平等無二，就是第十一位的一切智地。這時非有非無，湛然清淨，無來無去，常住不變，同於眞實際、等於眞如法性，無緣大悲而永遠度化眾生，乘駕一切智的大車乘來度化三界有情。】

然而初入法雲地或住地心的十地菩薩，仍有應該達成的修證內涵，《大般若波羅蜜多經》卷五十四〈辯大乘品　第十五之四〉：

菩薩摩訶薩住第十法雲地時，應圓滿十二法。何等十二？一者、應圓滿攝受無邊處所大願，隨有所願皆令圓滿。二者、應圓滿隨諸天、龍、藥叉、健達縛、阿素洛、揭路茶、緊捺洛、莫呼洛伽、人非人等異類音智。三者、應圓滿無礙辯說智。四者、應圓滿入胎具足。五者、應圓滿出生具足。六者、應圓滿家族具足。七者、應圓滿種姓具足。八者、應圓滿眷屬具足。九者、應圓滿生身具足。十者、應圓滿出家具足。十一者、應圓滿莊嚴菩提樹具足。十二者、應圓滿一切功德成辦具足。善現！菩薩摩訶薩住第十法雲地時，應圓滿如是十二法。善現當知！**已圓滿第十法雲地菩薩摩訶薩，與諸如來應言無異**。[154]

圓滿了這十二法以後，即應進入等覺位中，由於這個緣故，上引《仁王護國般若波羅蜜多經》卷上〈菩薩行品 第三〉的經文中，將十地菩薩與等覺、妙覺、如來同列爲寂滅忍的金剛喻定中，這是從十地滿心位所證得的眞如境界而說的，但十地法雲菩薩應修應證的境界就如同此段經文中所說，亦如《華嚴經》〈十地品〉中所說，都只是略說，不應認爲如是修證即是具足十地滿心之所應修。

又，識陰習氣種子都是指前六識的存在與運作，恆欲了知六塵境界中的一切法，無有不欲了知之時；轉入等覺位以後，則是對五蘊及眞如一切法上之法執習氣應予修斷，故以百劫修相好，無一時非捨命時，無一處非

---

[154]《大正藏》冊 5，頁 304，中 18-下 2。

捨身處；如是百劫專修福德，直到最後身菩薩妙覺位一生補處，下來人間明心見道而成佛時，法執全部斷盡了，識蘊六識恆欲了知一切法的習氣種子方才滅盡。此時的六識心已不再有恆欲了知六塵的法執，說為**識陰盡**，方是究竟成佛之時。這時便是金剛喻定的上忍成就，圓滿具足了寂滅忍；這時才是具足而圓滿現觀一切法非有非無，湛然清淨，無來無去，常住不變，同於眞實際、等於眞如法性，名爲證得佛地眞如，無緣大悲而永遠度化眾生，乘駕一切智大車乘而來度化三界有情的究竟佛地。

《仁王護國般若波羅蜜多經》卷上〈菩薩行品 第三〉又說：

> 善男子！諸眾生類一切煩惱——業異熟果二十二根，不出三界，諸佛示導；應、化、法身亦不離此。若有說言「於三界外，別更有一眾生界」者，即是外道大有經說。[155]

語譯如下：

【善男子！所有眾生之類的一切煩惱——因業而受生成就異熟果等二十二根，不會超出於三界之外而存在，諸佛都是如此開示訓導的；諸佛的

155 《大正藏》冊 8，頁 836，下 25-29。

應身、化身、法身也同樣不會離開三界而可以親見。若是有人說「於三界之外，還另外有一個更殊勝的眾生界」的時候，這就是外道的大有經中所說，而不是法界中眞正的事實與佛法。】

經文：

大王！我常語諸眾生：「但斷三界無明盡者，即名爲佛。」自性清淨，名本覺性，即是諸佛一切智智；由此得爲眾生之本，亦是諸佛菩薩行本……[156]

語譯如下：

【大王！我時常告訴所有眾生：「只要斷除三界無明淨盡的人，便稱之爲佛陀。」自性本來清淨，名爲本覺性，就是諸佛一切智的智慧；由這個本覺性的實有及恆存，才能夠作爲眾生生死輪迴的根本，同時也是諸佛菩薩修行證道的根本……】

如前第三節舉經中所說：「**諸菩薩摩訶薩依五忍法以爲修行，所謂：伏**

156《大正藏》冊8，頁836，下29-頁837，上3。

忍、信忍、順忍、無生忍，皆有上、中、下三品；於寂滅忍則是只有上、下品，名爲菩薩修行般若波羅蜜多。」伏忍法位中有三品心：下品十住習種性，應修證「内遣有情假緣智」；中品十行性種性，應修證「内遣諸法假緣智」；上品十迴向位道種性，應修證「遍遣一切有情諸法假緣智」。信忍法位中亦有三品心：下品極喜地，中品離垢地，上品發光地。順忍法位中亦有三品心：下品焰慧地，中品難勝地，上品現前地。無生忍法位中也有三品心：下品遠行地，中品不動地，上品善慧地。最後的寂滅忍法位只有上、下二品心：下品第十法雲地，上品第十一等覺、妙覺地，過此即是究竟成佛之時。

第六節　諸佛的常樂我淨

常、樂、我、淨，是諸佛才有的境界，不是菩薩境界，更非聲聞緣覺境界。爲何說之爲常？所知障的隨眠，在煩惱障的習氣種子已先斷除淨盡的七地心時，繼續進修十度波羅蜜多的最後三度「願、力、智」三個波羅蜜多以後，無始無明也就是所知障的隨眠如果也完全斷盡了，那就成佛了。因爲如果沒有斷盡所知障的一切隨眠，三界無漏有爲法的了別習氣是不可能斷盡的，他必須繼續依止這種無漏有爲法的習氣才能繼續受生於三界中，就是依止「願波羅蜜多」的修習而受生於三界中繼續行道。如果第八識中所有的有爲法，所相應的全都是清淨的，沒有一絲一毫的無漏有爲法習氣相應，這時就表示：第八識含藏的所有種子永遠不會再變異改易了，究竟清淨了。就好像是提煉黃金：黃金已經提煉到究竟清淨的時候，就不用再提煉它，因爲永遠不會再變化它金體的性質了。

煩惱障的習氣種子隨眠，若想要斷盡的話，只有悟後修學一切種智，一直到究竟了知煩惱障的內容時，也就是究竟了知三界法中的有漏習氣種子時才能辦到；要以這個前提繼續在第三大阿僧祇劫的大波羅蜜多中修行，否則永遠都不可能進而斷盡所知障的隨眠。這時自然會繼續進修，最後斷盡所知障隨眠，到這個時候，作意自動了別無漏有爲法的習氣也都斷盡了，才算是成佛了。

到了佛地時，爲什麼說這個第八識叫作「常樂我淨」？因爲煩惱障中的分段生死的煩惱現行，已經在二大阿僧祇劫以前入地時就斷盡了，早已具足二乘聖人的有餘及無餘涅槃。然後起惑潤生，或者當時已證頂品三果而留惑潤生，轉入初地修菩薩道；而其煩惱障所攝的有漏習氣種子隨眠，也在一大阿僧祇劫前滿足七地心時斷盡了，然後依止三界無漏有爲法習氣與八地的大願而繼續受生於三界中。如今又經一大阿僧祇劫的修行，所知障的一切隨眠斷盡了，這時把最後一分無漏有爲法習氣隨眠也斷盡了，不會隨時想要了別各種六塵境界，如來藏中的種子就永遠都不再變異了，就沒有變易生死了；這是由於所知障的無明隨眠也都全部斷盡了，永遠不可能再受熏增進了。既然如來藏內含的種子已經永遠不再變異了，心體與種子都是常住而不變異的，所以這時的祂叫作佛地眞如，名爲眞常——眞正的常，已經超越中道的「非常亦非斷」的境界了。

「常、樂、我、淨」才是諸佛境界，是故成佛之時必須斷盡五陰習氣種子；這些習氣種子有三界愛相應之習氣種子，也有並非三界愛之無漏有爲法了別習氣種子。菩薩修到七地滿心位，必須將三界愛相關之習氣種子斷盡；以此緣故，三地滿心菩薩必須證得**色陰盡**境界，六地滿心菩薩必須證得**受陰盡**境界，七地滿心菩薩必須證得**想陰盡**境界。八地以後也一樣要修斷無記性諸法的習氣隨眠，所以十地滿心菩薩必須證得**行陰盡**境界，諸佛必須證得**識陰盡**境界。然而，七地滿心前所應斷盡的色、受、想陰等習氣種子隨眠，是有關三界愛微細現行的習氣種子；一旦斷盡，則佛世所見諸大阿羅漢之微細習氣種子的現行狀況，將會永遠消失不存。

到八地以後則要開始斷除非關三界愛之習氣種子，所斷乃是行陰與識陰之習氣種子，純屬無記性的異熟種子等生滅法；此時已無色陰、受陰、想陰之習氣種子隨眠故，其行陰、識陰於一切法中的運行，純屬無漏有爲法的種子，此時都無善惡性而仍然在六識生起之時欲見、欲聞、欲覺、欲知，於諸法好奇之心仍在，非如諸佛都無好奇之心，純依悲願而起作意了知三界一切世間有情無情諸法。

必須達到五陰習氣種子隨眠全部斷盡之境界，一切異熟性種子完全不會再有生滅轉易之事了，此時所知障所攝過恆河沙數一切上煩惱已經完全滅盡，方能使第八無垢識所含藏一切種子恆常而無變異，從此以後第八識內外俱常而無變異，方能名之爲眞常。第八識心內外皆常而無變異了，種子永遠不變時即是斷盡變易生死之佛地境界；此時第八識改名無垢識，所含藏之一切法種都能運用自如了，方能名之爲眞樂。如是自在運用而無種子生滅了，已非五陰無常、苦、空、無我的境界，而是眞我無垢識含藏的一切功能差別全部現行而能大用了，方得名爲眞我。由如是眞我大用的緣故，已離分段生死、變易生死，一切種子純淨無雜，方得名爲眞淨。如是常、樂、我、淨，才是一切諸佛常住而無變易生死苦的大智慧境界，智慧、福德二俱圓滿無缺，十號功德具足圓滿了，方是十號具足的諸佛究竟境界。

以此緣故，入地之後必須依十度波羅蜜多繼續進修，十地之中各有所應修證之無生法忍，故應同時開始斷除煩惱障所攝的習氣種子；直到第七地滿心位，斷盡三界愛的習氣種子，方能轉入第八地，開始第三大阿僧祇劫的修行。所謂斷除三界愛的習氣種子，即是有關三界愛諸煩惱中的微細習氣功能差別，都應該全部斷除。阿羅漢們只是斷除三界愛的現行，使自己超越於三界生死，不再受生於三界中，因此而離開了三界生死的痛苦；但這只能斷除分段生死而不能斷除變易生死，只是斷除三界生死的現行而非斷除三界愛的習氣種子，所以畢陵尙慢、須菩提尙瞋、難陀仍愛親近女眾、大迦葉聽聞菩薩奏樂而隨之起舞、大迦葉常與紫金光比丘尼等五百女眾同聚一處……等，都是三界愛的習氣種子作祟，因此而使慧解脫、俱解脫大阿羅漢們在因緣會聚時，仍有貪瞋等微細行爲出現。雖非實犯，而仍有不恰當的行爲出現，但無損於大阿羅漢、菩薩摩訶薩之果證；若欲出離三界生死時，都無障礙，捨壽後必能取無餘涅槃。

這些習氣種子的斷除，是指《楞嚴經》中所說的色陰盡、受陰盡、想陰盡境界，是已經完全突破色陰區宇、受陰區宇、想陰區宇了。這些都是菩薩入地後必須開始修除的，要在七地滿心位前斷盡，才能進入八地心中；但這時仍有無漏習氣存在，即是《楞嚴經》中說的行陰區宇、識陰區宇，仍等待菩薩斷盡。七地滿心菩薩證得念念入滅盡定的不可思議境界，將會警覺諸佛；而諸佛都不會任他直接取無餘涅槃，這時將由一位與他因緣最深的佛陀來傳授給他引發如來無量妙智三昧，他就不會在七地滿心位念念入滅盡定的證境中即時捨壽進入無餘涅槃；因爲這時他爲了將來要成佛的緣故，必須轉依於三界法的無漏習氣而繼續受生於三界中；但三界愛的習氣種子已經斷盡了，不可能受生於三界中了，所以他改依「願波羅蜜多」的修習方能繼續受生，但已斷盡三界愛的習氣種子了。

當八地心菩薩繼續進修後，要到十地滿心位才能突破行陰區宇的限制。接著轉入等覺地繼續進修後，百劫之中應修的福德圓滿而使法執習氣斷盡後，觀察因緣下生人間成佛時，變易生死斷盡而使識陰區宇突破，證得識陰盡的境界；此時可以六根互通，一一識、一一心所都可獨立運作，六根都可以發起其餘諸根的功能差別；此時第八無垢識也可以生起五別境心所法及善十一心所法，這些都非妙覺菩薩之所能想像與猜測，如是方能成爲究竟佛。

第七節　具足四種涅槃方能成佛

一生補處菩薩即是妙覺菩薩，下生人間之後，出家修行明心之時大圓鏡智生起，眼見佛性時成所作智生起；此時妙觀察智與平等性智都同時圓滿了，便能圓證無住處涅槃，不住生死亦不住涅槃，利樂有情永無窮盡，永遠不入無餘涅槃。

但無餘涅槃中其實並無任何一法可得，涅槃本是第八識獨存之非境界故；是故　世尊依第八識獨存之非境界施設阿羅漢滅盡後有時爲無餘涅槃，依阿羅漢未入無餘涅槃時尚有寒熱饑渴等苦而施設有餘涅槃，也依菩薩所證第八識本來性、自性性、清淨性、涅槃性而施設本來自性清淨涅槃，再依佛地所證具足三種涅槃而且斷盡習氣種子隨眠及所知障一切隨眠與無漏有爲法習氣隨眠，永遠不住生死亦不住涅槃的非境界，施設究竟解脫的佛地無住處涅槃。總之，具足這四種涅槃時方得成佛，然而成佛時所見涅槃本際之中迴無一法可得，是故 世尊於《大般若波羅蜜多經》卷三二八〈巧方便品 第五十〉中如是開示：

「善現！如是！如是！如汝所説。佛以甚奇微妙方便，爲不退轉地菩薩摩訶薩遮遣諸色顯示涅槃，遮遣受、想、行、識顯示涅槃。佛以甚奇微妙方便，爲不退轉地菩薩摩訶薩遮遣眼處顯示涅槃，遮遣耳、鼻、舌、身、意處顯示涅槃。佛以甚奇微妙方便，爲不退轉地菩薩摩訶薩遮遣色處顯示涅槃，遮遣聲、香、味、觸、法處顯示涅槃。佛以甚奇微妙方便，爲不退轉地菩薩摩訶薩遮遣眼界顯示涅槃，遮遣耳、鼻、舌、身、意界顯示涅槃。佛以甚奇微妙方便，爲不退轉地菩薩摩訶薩遮遣色界顯示涅槃，遮遣聲、香、味、觸、法界顯示涅槃。佛以甚奇微妙方便，爲不退轉地菩薩摩訶薩遮遣眼識界顯示涅槃，遮遣耳、鼻、舌、身、意識界顯示涅槃。佛以甚奇微妙方便，爲不退轉地菩薩摩訶薩遮遣眼觸顯示涅槃，遮遣耳、鼻、舌、身、意觸顯示涅槃。佛以甚奇微妙方便，爲不退轉地菩薩摩訶薩遮遣眼觸爲緣所生諸受顯示涅槃，遮遣耳、鼻、舌、身、意觸爲緣所生諸受顯示涅槃。佛以甚奇微妙方便，爲不退轉地菩薩摩訶薩遮遣地界顯示涅槃，遮遣水、火、風、空、識界顯示涅槃。佛以甚奇微妙方便，爲不退轉地菩薩摩訶薩遮遣無明顯示涅槃，遮遣行、識、名色、六處、觸、受、愛、取、有、生、老死愁歎苦憂惱顯示涅槃。」

「佛以甚奇微妙方便，爲不退轉地菩薩摩訶薩遮遣布施波羅蜜多顯示涅槃，遮遣淨戒、安忍、精進、靜慮、般若波羅蜜多顯示涅槃。佛以甚奇微妙方便，爲不退轉地菩薩摩訶薩遮遣内空顯示涅槃，遮遣外空、内外空、空空、大空、勝義空、有爲空、無爲空、畢竟空、無際空、散空、無變異空、本性空、自相空、共相空、一切法空、不可得空、無性空、自性空、無性自性空顯示涅槃。佛以甚奇微妙方便，爲不退轉地菩薩摩訶薩遮遣眞如顯示涅槃，遮遣法界、法性、不虛妄性、不變異性、平等性、離生性、法定、法住、實際、虛空界、不思議界顯示涅槃。佛以甚奇微妙方便，爲不退轉地菩薩摩訶薩遮遣四念住顯示涅槃，遮遣四正斷、四神足、五根、五力、七等覺支、八聖道支顯示涅槃。佛以甚奇微妙方便，爲不退轉地菩薩摩訶薩遮遣苦聖諦顯示涅槃，遮遣集、滅、道聖諦顯示涅槃。」

「佛以甚奇微妙方便，爲不退轉地菩薩摩訶薩遮遣四靜慮顯示涅槃，遮遣四無量、四無色定顯示涅槃。佛以甚奇微妙方便，爲不退轉地菩薩摩訶薩遮遣八解脱顯示涅槃，遮遣八勝處、九次第定、十遍處顯示涅槃。佛以甚奇微妙方便，爲不退轉地菩薩摩訶薩遮遣空解脱門顯示涅槃，遮遣無相、無願解脱門顯示涅槃。」

「佛以甚奇微妙方便，爲不退轉地菩薩摩訶薩遮遣極喜地顯示涅槃，遮遣離垢地、發光地、焰慧地、極難勝地、現前地、遠行地、不動地、善慧地、法雲地顯示涅槃。佛以甚奇微妙方便，爲不退轉地菩薩摩訶薩遮遣五眼顯示涅槃，遮遣六神通顯示涅槃。佛以甚奇微妙方便，爲不退轉地菩薩摩訶薩遮遣三摩地門顯示涅槃，遮遣陀羅尼門顯示涅槃。」

「佛以甚奇微妙方便，爲不退轉地菩薩摩訶薩遮遣佛十力顯示涅槃，遮遣四無所畏、四無礙解、大慈、大悲、大喜、大捨、十八佛不共法顯示涅槃。佛以甚奇微妙方便，爲不退轉地菩薩摩訶薩遮遣無忘失法顯示涅槃，遮遣恒住捨性顯示涅槃。佛以甚奇微妙方便，爲不退轉地菩薩摩訶薩遮遣預流果顯示涅槃，遮遣一來、不還、阿羅漢果顯示涅槃。佛以甚奇微妙方便，爲不退轉地菩薩摩訶薩遮遣獨覺菩提顯示涅槃。佛以甚奇微妙方便，爲不退轉地菩薩摩訶薩遮遣一切智顯示涅槃，遮遣道相智、一切相智顯示涅槃。佛以甚奇微妙方便，爲不退轉地菩薩摩訶薩遮遣一切菩薩摩訶薩行顯示涅槃。佛以甚奇微妙方便，爲不退轉地菩薩摩訶薩遮遣諸佛無上正等菩提顯示涅槃。佛以甚奇微妙方便，爲不退轉地菩薩摩訶薩遮遣一切若世間若出世間、若共若不共、若有漏若無漏、若有爲若無爲法顯示涅槃。」[157]

換句話說，佛地已於一切法都無所著，不論是三界有、三界有習氣種子隨眠，三界有異熟無記種子，一切悉斷而無所著，是故諸佛十號有名無所著；而此無所著，是必須四種涅槃具足證得方能成辦。**這個無所著的境界，是修得的結果而不是法門，不該以此作爲修行法門而想要實證無所著的境界，否則即是倒果爲因。**

157《大正藏》冊 6，頁 682，上 17-頁 683，上 5。

由本書中所說四種涅槃的實證原理來看，顯然阿羅漢並不是佛，但諸佛一定可以稱為阿羅漢，因為阿羅漢所證的二種涅槃，初地菩薩已經具備了；只是因為入地時依十無盡願增上意樂而起受生願，所以其第八識不像阿羅漢一樣改稱為異熟識，仍然如同凡夫一樣繼續稱為阿賴耶識；但若不能堅持到底而想要入涅槃時，初地心以上菩薩都是隨時可以斷盡思惑而在捨壽時入無餘涅槃的；因為初地菩薩都已斷盡思惑而起惑潤生，並非不能斷盡。初地心尚且如是，何況繼續進修十度波羅蜜多二大阿僧祇劫的諸佛，焉能未證聲聞聖者的二種涅槃？當知諸佛在成佛前的二大阿僧祇劫之前便已是阿羅漢了，何況現在成佛而不能稱為阿羅漢？但阿羅漢只知聲聞解脫道的二種涅槃，對於三賢菩薩所證本來自性清淨涅槃則毫無所知，也無法臆測，更何況能知、能證初地心的涅槃？當知更無能臆測佛地無住處涅槃之絲毫，是故諸佛皆得名為阿羅漢，阿羅漢不得名為佛陀。

第五章　有關涅槃的其他辨訛

第一節　涅槃之實證是斷滅空嗎？

再回到較粗淺的涅槃來說明，以救護一切迷於涅槃的凡夫法師們。經中有說，應依於滅盡三界有（無有十二處便無六識覺知心）而歸於涅槃，例如《中阿含經》卷三十七〈梵志品〉：

生聞梵志問曰：「瞿曇！沙門何欲、何行、何立、何依、何訖耶？」世尊答曰：「沙門者，欲得眞諦，行於智慧，所立以戒；依於**無處**，以涅槃爲訖。」生聞梵志白曰：「世尊！我已知。善逝！我已解。世尊！我今自歸於佛、法及比丘眾，唯願世尊受我爲優婆塞，從今日始，終身自歸，乃至命盡。」[158]

這個無處，不但是沒有十二處，也可以解說爲沒有三界中的任何方處；即

---

[158]《大正藏》冊 1，頁 660，下 20-26。

如《阿含經》所載比丘恐怕慧解脫的退轉而自殺進入無餘涅槃時，天魔波旬圍繞在其屍身旁，久久不去，一心尋覓該比丘阿羅漢的心識究竟將會去至何處；然而 世尊說該比丘已無所去處，不至東西南北四維上下，識陰永遠滅盡而無所至，已入無餘涅槃。

無餘涅槃雖是滅盡、無依、究極，卻是依於「梵行已立」並已驗證作爲前提；然而當阿羅漢滅盡五陰、十二處自我而入涅槃時，涅槃其實即是本際如來藏，故說忍辱是依涅槃而住；若不能於如是正理生忍者，忍辱行即不能說是成就。能如是忍，然後可以實證無餘涅槃都無所住的非境界而出離生死苦，所以《中阿含經》卷四十〈梵志品〉說：

梵志即復問曰：「瞿曇！忍辱溫良何所依住？」世尊答曰：「**忍辱溫良依涅槃住**。」梵志即復問曰：「瞿曇！涅槃何所依住？」世尊告曰：「梵志意欲依無窮事，汝今從我受問無邊，**然涅槃者無所依住**，但涅槃滅訖，涅槃爲最。梵志！以此義故，從我**行梵行**。」梵志白曰：「世尊！我已知。善逝！我已解。世尊！我今自歸於佛、法及比丘眾，唯願世尊受我爲優婆塞，從今日始，終身自歸，乃至命盡。」[159]

以此緣故，有智之佛子，不應隨於假名大師想要把識陰所攝的意識粗心、細心，進入無餘涅槃中安住，否則即無法實證二乘涅槃，何況大乘本來自性清淨涅槃？

但二乘聖者滅盡五蘊、六入、十二處、十八界後，捨壽進入無餘涅槃之時卻是如，而非斷滅空，因此《中阿含經》卷五十九〈例品〉說：

拘薩羅王波斯匿歎曰：「善哉！善哉！阿難！如來可行法必行。所以者何？以如來無所著、正盡覺故。阿難！汝彼師弟子，學道欲得無上安隱涅槃，汝尚行此法，況復如來不行此法耶？阿難善說，我今歡喜……」……於是，拘薩羅王波斯匿知尊者阿難默然受已，鞞訶提衣爲法布施尊者阿難，即從座起，繞三匝而去。

去後不久，尊者阿難持鞞訶提衣往詣佛所，稽首佛足，卻住一面，白曰：「世尊！此鞞訶提衣，今日拘薩羅王波斯匿爲法布施我，願世尊以兩足著鞞訶提衣上，令拘薩羅家長夜得增益福。」於是，世尊以兩足

159《大正藏》冊 1，頁 682，上 27-中 6。

著鞞訶提衣上，告曰：「阿難！若汝與拘薩羅王波斯匿所共論者，今悉向我而廣說之。」於是，尊者阿難與拘薩羅王波斯匿所共論者，盡向佛說，叉手白曰：「我如是說，不誣謗世尊耶？眞說**如**法，說**法**、**次法**，不於**如**法有過失耶？」

世尊答曰：「汝如是說，不誣謗我，眞說**如**法，說**法**、**次法**，亦不於**如**法有過失也。阿難！若拘薩羅王波斯匿以此義、以此句、以此文來問我者，我亦爲拘薩羅王波斯匿以此義、以此句、以此文答彼也。阿難！此義如汝所說，汝當如是受持。所以者何？此說即是其義。」160

所以無餘涅槃中的本際也是如，不是斷滅空，其實就是證眞如的菩薩們所證的本來自性清淨涅槃。

又，法離見聞覺知，法即是如；知有法常住者，方能證涅槃，是故《雜阿含經》卷十說：

如是我聞：一時，有眾多上座比丘住波羅奈國仙人住處鹿野苑中，佛般泥洹未久。時，長老闡陀晨朝著衣持鉢，入波羅奈城乞食。食已，

160《大正藏》冊 1，頁 799，上 7-中 23。

還攝衣鉢，洗足已，持戶鉤，從林至林，從房至房，從經行處至經行處，處處請諸比丘言：「當教授我，爲我說法，令我知法、見法，我當如法知、如法觀。」時，諸比丘語闡陀言：「色無常，受、想、行、識無常，一切行無常，一切法無我，涅槃寂滅。」

闡陀語諸比丘言：「我已知色無常，受、想、行、識無常，一切行無常，一切法無我，涅槃寂滅。」闡陀復言：「然我不喜聞：『一切諸行空寂、不可得、愛盡、離欲、涅槃。』此中云何有我而言『如是知、如是見，是名見法』？」第二、第三亦如是說。闡陀復言：「是中誰復有力堪能爲我說法，令我知法、見法？」復作是念：「尊者阿難今在拘睒彌國瞿師羅園，曾供養親覲世尊，佛所讚歎，諸梵行者皆悉識知。彼必堪能爲我說法，令我知法、見法。」

時，闡陀過此夜已，晨朝著衣持鉢，入波羅奈城乞食。食已，還攝舉臥具，攝臥具已，持衣鉢詣拘睒彌國；漸漸遊行到拘睒彌國，攝舉衣鉢，洗足已，詣尊者阿難所，共相問訊已，却坐一面。時，闡陀語尊者阿難言：「……善哉！尊者阿難！今當爲我說法，令我知法、見法。」

時，尊者阿難語闡陀言：「善哉！闡陀！我意大喜，我慶仁者能於梵行人前無所覆藏，破虛僞刺。闡陀！愚癡凡夫所不能解色無常，受、想、行、識無常，一切諸行無常，一切法無我，涅槃寂滅。汝今堪受勝妙法，汝今諦聽，當爲汝說。」時，闡陀作是念：「我今歡喜得勝妙心、得踊悅心，我今堪能受勝妙法。」

爾時，阿難語闡陀言：「我親從佛聞，教摩訶迦旃延言：『世人顛倒依於二邊，若有、若無，世人取諸境界，心便計著。迦旃延！若不受、不取、不住、不計於我，此苦生時生、滅時滅。迦旃延！於此不疑、不惑、不由於他而能自知，是名正見，如來所說。所以者何？迦旃延！如實正觀世間集者，則不生世間無見；如實正觀世間滅，則不生世間有見。迦旃延！如來離於二邊，說於**中道**，所謂此有故彼有，此生故彼生，謂緣無明有行，乃至生、老、病、死、憂、悲、惱苦集；所謂此無故彼無，此滅故彼滅，謂無明滅則行滅，乃至生、老、病、死、憂、悲、惱苦滅。』」

尊者阿難說是法時，闡陀比丘遠塵離垢，得法眼淨。爾時，闡陀比丘見法、得法、知法、起法，超越狐疑，不由於他，於大師教法得無所畏。恭敬合掌白尊者阿難言：「正應如是。如是智慧梵行，善知識教授教誡說法。我今從尊者阿難所，聞如是法，於一切行皆空、皆悉寂、不可得、愛盡、離欲、滅盡、涅槃，心樂正住解脫，不復轉還，不復見我，唯見正法。」[161]時，阿難語闡陀言：「汝今得大善利，於甚深佛法中，得聖慧眼。」

經中的意思是說，二乘涅槃的本質，其實也是中道，只是聲聞聖者不能知見而已。所以摩訶迦旃延聞 佛說法後，證得中道而迴入大乘法中成爲菩薩，一生善於解釋經義而利樂人天。這就是說，二乘涅槃的實證雖然滅盡三界有——滅盡五蘊、六入、十二處、十八界而不墜入三界有中，遠離了有邊；但因涅槃的本質其實就是如來藏的本來不生不死，正是第八識眞如心離三界有而恆存，常住不壞而遠離斷滅邊；所以二乘涅槃的本質依舊不是斷滅空，不是以三界有的緣起性空作爲實證標的，而是不會墜入空、有二邊的中道，一切佛門學人於二乘涅槃的滅盡蘊處界的「滅盡」境界，不應有所恐懼而堅執識陰或意識爲常，以致精勤空修一世而於解脫道及佛菩提道俱無所證。

161《大正藏》冊 2，頁 66，中 6-頁 67，上 18。

末法時代的臺灣，每聞六識論的印順法師等錯解人間佛教的弘法者說：釋迦如來已經入無餘涅槃了，永遠滅度不會再於三界中出現了。又說：大乘經典只是後人對　釋迦如來的永恆懷念而創造出來的，不是　釋迦如來金口所宣。然而法身常住，諸佛即使眞的入了無餘涅槃也並非斷滅空，不該有如是說法而暗示爲　釋迦如來已經「灰飛煙滅」。又諸佛在因地甫入地時，都是緣於十大願的增上意樂，願意受持是十無盡願，方得次第進修而能成佛；豈有可能在成佛之後轉入無餘涅槃？豈非棄十大願於不顧、食言而肥？則是遠不如諸地菩薩之大悲心與大智慧，試思十方三界之中豈有如是之佛？故說　釋迦如來示現入涅槃後並非即入無餘涅槃，諸佛全都依於無住處涅槃及十大願故。又，一個小千世界中，有四千大部洲，每一部洲都有極多洲渚，一一洲渚之中都有極多小世界；住持一個三千大千世界的佛陀，必須於一一小世界中示現八相成道以度眾生，焉有可能於此一小世界中示現成佛及入滅之後隨即消失無影無蹤？是故釋印順等人間佛教六識論者之說，誠屬無稽，顯見彼等眾人之無智與愚癡也。

第二節　具足四種涅槃之諸佛會入無餘涅槃嗎？

諸佛菩薩悉皆不入無餘涅槃，常住於本來性淨涅槃及無住處涅槃，而令魔王深覺恐懼，亦印證諸佛不入無餘涅槃，恆以無住處涅槃爲依故，當知永不入無餘涅槃。例如阿含部《大般涅槃經》卷上記載：

世尊須臾，從定而覺，告阿難言：「此毘耶離，優陀延支提、瞿曇支提、菴羅支提、多子支提、娑羅支提、遮波羅支提，此等支提，甚可愛樂。阿難！四神足人，尚能住壽滿於一劫若減一劫，如來今者有大神力，豈當不能住壽一劫若減一劫？」爾時，世尊既開如是可請之門以語阿難，阿難默然而不覺知；世尊乃至慇懃三說，阿難茫然猶不解悟，不請如來住壽一劫若減一劫，利益世間諸天人民。所以者何？其爲魔王所迷惑故。爾時，世尊三說此語，猶見阿難心不開悟，即便默然。

爾時，魔王來至佛所而白佛言：「世尊！今者宜般涅槃。善逝！今者宜般涅槃。所以者何？我於往昔在尼連禪河側，勸請世尊入般涅槃，世尊爾時而見答言：『我四部眾——比丘、比丘尼、優婆塞、優婆夷——猶未具足，又未降伏諸餘外道，所以未應入般涅槃。』世尊！今者四部之眾無不具足，又已降伏諸餘外道，所爲之事皆悉已畢，今者宜應入般涅槃。」于時，魔王如是三請，如來即便答言：「善哉！我於往昔在尼連禪河側，已自許汝，以四部眾未具足故，所以至今；今已具足，却後三月當般涅槃。」是時，魔王聞佛此語，歡喜踊躍還歸天宮。

爾時，世尊即便捨壽，而以神力住命三月。是時，大地十八相動，天鼓自鳴，以佛力故，空中唱言：「如來不久當般涅槃。」諸天人眾，忽聞此聲，心大悲懍，遍體血現。是時，世尊即於彼處，而說偈言：

一切諸眾生，皆隨有生死，我今亦生死，而不隨於有，一切造作行，我今欲棄捨。162

又《大般涅槃經》卷上明載：

「阿難！知不？我於往昔初成道時，度優樓頻螺迦葉在尼連禪河側。爾時，魔王來至我所，而請我言：『世尊！今者宜般涅槃。善逝！今者宜般涅槃。何以故？所應度者皆悉解脫，今者正是般涅槃時。』如是三請，我即答言：『今者未是般涅槃時。所以者何？我四部眾未具足故，所應度者皆未究竟，諸外道眾又未降伏。』如是三答，魔王聞已，心懷愁懍，即還天宮。向者又來，而請我言：『世尊！今者宜般涅槃。善

162《大正藏》冊1，頁191，中13-下15。

逝！今者宜般涅槃。所以者何？我於往昔在尼連禪河側，勸請世尊而般涅槃，世尊爾時即答我言：「我四部眾—比丘、比丘尼、優婆塞、優婆夷—猶未具足，又未降伏諸餘外道，是以未應入般涅槃。」世尊！今者四部之眾無不具足，又已降伏諸餘外道，所爲之事皆悉已畢，今者宜應入般涅槃。』魔王乃至如是三請，我即答言：『我於往昔在尼連禪河側，已自許汝，以四部眾未具足故，所以至今；今已具足，却後三月，當般涅槃。』魔王聞我作此語已，歡喜踊躍還歸天宮。我既於此受魔請已，即便捨壽，住命三月，以是因緣，大地震動。」[163]

凡此記錄，都已明言 釋迦如來可得住壽一小劫，得能廣利此界有情。但這是魔王之所恐懼者，誠恐有情眾生漸次脫離其所掌控之欲界境界，則魔眾日減；以此緣故，魔王頻來請求 世尊及早入滅而離開人間，以免更多有情出離欲界境界。由此亦可證知 釋迦如來示現入滅度後，並非是彼等愚人所說之「灰飛煙滅」，而是常住三界中廣利人天永無窮盡。是故彼等人間佛教六識論者，當疾遠離如是邪見，轉依八識論正見，廣修福德、守護正法，

163《大正藏》冊 1，頁 192，上 21-中 13。

未來方能實證三乘菩提而無所障礙。

又，如來所證涅槃非斷滅空，而是如，是清淨有（梵有），是至冷有，也是眞諦不虛有；皆因諸佛如來所證是無住處涅槃故，依大乘本來自性清淨涅槃而施設故。例如《中阿含經》卷三十四〈大品〉說：

爾時，世尊告諸比丘：「如來自覺世間，亦爲他說，如來知世間。如來自覺世間集，亦爲他說，如來斷世間集。如來自覺世間滅，亦爲他說，如來世間滅作證。如來自覺世間道跡，亦爲他說，如來修世間道跡。若有一切盡，普正有彼一切，如來知見覺得。所以者何？如來從昔夜覺無上正盡之覺，至于今日夜，於無餘涅槃界，當取滅訖。於其中間，若如來口有所言說、有所應對者，彼一切是眞諦，不虛不離於如，亦非顚倒，眞諦審實。若說師子者，當知說如來。所以者何？如來在眾有所講說，謂師子吼；一切世間，天及魔、梵、沙門、梵志，從人至天，如來是梵有，如來至冷有，無煩亦無熱，眞諦不虛有。」164

若人證得本來自性清淨涅槃，即是清淨有、至冷有，離世間六塵覺觀

164《大正藏》冊1，頁645，中12-25。

故，寂靜無煩、至極清淨故，卻是如實自在而非斷滅，當然諸佛如來都是「無煩亦無熱，眞諦不虛有」，所以 世尊開示說：「如來是梵有，如來至冷有。」若人已在佛門出家，著如來衣、食如來食、住如來家，口說如來法時即不應故違 釋迦如來所說，否則即是謗佛、謗法、謗僧之人，亦是外道及地獄種性之人。

釋尊入涅槃乃爲示現，非眞滅盡，住大涅槃（無住處涅槃）故，是故示現入涅槃後，轉於色究竟天中爲諸地菩薩說法。非特大乘經中如是說，二乘經之阿含部經典已曾如是說也，例如《雜阿含經》卷四十四：

如來涅槃後七日，尊者阿難住支提所，而說偈言：

導師此寶身，**往詣梵天上**；如是大神力，內火還燒身。

五百氎纏身，悉燒令磨滅；千領細氎衣，以衣如來身；唯二領不燒，最上及襯身。

尊者阿難說是偈時，諸比丘默然悲喜！[165]

165《大正藏》冊2，頁325，下2-9。

諸佛如來般涅槃者皆屬示現，非如定性聲聞之永滅，例如阿含部的《央掘魔羅經》卷三記載：

佛告央掘魔羅：「汝今當與文殊師利俱，至北方過一恒河沙剎，有國名無量樂，佛名無量慧功德積聚地自在王如來，應供、等正覺，在世教化。汝等俱往，問彼佛言：『釋迦牟尼如來云何住無生際，而復住於娑婆世界？』」

爾時文殊師利、央掘魔羅俱白佛言：「唯然受教。」猶如鴈王，乘神通力往詣北方無量樂國，至無量慧功德積聚地自在王如來所，頂禮佛足，白言：「世尊！我等二人爲釋迦牟尼世尊所使，從娑婆世界來詣此土，令問世尊：云何釋迦牟尼如來住無生際、住解脫地，不般涅槃而住於生？」爾時彼佛告二人言：「善男子！釋迦牟尼如來即是我身。汝等還去，語彼佛言：無量慧佛遣我等還，云彼如來當爲汝說。」166

又《央掘魔羅經》卷三：

「我於無量阿僧祇劫恒河沙生，自修知足，令他知足故，生上止身。我

166《大正藏》冊2，頁533，上12-27。

於無量阿僧祇劫恒河沙生，為諸聲聞說離食知足故，生斷一切求波羅蜜身。我於無量阿僧祇劫恒河沙生，捨離一切魚肉美食，亦教眾生令捨離故，生美妙身。我於無量阿僧祇劫恒河沙生，令無量眾生、諸天及人吐一切煩惱故，生離虛偽身。我於無量阿僧祇劫恒河沙生，無量眾生惡像類者，壞其住處，驅出人眾，猶如大雹故，生破宅身。我於無量阿僧祇劫恒河沙生，無量眾生迷惑四倒，飲以法味故，生離慢梵身。我於無量阿僧祇劫恒河沙生，無量眾生如來之藏，寂靜恒道，離亂過惡，極令正直故，生寂靜捨身。我於無量阿僧祇劫恒河沙生，無量眾生無我佛語者，建立有我，如指指月故，生捨離身。我於無量阿僧祇劫恒河沙生，無量般涅槃般涅槃而不般涅槃般涅槃故，生如法法身。我於無量阿僧祇劫恒河沙生，盡無量眾生際，極方便求如來藏垢，不可得故，生此界身。一切眾生悉有此界。」[167]

以諸佛如來都是依常住不壞的第八無垢識而住故，所證是具足四種涅槃故，又於十大願有增上意樂而增上故，不捨一切有情，常樂我淨而度眾

167《大正藏》冊 2，頁 536，下 26-頁 537，上 16。

生，又何須如同二乘不迴心聲聞之取滅度呢？所以**諸佛有本來自性清淨涅槃，也具足有餘、無餘涅槃而不取無餘涅槃，入滅只是示現，依無住處涅槃而住，利樂眾生永無窮盡**，故於《悲華經》卷一〈陀羅尼品 第二〉明說曰：

> 菩薩得是陀羅尼門已，便得如是聖清淨眼。得是眼已，見於十方如恒河沙等世界中，在在處處諸佛世尊不取涅槃，亦見示現種種無量神足變化。[168]

是故往昔諸佛乃至現今釋迦如來並非已經灰飛煙滅，捨人間壽命而入涅槃都只是一種示現。又如《法華經》中世尊明示已在無量無邊百千萬億那由他劫前成佛，只爲圓滿往昔無量劫前一千位兄弟誓願在一大劫中次第成佛之願而來示現；是故往昔無量無邊百千萬億那由他劫前成佛之後，至今猶來示現，亦可徵之爲實。而《法華經》中的眞實義，平實自從二〇〇九年七月二十一日宣講至今，猶未講完〔編案：撰成此文時尚未講完。連載至今，已於二〇一三年十二月宣講圓滿〕，**處處以現量親證而證實經中的說法**

168《大正藏》冊 3，頁 172，中 22-26。

如實，不可推翻；由此可知，淺見之人橫生測度，依臆想而說者，都不可信。有智之人應當深信佛法眞實，棄捨邪見，信受正見，未來方有實證聲聞菩提乃至兼具三乘菩提之果德。

又，一切菩薩都不入涅槃而住涅槃，如是正義，古德已曾說之，非唯平實一家之言。例如清涼澄觀撰《大方廣佛華嚴經疏》卷二〈世主妙嚴品 第一〉說：

> 彼經第五性云：五者無性，謂一闡提。此有二種，一者、焚燒一切善根，即謗菩薩藏。二者、憐愍一切眾生界，即是菩薩「**若有眾生不入涅槃，我亦不入**」。大慧白言：「此二何者常不入涅槃？」佛言：「**菩薩常不入涅槃，非焚燒一切善根者**」。以知諸法本來涅槃，不捨一切諸眾生故。」此意則明菩薩入而不入。既云：菩薩常不入，非闡提者；則明闡提後必入矣！況經自云「**復以如來神力故，或時善根生**」耶？[169]

如是不入涅槃之菩薩，經中所載多有，只是大眾未曾留意，以致只知 地藏王菩薩一人而已，實則不然！今檢《入楞伽經》卷二〈集一切佛法品 第

[169]《大正藏》冊 35，頁 511，下 8-17。

三之一〉原文如下：

「大慧！何者無性乘？謂一闡提。大慧！一闡提者無涅槃性；何以故？於解脫中不生信心，不入涅槃。大慧！一闡提者有二種，何等爲二？一者、焚燒一切善根；二者、憐愍一切眾生，作盡一切眾生界願。大慧！云何焚燒一切善根？謂謗菩薩藏，作如是言：『彼非隨順修多羅、毘尼解脫說。』捨諸善根，是故不得涅槃。大慧！憐愍眾生，作盡眾生界願者，是爲菩薩。大慧！菩薩方便作願：『**若諸眾生不入涅槃者，我亦不入涅槃。**』是故菩薩摩訶薩不入涅槃。大慧！是名二種一闡提無涅槃性，以是義故，決定取一闡提行。」

大慧菩薩白佛言：「世尊！此二種一闡提，何等一闡提、常，不入涅槃？」佛告大慧：「菩薩摩訶薩一闡提常，不入涅槃，何以故？以能善知一切諸法本來涅槃，是故不入涅槃；非捨一切善根闡提，何以故？大慧！彼捨一切善根闡提，若值諸佛善知識等，發菩提心，生諸善根，便證涅槃。何以故？大慧！諸佛如來不捨一切諸眾生故。是故大慧！菩薩一闡提、常，不入涅槃。」170

如是正義，本書前面文中已有解釋，今不復重解，以免贅文，讀者自知。但能迴邪見而入正見，重舉上列經文，即有意義。

又如《法華經》〈妙莊嚴王本事品 第二十七〉明載，妙莊嚴王於往昔過無量無邊不可思議阿僧祇劫的 雲雷音宿王華智如來時出家，精進修行後證得初地，今為華德菩薩；又如其夫人淨德，當時亦出家修行而得實證，今時仍是光照莊嚴相菩薩；二如 藥王、藥上菩薩當時已是七地菩薩，於今仍在等覺位中，早已超過三大阿僧祇劫極多倍數的時間，而至今仍未成佛；這些都是「**於無始眾生發願**」的菩薩，與 地藏王菩薩的心願是相同的。對他們而言，成佛早與晚的事情其實不必計較，因為入地時已經有阿羅漢的證德而超越分段生死了；滿足三地心以後已經斷除胎昧，而且已隨時可以出離三界，卻繼續乘願受生以利眾生，是於三界中得大自在的菩薩，此後生死皆能自由自在便不需急於成佛了。又如七地滿心以後，更已經斷盡三界生死的習氣種子，夢、想都已滅除，更是解脫自在，就更不必計較何時

170《大正藏》冊 16，頁 527，上 29-中 20。

成佛了。如是，進而至於八地的於相於土自在，九地具四無礙辯而有善慧力，具大威德；十地滿心的諸佛灌頂，所知之法若爲人說時，如雲如水永不斷絕，成法王子；轉入等覺位中，更屬完全自在的人，剩下些微的變易生死完全無礙於行道，又何須急著求成佛道？只要能夠自由自在廣利人天，也就秉著十大願繼續利樂人天而無須休歇亦無疲厭，成佛與否都不在意，這也正是菩薩大悲的具體展現。菩薩已是如此，分段生死、變易生死於如是一類菩薩已無罣礙，都不必也不會想要入無餘涅槃，何況諸佛具足一切種智而斷盡變易生死了，又何須入於無餘涅槃呢？

由此可知，那些一生弘揚六識論錯誤的「人間佛教」法師們，不但未斷我見、未證眞如，他們對佛菩提道的內涵簡直是全無所知，連佛法中最粗淺的聲聞菩提之斷我見內涵，竟然都可以毫無所知而落入細意識乃至粗意識中，不離常見，由此也就可見他們知見的粗淺一如世俗凡夫了。這是現前可見的前車之鑑，有智之人都不應再信受他們所說的「如來已經入滅猶如灰飛煙滅，大乘經典不是佛說」的惡見、邪見了。

第三節　唯有佛菩薩住世方能令二乘涅槃繼續弘傳

二乘聖者所證涅槃，悉皆從佛受學，無有一人是獨自思惟實修而證者；不但事實如是，經中亦有如是記載證明，例如《長阿含經》卷五：

> **諸賢！佛以此法自覺悟已，亦能開示涅槃徑路，親近漸至，入於寂滅。譬如恒河水、炎摩水，二水竝流，入於大海。佛亦如是，善能開示涅槃徑路，親近漸至，入于寂滅，不見過去、未來、現在有能開示涅槃徑路如佛者也。**[171]

這意謂說，沒有誰是自己能夠出離三界生死的，都是要從佛受學而後方證出三界果，更何況是證悟明心、眼見佛性、證得無生法忍入地乃至究竟成佛。即使是無佛之世出於人間的獨覺辟支佛，也不是自己覺悟而出三界的，而是他們心中有慢，不願在有佛之世從佛得果，是故遲遲不願證得出三界果，而要留待未來世無佛住持人間正法時，獨自覺悟而成辟支佛，受人崇敬供養，然後捨壽入無餘涅槃。不但如此，像法起後，二乘菩提正法也必隨著聲聞人的離世或往生天界，以致人間的二乘菩提漸漸無人住持，於是快速消失於人間，仍賴菩薩摩訶薩代為弘傳，方始復興於人間而

171《大正藏》冊 1，頁 30，下 22-27。

得重新弘揚起來。然而菩薩卻是多劫以來隨從諸佛受學的，所以說，唯有佛菩薩住世方能令二乘涅槃繼續弘傳。

《雜阿含經》卷二十五曾有如是開示：

爾時，世尊告尊者阿難：「此摩偷羅國，將來世當有商人子，名曰掘多。掘多有子，名優波掘多；我滅度後百歲，當作佛事，於教授師中最為第一。阿難！汝遙見彼青色叢林不？」阿難白佛：「唯然，已見。世尊！」「阿難！是處名為優留曼茶山，如來滅後百歲，此山當有那吒跋置迦阿蘭若處，此處隨順寂默最為第一。」

爾時世尊作是念：「我若以教法付囑人者，恐我教法不得久住；若付囑天者，恐我教法亦不得久住，世間人民則無有受法者。我今當以正法付囑人、天，諸天、世人共攝受法者，我之教法則千歲不動。」爾時世尊起世俗心，時天帝釋及四大天王知佛心念，來詣佛所，稽首禮足，退坐一面。

爾時，世尊告天帝釋及四大天王：「如來不久當於無餘涅槃而般涅槃，我般涅槃後，汝等當護持正法。」爾時世尊復告東方天王：「汝當於東方護持正法。」次告南方、西方、北方天王：「汝當於北方護持正法。過千歲後，我教法滅時，當有非法出於世間，十善悉壞；閻浮提中，惡風暴起，水雨不時，世多飢饉，雨則災雹，江河消滅，華果不成，人無光澤，蟲村、鬼村悉皆磨滅，飲食失味，珍寶沈沒，人民服食麁澁草木。」

「時，有釋迦王、耶槃那王、鉢羅婆王、兜沙羅王，眾多眷屬，如來頂骨、佛牙、佛鉢安置東方。西方有王，名鉢羅婆，百千眷屬，破壞塔寺，殺害比丘。北方有王，名耶槃那，百千眷屬，破壞塔寺，殺害比丘。南方有王，名釋迦，百千眷屬，破壞塔寺，殺害比丘。東方有王，名兜沙羅，百千眷屬，破壞塔寺，殺害比丘。四方盡亂，諸比丘來集中國。」

「時，拘睒彌國有王，名摩因陀羅西那，其王生子，手似血塗，身似甲冑，有大勇力。其生之日，五百大臣生五百子，皆類王子，血手冑身。時，拘睒彌國，一日雨血，拘睒彌王見此惡相，即大恐怖，請問相師，相師白王：『王今生子，當王閻浮提，多殺害人。』生子七日，字曰難當，年漸長大。時，四惡王從四方來殺人民，摩因陀羅西那王聞則恐怖。時，有天神告言：『大王！且立難當爲王，足能降伏彼四惡王。』時，摩因陀羅西那王受天神教，即捨位與子，以髻中明珠冠其子首，集諸大臣，香水灌頂；召五百大臣同日生子，身被甲冑，從王出征，與四惡王大眾戰；勝，殺害都盡，王閻浮提，治在拘睒彌國。」

爾時，世尊告四大天王：「巴連弗國，於彼國當有婆羅門，名曰阿耆尼達多，通達比陀經論，彼婆羅門當納妻。彼時，中陰眾生當來與其作子，入母胎中；時彼母欲與人論議，彼婆羅門即問諸相師，相師答云：『是胎中眾生，當了達一切論，故令母生如是論議之心，欲將人論議。』如是日月滿足，出生母胎，以爲童子，了達一切經論，恒以經論教授五百婆羅門子，及餘諸論教授餘人，以醫方教醫方者，如是有眾多弟子；有眾多弟子故，名曰弟子。次當從父母求出家學道，乃至父母聽其出家，彼即於我法中出家學道，通達三藏，善能說法，辯才巧妙，言語談說，攝多眷屬。」

又復，世尊告四大天王：「即此巴連弗邑國中，當有大商主，名曰須陀那，中陰眾生來入母胎。彼眾生入母胎時，令母質直柔和，無諸邪想，諸根寂靜。時，彼商主即問相師，相師答曰：『胎中眾生極爲良善，故令母如是，乃至諸根寂靜。』至月滿足，便生童子，名曰修羅他。年紀漸長，乃至啓白父母，求出家學道，父母即聽。於我法中出家學道，勤行精進，修習道業，便得漏盡，證阿羅漢果。然寡聞，少欲知足及少知，舊居在山藪林間，山名揵陀摩羅。時，彼聖人恒來爲難當王說法。彼父王當無常，無常之日，難當見父過世，兩手抱父屍，悲號啼哭，憂惱傷心。時，彼三藏將多眷屬來詣王所，爲王說法；王聞法已，憂惱即止，於佛法中生大敬信，而發聲唱言：『自今以後，我施諸比丘無恐畏，適意爲樂。』而問比丘：『前四惡王毀滅佛法有幾年歲？』諸比丘答云：『經十二年。』王心念口言，作師子吼：『我當十二年中，當供養五眾，乃至辦諸供具。』即便行施。行施之日，天當降香澤之雨，遍閻浮提，一切實種皆得增長。諸方人眾皆持供養，來詣拘睒彌國，供養眾僧，時諸比丘大得供養。

「諸比丘輩食人信施，而不讀誦經書，不薩闍爲人受經；戲論過日，眠臥終夜，貪著利養，好自嚴飾，身著妙服，離諸出要、寂靜、出家、三菩提樂；形類比丘，離沙門功德，是法中之大賊，助作末世；壞正法幢，建惡魔幢，滅正法炬，然煩惱火，壞正法鼓，毀正法輪，消正法海，壞正法山，破正法城，拔正法樹，毀禪定智慧，斷戒瓔珞，污染正道。時，彼天、龍、鬼神、夜叉、乾闥婆等，於諸比丘所生惡意，毀呰諸比丘，厭惡、遠離，不復相親，異口同音：『嗚呼！如是惡比丘，不應於如來法中。』而說偈言：

非吉行惡行，行諸邪見法，此諸愚癡人，打壞正法山，
行諸惡戒法，棄諸如法行，捨諸勝妙法，拔除今佛法，
不信不調伏，樂行諸惡行，謟偽誑世間，打破牟尼法，
毀形習諸惡，兇暴及千行，依法誑世人，忿恨自貢高，
貪著求名利，無惡業不備。
如佛所說法，法沒有是相，今者悉已見，智者所輕賤，
此法今出已，牟尼正法海，不久當枯竭，正法今少在，
惡人復來滅，毀壞我正法。」

「時，彼諸天、龍、神等皆生不歡喜心，不復當護諸比丘，而同聲唱言：『佛法却後七日滅盡。』號咷悲泣，共相謂言：『至比丘說戒日，共相鬪諍，如來正法於中而滅。』如是諸天悲惱啼泣。時，拘睒彌城中有五百優婆塞，聞諸天之言，共詣諸比丘眾中，諫諸比丘鬪諍，而說偈言：

嗚呼苦劇歲，愍念群生生，其法今便滅，釋師子王法；
惡輪壞法輪，如是盡金剛，乃能不即壞；
安隱時已滅，危險法已起，明智人已過；
今見如是相，當知不復久，牟尼法斷滅，世間無復明。
離垢寂滅口，牟尼日今沒，世人失伏藏，善惡無差別；
善惡無差已，誰能得正覺？法燈今在世，及時行諸善，
無量諸福田，此法今當滅，是故我等輩，知財不堅牢，及時取堅實。」

「至十五日說戒時，法當沒，爾日五百優婆塞，一日之中，造五百佛塔。時，諸優婆塞各有餘務，不復來往眾僧眾中。」「爾時，住揵陀摩羅山修羅他阿羅漢觀閻浮提：『今日何處有眾僧說戒？』見有拘睒彌國如來弟子說戒為布薩，即詣拘睒彌。時，彼僧眾乃有百千人，中唯有一阿羅漢，名曰修羅他；又復有一三藏，名曰弟子。此是如來最後大眾集。爾時，維那行舍羅籌，白三藏上座言：『眾僧已集，有百千人，今為說波羅提木叉。』時，彼上座答言：『閻浮提如來弟子皆來集此，數有百千；如是眾中，我為上首，了達三藏，尚不學戒律，況復餘者而有所學。今當為誰而說戒律？』而說偈言：

今是十五日，夜靜月清明，如是諸比丘，今集聽說戒；
一切閻浮提，眾僧最後集，我是眾中上，不學戒律法，
況復餘僧眾，而有所學習，何能牟尼法？釋迦師子王，彼戒誰有持，
是人乃能說。」

「爾時，彼阿羅漢修羅他立上座前，合掌白上座言：『上座！但說波羅提木叉。如佛在世時，舍利弗、目揵連等大比丘眾所學法，我今已悉學。如來雖滅度，於今已千歲，彼所制律儀，我悉已備足。』而說偈言：

上座聽我說，我名修羅他，漏盡阿羅漢。
僧中師子吼，牟尼真弟子，信佛諸鬼神，聞彼聖所說，悲哀泣流淚。
低頭念法滅：從今去已後，無有說法者；毘尼別解脫，不復在於世；
法橋今已壞，法水不復流，法海已枯竭，法山已崩頹，法會從今絕，
法幢不復見，法足不復行；
律儀戒永沒，法燈不復照，法輪不復轉，閉塞甘露門；
法師不在世，善人說妙道，眾生不識善，不異於野獸。」

「爾時，佛母摩訶摩耶夫人天上來下，詣諸眾僧所，號咷啼泣：『嗚呼！

苦哉！是我之子經歷阿僧祇劫，修諸苦行，不顧勞體，積德成佛，今者忽然消滅。』而說偈言：

我是佛親母，我子積苦行，經歷無數劫，究竟成真道。
悲泣不自勝，念法忽磨滅；嗚呼智慧人，爾今何所在？
持法捨諍訟，從佛口所生，諸王無上尊，真實佛弟子；
頭陀修妙行，宿止林藪間，如是真佛子，今為何所在？
今者於世間，無有諸威德，曠野山林間，諸神寂無言。
施戒愍群生，信戒自莊嚴，忍辱質直行，觀察諸善惡；
如是諸勝法，今忽都已盡。」

「爾時，彼上座弟子作是念言：『彼修羅他比丘自言：如來所制戒律，我悉備持。』爾時，上座有弟子，名曰安伽陀，起不忍之心，極生忿恨；從座起，罵辱彼聖：『汝是下座比丘，愚癡無智，而毀辱我和上。』即持利刀，殺彼聖人，而說偈言：

我名安伽陀，失沙之弟子，利劍殺汝身，自謂我有德。」

「爾時，有一鬼名曰大提木佉，作是念言：『世間唯有此一阿羅漢，而爲惡比丘弟子所害。』執持金剛杵，杵頭火然，以此打破彼頭，即便命終，而說偈言：

我是惡鬼神，名大提木佉，以此金剛杵，破汝頭七分。」

「爾時，阿羅漢弟子見彼弟子殺害其師，忿恨不忍，即殺三藏。爾時，諸天、世人悲哀啼泣：『嗚呼！苦哉！如來正法今便都盡。』尋即此大地六種震動，無量眾生號咷啼泣，極爲愁惱：『嗚呼！今日正法不復現世。』作是語已，各各離散。」

「爾時，拘睒彌國五百優婆塞聞已，往詣寺中，舉手拍頭，高聲大哭：『嗚呼！如來愍念世間，濟諸群生，無有巨細，誰當爲我說法義？今者，人、天解脫不復可得，眾生今日猶在闇瞑，無有引導，長習諸惡，以此爲歡，如諸野獸，不聞牟尼妙法，身壞命終，墮在三塗，譬如流星。世人從今已後，無復念慧、寂靜、三昧、十力妙法。』爾時，拘睒彌王聞諸比丘殺眞人阿羅漢及三藏法師，心生悲惱，惋慨而坐。爾時，諸邪見輩諍競打破塔廟，及害比丘，從是佛法索然頓滅。」

爾時，世尊語釋提桓因：「四大天王，諸天、世人於我滅度之後，法盡之相，如上所說。是故汝等，今者不可不以勤力加於精進，護持正法，久令在世。」爾時，諸天、世人聞佛所說，各各悲顏，以手揮淚，頂禮佛足，各自退去。[172]

由此證知世間解脫道正法及法界實相正法，都必須由佛或賢聖弟子菩薩眾們住世，方得久傳而得廣利人天。未來人間若無正法實證者存在時，即是正法滅盡時：唯一之聖人若已捨壽，人間正法即告滅盡。以此緣故，平實必須促使更多佛弟子實證正法，方能令正法久住人間、利樂人天；特別是教導更多有緣的菩薩得以實證三乘菩提，特別是實證大乘菩提而非二乘菩提，三乘菩提正法方能久住，末法時世的佛門四眾弟子方有實利。以此緣故，應有此書之作。

第四節　願佛門四眾進求涅槃、得成佛道

平實於此書中的最末後咐囑：**願佛門四眾進求涅槃、得成佛道**，亦可預防正法快速斷滅。《大乘本生心地觀經》卷四〈厭捨品 第三〉云：

「復次，善男子！出家菩薩觀於世間一切舍宅，猶如大夢。譬如長者有

172《大正藏》冊 2，頁 177，中 15-頁 180，上 5。

一童女，年始十五，端正殊妙。爾時，父母處三層樓，將其愛女受諸歡樂；於夜分中母女同宿，在一寶床而共安寢。於是童女夢見父母娉與夫家，經歷多年遂生一子，端正殊妙有聰慧相；日漸恩養能自行步，處在高樓，因危墮落；未至於地，見有餓虎接而食之。是時童女倍復驚怖，舉聲號哭，遂便夢覺。爾時，父母問其女言：『以何因緣忽然驚怖？』時女羞恥不肯說之。其母慇懃竊問其故，時女爲母密說如上所夢之事。善男子！世間生死有爲舍宅，長處輪迴未得眞覺，爾所分位恒處夢中。生老病死三界舍宅，如彼童女處於夢中，虛妄分別亦復如是；琰魔鬼使忽然而至，如彼餓虎於虛空中接彼嬰孩而噉食之。一切眾生念念無常，老病死苦亦復如是，誰有智者愛樂此身？以是因緣，觀於生死長夜夢中，發菩提心厭離世間，當得如來常住妙果。」173

不特 世尊於經中作如是說，即據平實定中、夢中所見往世種種，猶如昨夢；其中之歡樂苦痛、喜悅哀傷，全部皆如昨夢。時劫之近者，例如往昔於天竺之被殺殉教，生到中國後之種種奮鬥，乃至數百年前因爲元、明、

173《大正藏》冊 3，頁 310，中 28-下 18。

清三代皇帝大多信受密宗雙身法，不得不投入假藏傳佛教中，創立眞藏傳佛教覺囊巴，以雙身法爲掩護而弘揚如來藏妙義；然，雖一時興盛，終至最後滅於達賴五世（由達賴五世假借薩迦、達布二派之手滅亡）。今在臺灣得以重新宣揚如來藏妙法，兼及二乘菩提，觀乎往世之所行而比對之，悉皆如夢，無一可愛。以此緣故，於世間諸法都無所愛，寧死亦不捨離佛法，全心全意在於正法之久住、有緣眾生之道業上用心，其外別無在意之處，所以至此者，實乃緣於此一**如夢觀**之所見。

今以自身此世經歷及所見往昔諸事言之，普勸佛門一切大師及諸學人，莫再執著世間法，更莫稍觸密宗邪見邪法，萬勿輕率偶一修之，否則，再回頭已百劫身，何等恐怖！今以此書再度證明：**佛法三乘菩提俱是可證之法，絕非玄學、哲學一類思惟之說**。而世間法無常，五陰亦復苦、空、無我，何有可戀之處？五陰所擁有之外我所更是如此，何不以道業爲重而廣集福德、伏除性障以實修之？如是世世於實證佛法中，次第邁向佛地，其樂何如？普願我諸佛門四眾，於平實如是誠言稍作觀察、思惟，投入正法之中而實修之，庶免無常到來之時，後悔無及。

增一節　關於證涅槃之大妄語

於本書最後，令平實不能已於言者，即是深恐佛門四眾不愼大妄語而墜入地獄中，此後長劫流轉於三惡道中，未來重回人間之時已是百劫之後，誠可痛哉！而平實眼見末法時代的今天，已有眾多佛弟子或附佛外道犯下如是重大妄語業，將來捨壽後之長劫果報極度悲慘，於心不忍，無法默然，是故最後咐囑佛門四眾：請大家務必小心大妄語業，以免學法修善反得大惡果報。於是書末特再增此一節說之，誠願佛門四眾正視而切勿輕忽。

證涅槃的實修之道，即是大乘四聖諦中所說之八正道；若人不樂一一實修八正道，而言能證、已證阿羅漢果，已取有餘、無餘涅槃，或宣稱實證眞如，自稱已證本來自性清淨涅槃者，悉屬大妄語人。晚近數年來，常見有人甫閱平實著作三、五本後，便自謂是某菩薩再來，或自謂是某禪師再來，或自謂爲四地而印證弟子爲初地者，對於涅槃之理卻全無所知、都無所證；梵行未立、所作未辦、後有必受、不能自知不受後有，而宣稱已得四果或已入諸地，而猶耽嗜人間五欲，求之不息、受之不停。如是等人，未來捨壽後之不可愛異熟果報，極令平實憂之。是故書末再增一節，與大眾略言證涅槃之大妄語。

實證二乘涅槃者，必須如實履踐正確的八正道；謂八正道即是四聖諦中之道諦，若得如實履踐，必能使人趣入二乘聖法而證有餘、無餘涅槃故，即如《中阿含經》卷十五〈王相應品〉所說：

> 舍梨子！猶如王及大臣有好道路，平正坦然，唯趣園觀。舍梨子！如是，比丘、比丘尼以八支聖道爲道路，平正坦然，唯趣涅槃。舍梨子！若比丘、比丘尼成就八支聖道以爲道路，平正坦然，唯趣涅槃者，便能捨惡，修習於善。[174]

若人不能或不曾實修八正道，不曾長遠一一詳實履踐者，自謂得果，無有是處。

又如《雜阿含經》卷四十三說：

> 河者，譬三愛——欲愛、色愛、無色愛。此岸多恐怖者，譬有身。彼

174《大正藏》冊 1，頁 520，上 2-7。

岸清涼安樂者，譬無餘涅槃。栰者，譬八正道。手足方便截流渡者，譬精進勇猛到彼岸。婆羅門住處者，譬如來、應、等正覺。[175]

故說一切欲求實證二乘菩提而證解脫者，應當依止實修實證之善知識，萬勿惑於其餘眾說，自誤道業。此謂欲過生死河者，應當依止眞修實證之善知識，若迷於表相，縛於情執，只是自誤道業而無益於己及諸大眾。是故平實末後再勸修習二乘解脫道之佛門四眾：尚未長久實修八正道，便言已得阿羅漢果，皆屬因中說果；然八正道之首厥爲**正見**，若不得**正見**，於道聖諦中所修八正道，悉皆不離戲論，終無實證滅諦之日。

至於大乘涅槃之實證，若尚未實修大乘見道前應有的次法功德，便想要具足證得勝法，縱使運作人情而探得般若密意，也仍無有實相智慧及解脫功德受用，最後反因心性貪求而造作裨販如來、裨販佛法、虧損法事之種種惡業，成就虧損如來之最重惡業，陷墜於法毗奈耶所禁制之最重罪中。是故平實於此書初首，細說次法修學之重要性，以期讀者具足實證大乘涅槃之根基，未來實證之後得不退於法及次法，成爲實義菩薩僧，則平實二

175 《大正藏》冊 2，頁 313，下 21-25。

年來撿拾弘法時之零散時間，都不休息而日夜趕造此書，即無憾矣！

復次，增一節中仍當再示至誠以言眾語：一切求證大乘涅槃之人，必須棄捨常見外道所宗之六識論邪見，轉而信受八識論正見，方能依於自心如來（第八識眞實如來）心體之性、之用而求證自性涅槃，於次法之實修親履完成之時，方得實證本來自性清淨涅槃，如是乃是平實至誠之語，普願我諸佛門四眾皆聽受之。此謂，不論二乘涅槃或大乘涅槃，皆非斷滅空，不可言緣起性空即是涅槃。此如《佛性論》卷二〈顯體分第三中三性品 第二〉中說：

問曰：「如來約何性，說如此義，言『一切諸法無生無滅、本來寂靜、自性涅槃』耶？」答曰：「約無相性，說如是言。」問曰：「如來約何法，說『一切諸法譬如幻化』耶？」答曰：「約無生性說。」問曰：「如來約何法說如是言『一切諸法譬如虛空』？」答曰：「**約眞實性說**。」是故佛因三性說，故有了不了義經。[176]

意謂，依眞實法性如來藏妙眞如心，而說種種不了義經，方有二乘菩提

[176]《大正藏》冊 31，頁 795，上 24-中 1。

之說。是故讀經閱論之時，必須依義而不依語。至若依止實義而不依文字者，當知應以第六意識能覺、能知、能分別之心，求證第八識自心如來藏妙眞如心；不應以意識證意識自心，方能實證自心現量，不墮妄想。《金剛仙論》卷八已有明文：

> 經中答意，明佛有二種：一、法身佛，古今湛然體性圓滿，非修得法，此即性淨涅槃。二者報佛，藉十地方便修行因緣，本有之性顯用之時名爲報佛，即方便涅槃。不可以報身方便修涅槃行得故，便使法佛性淨涅槃亦修行而得。[177]

由是故知，諸菩薩所證本來自性清淨涅槃皆是本已有之，不需辛苦轉變意識成涅槃心，只須具足實修次法之後，繼之以求證第八識如來藏妙眞如心；證已即得現觀第八識本已存在之涅槃，無需辛苦約束意識住於不起心動念之無常境界中，每日長坐拘身、不動念、縛心一般辛苦度日，方能快快樂樂學佛，快快樂樂住於涅槃。

最末則要苦勸執言取義之凡夫們，莫再隨言取義、妄說佛法。所謂三

177《大正藏》冊25，頁858，下17-22。

無性乃依三自性而立，必須先證得三自性以後，再轉依眞如無生無死、無取無著、無智亦無得之實相境界，方可稱說三無性；若不知此，妄說三無性而否定三自性時，誠恐已經成就謗菩薩藏之極大惡業、成一闡提人，一切善根斷盡，捨壽後入於無間地獄中，次第流轉三惡道後，再回人間已是百劫之後，誠可哀哉！是故書末普勸六識論者及密宗諸師，莫再輕易擅言三無性等，否則來日必有殃在。是故必須勸告一切閱讀平實此書者：不知世尊言中眞義者則墮**相見**，謗無三自性，謂爲已解三無性義；如是之人難免三惡道長劫果報，愼之！愼之！

誠如《大乘阿毘達磨雜集論》卷十二〈抉擇分中法品 第二之二〉中說：

> 相見者，謂聞大乘經中所說「**一切諸法皆無自性**、**無生無滅**、**本來寂靜**、**自性涅槃**」等言，不善密意，但隨此言義便生勝解，謂佛所說一切諸法定無自性、定無生等；執著如是無性等相，是名**相見**。彼執著如是無性等相時，便謗三自性，謂遍計所執自性、依他起自性、圓成實自性。[178]

178《大正藏》冊 31，頁 751，上 24-中 1。

論中既有如是誠言，普願我諸佛門四眾皆能警覺，愼莫再犯如是謗菩薩藏之最大惡業。

至若依於三種無自性性，說一切法本來涅槃者，容俟未來解說《深密解脫經》時說之，此處容略。今舉《解深密經》卷二〈無自性相品 第五〉聖教供養我諸佛門四眾：

「世尊復說一切諸法皆無自性，無生無滅，本來寂靜，自性涅槃。未審世尊依何密意作如是說：『一切諸法皆無自性，無生無滅，本來寂靜，自性涅槃』？我今請問如來斯義，惟願如來哀愍解釋，說一切法皆無自性，無生無滅，本來寂靜，自性涅槃所有密意。」爾時世尊告勝義生菩薩曰：「善哉！善哉！勝義生！汝所尋思，甚爲如理。善哉！善哉！善男子！汝今乃能請問如來如是深義，汝今爲欲利益安樂無量眾生，哀愍世間及諸天、人、阿素洛等，爲令獲得義利安樂，故發斯問。汝應諦聽！吾當爲汝解釋所說一切諸法皆無自性，無生無滅，本來寂靜，自性涅槃所有密意。勝義生！當知我依三種無自性性密意，說言一切諸法皆無自性；所謂相無自性性、生無自性性、勝義無自性性。」[179]

三種無自性性密意者，謂證得圓成實性者，於依他起性中觀察意根之遍計執性，然後轉依眞如無所得境界而說三無性；普願我諸佛門四眾皆能先知此理，然後求證自心如來而實證之，於次法已經實修完成之後實證，必須如實證知 世尊如是開示之意涵，於是成爲不退轉住菩薩，正式成爲佛菩提道之內門修行者，成勝義菩薩僧。若有更多實證之人，平實冀望正法久住之願則可實現，卻須我諸佛門四眾如實履踐而實修之。如上所說皆屬正見，置於書末而重新言之，以冀佛門四眾有緣諸人，普能建立正見，而後於三乘涅槃之實證，方有可冀，正法久住之願亦得實現，佛法重新復興於中國即非純屬夢想。

最後聲明：本書所說的三賢十地所應修習之法，純依佛菩提道中與四種涅槃修證相關的內容而略說之；又十地中，各地皆有應斷的所知障等，都有應修的勝行與應證的眞如，總括爲十勝行、十重障、十眞如，並非此書中所說之涅槃主題所能函蓋，是故此書中所說並未具足佛菩提道一切佛

179 《大正藏》冊 16，頁 693，下 27-頁 694，上 15。

法，只是佛菩提道中的一小部分妙法；讀者不應誤認如是略說之內容已經具足佛菩提道中三賢十地、等覺、妙覺所應修習之一切佛法。至於所未說者，請詳平實其餘諸書所說及諸經教所說。簡而言之，即如《大般若波羅蜜多經》卷三四一〈初分巧便學品 第五十五之五〉中之略說：

復次，善現！雖一切法本性清淨，而諸異生不知、見、覺；是菩薩摩訶薩爲欲令彼知、見、覺故，修行布施波羅蜜多，修行淨戒、安忍、精進、靜慮、般若波羅蜜多；安住內空，安住外空、內外空、空空、大空、勝義空、有爲空、無爲空、畢竟空、無際空、散空、無變異空、本性空、自相空、共相空、一切法空、不可得空、無性空、自性空、無性自性空；安住眞如，安住法界、法性、不虛妄性、不變異性、平等性、離生性、法定、法住、實際、虛空界、不思議界；安住苦聖諦，安住集、滅、道聖諦；修行四靜慮，修行四無量、四無色定；修行八解脫，修行八勝處、九次第定、十遍處；修行四念住，修行四正斷、四神足、五根、五力、七等覺支、八聖道支；修行空解脫門，修行無相、無願解脫門；修行極喜地，修行離垢地、發光地、焰慧地、極難勝地、現前地、遠行地、不動地、善慧地、法雲地；修行五眼，修行六神通；修行佛十力，修行四無所畏、四無礙解、大慈、大悲、大喜、大捨、十八佛不共法；修行無忘失法，修行恒住捨性；修行一切陀羅尼門，修行一切三摩地門；修行一切智，修行道相智、一切相智。[180]

如是經中聖教，誠願我諸佛門四眾普能信受並奉行之。（**全書至此圓滿**）

180《大正藏》冊6，頁749，下29-頁750，上21。

佛菩提二主要道次第概要表——二道並修，以外無別佛法

佛菩提道——大菩提道

遠波羅蜜多

資糧位

十信位修集信心——一劫乃至一萬劫

初住位修集布施功德（以財施爲主）。

二住位修集持戒功德。

三住位修集忍辱功德。

四住位修集精進功德。

五住位修集禪定功德。

六住位修集般若功德（熏習般若中觀及斷我見，加行位也）。

外門廣修六度萬行

見道位

七住位明心般若正觀現前，親證本來自性清淨涅槃。

八住位起於一切法現觀般若中道。漸除性障。

十住位眼見佛性，世界如幻觀成就。

一至十行位，於廣行六度萬行中，依般若中道慧，現觀陰處界猶如陽焰，至第十行滿心位，陽焰觀成就。

一至十迴向位熏習一切種智；修除性障，唯留最後一分思惑不斷。第十迴向滿心位成就菩薩道如夢觀。

內門廣修六度萬行

初地：第十迴向位滿心時，成就道種智一分（八識心王一一親證後，領受五法、三自性、七種第一義、七種性自性、二種無我法）復由勇發十無盡願，成通達位菩薩。復又永伏性障而不具斷，能證慧解脫而不取證，由大願故留惑潤生。此地主修法施波羅蜜多及百法明門。證「猶如鏡像」現觀，故滿初地心。

二地：初地功德滿足以後，再成就道種智一分而入二地；主修戒波羅蜜多及一切種智。滿心位成就「猶如光影」現觀，戒行自然清淨。

解脫道：二乘菩提

斷三縛結，成初果解脫

薄貪瞋癡，成二果解脫

斷五下分結，成三果解脫

入地前的四加行令煩惱障現行悉斷，成四果解脫，留惑潤生。分段生死已斷，煩惱障習氣種子開始斷除，兼斷無始無明上煩惱。

近波羅蜜

大波羅蜜多

圓滿波羅蜜多

修道位

究竟位

無漏妙定意生身。

四地：由三地再證道種智一分故入四地。主修精進波羅蜜多，於此土及他方世界廣度有緣，無有疲倦。進修一切種智，滿心位成就「如水中月」現觀。

五地：由四地再證道種智一分故入五地。主修禪定波羅蜜多及一切種智，斷除下乘涅槃貪。滿心位成就「變化所成」現觀。

六地：由五地再證道種智一分故入六地。此地主修般若波羅蜜多——依道種智現觀十二因緣一一有支及意生身化身，皆自心眞如變化所現，「非有似有」，成就細相觀，不由加行而自然證得滅盡定，成俱解脫大乘無學。

七地：由六地「非有似有」現觀，再證道種智一分故入七地。此地主修一切種智及方便波羅蜜多，由重觀十二有支一一支中之流轉門及還滅門一切細相，成就方便善巧，念念隨入滅盡定。滿心位證得「如犍闥婆城」現觀。

七地滿心斷除故意保留之最後一分思惑時，煩惱障所攝色、受、想三陰有漏習氣種子全部斷盡。

八地：由七地極細相觀成就故再證道種智一分而入八地。此地主修一切種智及願波羅蜜多。至滿心位純無相觀任運恆起，故於相土自在，滿心位復證「如實覺知諸法相意生身」故。

九地：由八地再證道種智一分故入九地。主修力波羅蜜多及一切種智，成就四無礙，滿心位證得「種類俱生無行作意生身」。

十地：由九地再證道種智一分故入此地。此地主修一切種智——智波羅蜜多。滿心位起大法智雲，及現起大法智雲所含藏種種功德，成受職菩薩。

煩惱障所攝行、識二陰無漏習氣種子任運漸斷，所知障所攝上煩惱任運漸斷。

等覺：由十地道種智成就故入此地。此地應修一切種智，圓滿等覺地無生法忍；於百劫中修集極廣大福德，以之圓滿三十二大人相及無量隨形好。

妙覺：示現受生人間已斷盡煩惱障一切習氣種子，並斷盡所知障一切隨眠，永斷變易生死無明，成就大般涅槃，四智圓明。人間捨壽後，報身常住色究竟天利樂十方地上菩薩；以諸化身利樂有情，永無盡期，成就究竟佛道。

斷盡變易生死
成就大般涅槃

圓滿成就究竟佛果

佛子蕭平實　謹製
（二〇〇九、〇二　修訂）
（二〇一二、〇二　增補）

佛教正覺同修會〈修學佛道次第表〉

第一階段

* 以憶佛及拜佛方式修習動中定力。
* 學第一義佛法及禪法知見。
* 無相拜佛功夫成就。
* 具備一念相續功夫—動靜中皆能看話頭。
* 努力培植福德資糧，勤修三福淨業。

第二階段

* 參話頭，參公案。
* 開悟明心，一片悟境。
* 鍛鍊功夫求見佛性。
* 眼見佛性〈餘五根亦如是〉親見世界如幻，成就如幻觀。
* 學習禪門差別智。
* 深入第一義經典。
* 修除性障及隨分修學禪定。
* 修證十行位陽焰觀。

第三階段

* 學一切種智真實正理—楞伽經、解深密經、成唯識論…。
* 參究末後句。
* 解悟末後句。
* 透牢關—親自體驗所悟末後句境界，親見實相，無得無失。
* 救護一切眾生迴向正道。護持了義正法，修證十迴向位如夢觀。
* 發十無盡願，修習百法明門，親證猶如鏡像現觀。
* 修除五蓋，發起禪定。持一切善法戒。親證猶如光影現觀。
* 進修四禪八定、四無量心、五神通。進修大乘種智，求證猶如谷響現觀。

佛教正覺同修會 共修現況 及 招生公告　2023/03/28

一、共修現況：（請在共修時間來電，以免無人接聽。）

台北正覺講堂 103 台北市承德路三段 277 號九樓 捷運淡水線圓山站旁 Tel..**總機** 02-25957295（晚上）（**分機：九樓**辦公室 10、11；知客櫃檯 12、13。 **十樓**知客櫃檯 15、16；書局櫃檯 14。 **五樓**辦公室 18；知客櫃檯 19。**二樓**辦公室 20；知客櫃檯 21。）
Fax..25954493

第一講堂　台北市承德路三段 277 號九樓

禪淨班：週一晚班、週三晚班、週四晚班、週五晚班、週六下午班、週六上午班（共修期間二年半，全程免費。皆須報名建立學籍後始可參加共修，欲報名者詳見本公告末頁。）

增上班：成唯識論釋：單週六晚班。雙週六晚班（重播班）。17.50～20.50。平實導師講解，2022 年 2 月末開講，預定六年內講完，僅限已明心之會員參加。

禪門差別智：每月第一週日全天　平實導師主講（事冗暫停）。

解深密經詳解　本經從六度波羅蜜多談到八識心王，再詳論大乘見道所證眞如，然後論及悟後進修的相見道位所觀七眞如，以及入地後的十地所修，乃至成佛時的四智圓明一切種智境界，皆是可修可證之法，流傳至今依舊可證，顯示佛法眞是義學而非玄談或思想，都是淺深次第皆所論及之第一義諦妙義。已於 2021 年三月下旬起開講，由平實導師詳解。每逢週二晚上開講，第一至第七講堂都可同時聽聞，歡迎菩薩種性學人，攜眷共同參與此殊勝法會現場聞法，不限制聽講資格。本會學員憑上課證進入第一至第四、第七講堂聽講，會外學人請以身分證件換證進入聽講（此爲大樓管理處安全管理規定之要求，敬請諒解）；第五及第六講堂（B1、B2）對外開放，不需出示任何證件，請由大樓側門直接進入。

第二講堂　台北市承德路三段 267 號十樓。

禪淨班：週一晚班。

進階班：週三晚班、週四晚班、週五晚班、週六早班、週六下午班。禪淨班結業後轉入共修。

增上班：成唯識論釋：單週六晚班，影音同步傳播。雙週六晚班（重播班）

解深密經詳解：平實導師講解。每週二 18.50~20.50 影像音聲即時傳輸。

第三講堂　台北市承德路三段 277 號五樓。

禪淨班：週六下午班。

增上班：成唯識論釋：單週六晚班，影音同步傳播。雙週六晚班（重播班）

進階班：週一晚班、週三晚班、週四晚班、週五晚班。

解深密經詳解：平實導師講解。每週二 18.50~20.50 影像音聲即時傳輸。

第四講堂　台北市承德路三段 267 號二樓。

進階班：週一晚班、週三晚班、週四晚班（禪淨班結業後轉入共修）。
解深密經詳解：平實導師講解。每週二 18.50~20.50 影像音聲即時傳輸。

第五、第六講堂

念佛班 每週日晚上，第六講堂共修（B2），一切求生極樂世界的三寶弟子皆可參加，不限制共修資格。

進階班：週一晚班、週三晚班、週四晚班。

解深密經詳解：平實導師講解。每週二 18.50~20.50 影像音聲即時傳輸。第五、第六講堂爲**開放式講堂**，不需以身分證件換證即可進入聽講，台北市承德路三段 267 號地下一樓、地下二樓。每逢週二晚上講經時段開放給會外人士自由聽經，請由大樓側面梯階逕行進入聽講。**聽講者請尊重講者的著作權及肖像權，請勿錄音錄影，以免違法；若有錄音錄影被查獲者，將依法處理。**

第七講堂 台北市承德路三段 267 號六樓。
解深密經詳解：平實導師講解。每週二 18.50~20.50 影像音聲即時傳輸。

正覺祖師堂 大溪區美華里信義路 650 巷坑底 5 之 6 號（台 3 號省道 34 公里處 妙法寺對面斜坡道進入）電話 03-3886110 傳眞 03-3881692 本堂供奉 克勤圓悟大師，專供會員每年四月、十月各三次精進禪三共修，兼作本會出家菩薩掛單常住之用。開放參訪日期請參見本會公告。教內共修團體或道場，得另申請其餘時間作團體參訪，務請事先與常住確定日期，以便安排常住菩薩接引導覽，亦免妨礙常住菩薩之日常作息及修行。

桃園正覺講堂（第一、第二講堂）：桃園市介壽路 286、288 號 10 樓（陽明運動公園對面）電話：03-3749363(請於共修時聯繫，或與台北聯繫)

禪淨班：週一晚班（1）、週一晚班（2）、週三晚班、週四晚班、週五晚班。

進階班：週四晚班、週五晚班、週六上午班。

增上班：成唯識論釋。雙週六晚班（增上重播班）。

解深密經詳解：平實導師講解。每週二晚上，以台北正覺講堂所錄 DVD 放映；歡迎會外學人共同聽講，不需出示身分證件。

新竹正覺講堂 新竹市東光路 55 號二樓之一 電話 03-5724297（晚上）

第一講堂：

禪淨班：週五晚班。

進階班：週三晚班、週四晚班、週六上午班。由禪淨班結業後轉入共修

增上班：成唯識論釋。單週六晚班。雙週六晚班（重播班）。

解深密經詳解：平實導師講解。每週二晚上，以台北正覺講堂所錄 DVD 放映。歡迎會外學人共同聽講，不需出示身分證件。

第二講堂：

禪淨班：週一晚班、週三晚班、週四晚班、週六上午班。

解深密經詳解：每週二晚上與第一講堂同步播放講經 DVD。

第三、第四講堂：裝修完畢，已經啓用。

台中正覺講堂 04-23816090（晚上）

第一講堂 台中市南屯區五權西路二段 666 號 13 樓之四（國泰世華銀行樓上。鄰近縣市經第一高速公路前來者，由五權西路交流道可以快速到達，大樓旁有停車場，對面有素食館）。

禪淨班：週四晚班、週五晚班。

進階班：週一晚班、週三晚班、週六上午班（由禪淨班結業後轉入共修）。

增上班：**成唯識論釋**。單週六晚班。雙週六晚班（重播班）。

解深密經詳解：平實導師講解。每週二晚上，以台北正覺講堂所錄 DVD 放映。歡迎會外學人共同聽講，不需出示身分證件。

第二講堂 台中市南屯區五權西路二段 666 號 4 樓

禪淨班：週一晚班、週三晚班。

第三講堂台中市南屯區五權西路二段 666 號 4 樓

禪淨班：週一晚班。

第四講堂台中市南屯區五權西路二段 666 號 4 樓。

進階班：週一晚班、週四晚班、週六上午班，由禪淨班結業後轉入共修

解深密經詳解：每週二晚上與第一講堂同步播放講經 DVD。

嘉義正覺講堂 嘉義市友愛路 288 號八樓之一 電話：05-2318228

第一講堂：

禪淨班：週四晚班、週五晚班、週六上午班。

進階班：週一晚班、週三晚班（由禪淨班結業後轉入共修）。

增上班：**成唯識論釋**。單週六晚班。雙週六晚班（重播班）。

解深密經詳解：平實導師講解。每週二晚上，以台北正覺講堂所錄 DVD 放映。歡迎會外學人共同聽講，不需出示身分證件。

第二講堂 嘉義市友愛路 288 號八樓之二。

第三講堂 嘉義市友愛路 288 號四樓之七。

禪淨班：週一晚班、週三晚班。

台南正覺講堂

第一講堂 台南市西門路四段 15 號 4 樓。06-2820541（晚上）

禪淨班：週一晚班、週三晚班、週四晚班、週五晚班、週六下午班。

增上班：**成唯識論釋**。單週六晚班。雙週六晚班（重播班）。

解深密經詳解：平實導師講解。每週二晚上，以台北正覺講堂所錄 DVD 放映。歡迎會外學人共同聽講，不需出示身分證件。

第二講堂 台南市西門路四段 15 號 3 樓。

解深密經詳解：每週二晚上與第一講堂同步播放講經 DVD。

第三講堂 台南市西門路四段 15 號 3 樓。

進階班：週一晚班、週三晚班、週四晚班、週五晚班（由禪淨班結業後轉入共修）。

解深密經詳解：每週二晚上與第一講堂同步播放講經 DVD。

高雄正覺講堂　高雄市新興區中正三路 45 號五樓 07-2234248（晚上）

第一講堂（五樓）：

禪淨班：週一晚班、週三晚班、週四晚班、週五晚班、週六上午班。

增上班：**成唯識論釋**。單週六晚班。雙週六晚班（重播班）。

解深密經詳解：平實導師講解。每週二晚上，以台北正覺講堂所錄 DVD 放映。歡迎會外學人共同聽講，不需出示身分證件。

第二講堂（四樓）：

進階班：週三晚班、週四晚班、週六上午班（由禪淨班結業後轉入共修）。

解深密經詳解：每週二晚上與第一講堂同步播放講經 DVD。

第三講堂（三樓）：

進階班：週四晚班（由禪淨班結業後轉入共修）。

香港正覺講堂

香港新界葵涌打磚坪街 93 號維京科技商業中心A 座 18 樓。

電話：(852) 23262231

英文地址：18/F, Tower A, Viking Technology & Business Centre, 93 Ta Chuen Ping Street, Kwai Chung, N.T., Hong Kong.

禪淨班：單週六下午班、雙週六下午班、單週日上午班、單週日下午班、雙週日上午班

進階班：雙週六、日上午班（由禪淨班結業後轉入共修）。

增上班：每月第一雙週日下午及晚上班，以台北增上班課程錄成 DVD 放映之。

增上重播班：每月第二雙週日下午及晚上班，以台北增上班課程錄成 DVD 放映之。

不退轉法輪經詳解：平實導師講解。每週六、日 19:00～21:00，以台北正覺講堂所錄 DVD 放映；歡迎會外學人共同聽講，不需出示身分證件。

二、招生公告 本會台北講堂及全省各講堂、香港講堂，每逢四月、十月下旬開新班，每週共修一次（每次二小時。開課日起三個月內仍可插班）；各班共修期間皆爲二年半，全程免費，欲參加者請向本會函索報名表（各共修處皆於共修時間方有人執事，非共修時間請勿電詢或前來洽詢、請書），或直接從本會官方網站(http://www.enlighten.org.tw/newsflash/class)或成佛之道網站下載報名表。共修期滿時，若經報名禪三審核通過者，可參加四天三夜之禪三精進共修，有機會明心、取證如來藏，發起般若實相智慧，成爲實義菩薩，脫離凡夫菩薩位。

三、新春禮佛祈福 農曆年假期間停止共修：自農曆新年前七天起停止共修與弘法，正月 8 日起回復共修、弘法事務。新春期間正月初一～初七 9.00～17.00 開放台北講堂、正月初一～初三開放新竹、台中、嘉義、台南、高雄講堂，以及大溪禪三道場（正覺祖師堂），方便會員供佛、祈福及會外人士請書。

密宗四大派修雙身法，是外道性力派的邪法；又以生滅的識陰作為常住法，是常見外道，是假的藏傳佛教。

西藏覺囊巴以他空見弘揚第八識如來藏勝法，才是真藏傳佛教

佛教正覺同修會　弘法行事表　2022/04/25

1、**禪淨班**　以無相念佛及拜佛方式修習動中定力，實證一心不亂功夫。傳授解脫道正理及第一義諦佛法，以及參禪知見。共修期間：二年六個月。每逢四月、十月開新班，詳見招生公告表。

2、**進階班**　禪淨班畢業後得轉入此班，進修更深入的佛法，期能證悟明心。各地講堂各有多班，繼續深入佛法、增長定力，悟後得轉入增上班修學道種智，期能證得無生法忍。

3、**增上班 成唯識論**詳解　詳解八識心王的唯識性、唯識相、唯識位，分說八識心王及其心所各別的自性、所依、所緣、相應心所、行相、功用等，並闡述緣生諸法的四緣：因緣、等無間緣、所緣緣、增上緣等四緣，並論及十因五果等。論中闡釋**佛法實證及成就的根本法即是第八識，由第八識成就三界世間及出世間的一切染淨諸法，方有成佛之道可修、可證、可成就，名爲圓成實性**。然後詳解末法時代學人極易混淆的見道位所函蓋的眞見道、相見道、通達位等內容，指正末法時代高慢心一類學人，於見道位前後不斷所墮的同一邪謬處。末後開示修道位的十地之中，各地所應斷的二愚及所應證的一智，乃至佛位的四智圓明及具足四種涅槃等一切種智之眞實正理。由平實導師講述，每逢一、三、五週之週末晚上開示，每逢二、四週之週末爲重播班，供作後悟之菩薩補聞所未聽聞之法。增上班課程僅限已明心之會員參加。未來每逢講完十分之一內容時，便予出書流通；總共十輯，敬請期待。(註：《瑜伽師地論》從 2003 年二月開講，至 2022 年 2 月 19 日已經圓滿，爲期 18 年整。)

4、**解深密經**詳解　本經所說妙法極爲甚深難解，非唯論及佛法中心主旨的八識心王及般若實證之標的，亦論及眞見道之後轉入相見道位中應該修學之法，即是七眞如之觀行內涵，然後始可入地。亦論及見道之後，如何與解脫及佛菩提智相應，兼論十地進修之道，末論如來法身及四智圓明的一切種智境界。如是眞見道、相見道、諸地修行之義，傳至今時仍然可證，顯示佛法眞是義學而非玄談或思想，有實證之標的與內容，非學術界諸思惟研究者之所能到，乃是離言絕句之第八識第一義諦妙義。重講本經之目的，在於令諸已悟之人明解大乘佛法之成佛次第，以及悟後進修一切種智之內涵，確實證知三種自性性，並得據此證解七眞如、十眞如等正理，成就三無性的境界。已於 2021 年三月下旬起每逢週二的晚上公開宣講，由平實導師詳解。不限制聽講資格。

5、**精進禪三**　主三和尚：平實導師。於四天三夜中，以克勤圓悟大師及大慧宗杲之禪風，施設機鋒與小參、公案密意之開示，幫助會員剋期取證，親證不生不滅之眞實心——人人本有之如來藏。每年四月、十月各舉辦三個梯次；平實導師主持。僅限本會會員參加禪淨班共修期滿，報名審核通過者，方可參加。並選擇會中定力、慧力、福德三條件皆已具足之已明心會員，給以指引，令得眼見自己無形無相之佛性遍佈山河大地，眞實而無障礙，得以肉眼現觀世界身心悉皆如幻，具足成就如幻觀，圓滿十住菩薩之證境。

6、**阿含經**詳解　選擇重要之阿含部經典，依無餘涅槃之實際而加以詳解，令大眾得以現觀諸法緣起性空，亦復不墮斷滅見中，顯示經中所隱說之涅槃實際—如來藏—確實已於四阿含中隱說；令大眾得以聞後觀行，確實斷除我見乃至我執，證得**見到**眞現觀，乃至**身證**……等眞現觀；已得大乘或二乘見道者，亦可由此聞熏及聞後之觀行，除斷我所之貪著，成就慧解脫果。由平實導師詳解。不限制聽講資格。

7、**精選如來藏系經典**詳解　精選如來藏系經典一部，詳細解說，以此完全印證會員所悟如來藏之眞實，得入不退轉住。另行擇期詳細解說之，由平實導師講解。僅限已明心之會員參加。

8、**禪門差別智**　藉禪宗公案之微細淆訛難知難解之處，加以宣說及剖析，以增進明心、見性之功德，啓發差別智，建立擇法眼。每月第一週日全天，由平實導師開示，僅限破參明心後，復又眼見佛性者參加(事冗暫停)。

9、**枯木禪**　先講智者大師的《小止觀》，後說《釋禪波羅蜜》，詳解四禪八定之修證理論與實修方法，細述一般學人修定之邪見與岔路，及對禪定證境之誤會，消除枉用功夫、浪費生命之現象。已悟般若者，可以藉此而實修初禪，進入大乘通教及聲聞教的三果心解脫境界，配合應有的大福德及後得無分別智、十無盡願，即可進入初地心中。親教師：平實導師。未來緣熟時將於正覺寺開講。不限制聽講資格。

註：本會例行年假，自 2004 年起，改爲每年農曆新年前七天開始停息弘法事務及共修課程，農曆正月 8 日回復所有共修及弘法事務。新春期間（每日 9.00~17.00）開放台北講堂，方便會員禮佛祈福及會外人士請書。大溪區的正覺祖師堂，開放參訪時間，詳見〈正覺電子報〉或成佛之道網站。本表得因時節因緣需要而隨時修改之，不另作通知。

佛教正覺同修會　贈閱書籍 目錄

2021/8/30

1.**無相念佛**　平實導師著　回郵 36 元
2.**念佛三昧修學次第**　平實導師述著　回郵 52 元
3.**正法眼藏—護法集**　平實導師述著　回郵 76 元
4.**真假開悟簡易辨正法&佛子之省思**　平實導師著　回郵 26 元
5.**生命實相之辨正**　平實導師著　回郵 31 元
6.**如何契入念佛法門**（附：印順法師否定極樂世界）平實導師著　回郵 26 元
7.**平實書箋**—答元覽居士書　平實導師著　回郵 52 元
8.**三乘唯識**—如來藏系經律彙編　平實導師編　回郵 80 元
（精裝本　長 27 cm　寬 21 cm　高 7.5 cm　重 2.8 公斤）
9.**三時繫念全集**—修正本　回郵掛號 52 元（長 26.5 cm×寬 19 cm）
10.**明心與初地**　平實導師述　回郵 31 元
11.**邪見與佛法**　平實導師述著　回郵 36 元
12.**甘露法雨**　平實導師述　回郵 36 元
13.**我與無我**　平實導師述　回郵 36 元
14.**學佛之心態**—修正錯誤之學佛心態始能與正法相應 孫正德老師著 回郵52元
附錄：平實導師著**《略說八、九識並存…等之過失》**
15.**大乘無我觀**—《悟前與悟後》別說　平實導師述著　回郵 36 元
16.**佛教之危機**—中國台灣地區現代佛教之真相（附錄：公案拈提六則）
平實導師著　回郵 52 元
17.**燈　影**—燈下黑（覆「求教後學」來函等）　平實導師著　回郵 76 元
18.**護法與毀法**—覆上平居士與徐恒志居士網站毀法二文
張正圜老師著　回郵 76 元
19.**淨土聖道**—兼評**選擇本願念佛**　正德老師著　**由正覺同修會購贈** 回郵 52 元
20.**辨唯識性相**—對「紫蓮心海《辯唯識性相》書中否定阿賴耶識」之回應
正覺同修會 台南共修處法義組 著　回郵 52 元
21.**假如來藏**—對法蓮法師《如來藏與阿賴耶識》書中否定阿賴耶識之回應
正覺同修會 台南共修處法義組 著　回郵 76 元
22.**入不二門**—公案拈提集錦 第一輯（於平實導師公案拈提諸書中選錄約二十則，
合輯為一冊流通之）平實導師著　回郵 52 元
23.**真假邪說**—西藏密宗索達吉喇嘛《破除邪說論》真是邪說
釋正安法師著　上、下冊回郵各 52 元
24.**真假開悟**—真如、如來藏、阿賴耶識間之關係　平實導師述著　回郵 76 元
25.**真假禪和**—辨正釋傳聖之謗法謬說　孫正德老師著　回郵 76 元
26.**眼見佛性**—駁慧廣法師**眼見佛性的含義**文中謬說
游正光老師著　回郵 52 元

27.**普門自在**—公案拈提集錦 第二輯（於平實導師公案拈提諸書中選錄約二十則，合輯爲一冊流通之）平實導師著　回郵 52 元

28.**印順法師的悲哀**—以現代禪的質疑為線索　恒毓博士著　回郵 52 元

29.**識蘊真義**—現觀識蘊內涵、取證初果、親斷三縛結之具體行門。
—依《成唯識論》及《惟識述記》正義，略顯安慧《大乘廣五蘊論》之邪謬
平實導師著　回郵 76 元

30.**正覺電子報** 各期紙版本　免附回郵　每次最多函索三期或三本。
（已無存書之較早各期，不另增印贈閱）

31.**現代人應有的宗教觀**　蔡正禮老師 著　回郵 31 元

32.**遠惑趣道**—正覺電子報般若信箱問答錄　第一輯　回郵 52 元

33.**遠惑趣道**—正覺電子報般若信箱問答錄　第二輯　回郵 52 元

34.**確保您的權益**—器官捐贈應注意自我保護　游正光老師 著　回郵 31 元

35.**正覺教團電視弘法三乘菩提 DVD 光碟（一）**
由正覺教團多位親教師共同講述錄製 DVD 8 片，MP3 一片，共 9 片。有二大講題：一爲「三乘菩提之意涵」，二爲「學佛的正知見」。內容精闢，深入淺出，精彩絕倫，幫助大眾快速建立三乘法道的正知見，免被外道邪見所誤導。有志修學三乘佛法之學人不可不看。（製作工本費 100 元，回郵 52 元）

36.**正覺教團電視弘法 DVD 專輯（二）**
總有二大講題：一爲「三乘菩提之念佛法門」，一爲「學佛正知見（第二篇）」，由正覺教團多位親教師輪番講述，內容詳細闡述如何修學念佛法門、實證念佛三昧，以及學佛應具有的正確知見，可以幫助發願往生西方極樂淨土之學人，得以把握往生，更可令學人快速建立三乘法道的正知見，免於被外道邪見所誤導。有志修學三乘佛法之學人不可不看。（一套 17 片，工本費 160 元。回郵 76 元）

37.**喇嘛性世界**—揭開假藏傳佛教譚崔瑜伽的面紗　張善思 等人合著
由正覺同修會購贈　回郵 52 元

38.**假藏傳佛教的神話**—性、謊言、喇嘛教　張正玄教授編著
由正覺同修會購贈　回郵 52 元

39.**隨　緣**—理隨緣與事隨緣　平實導師述　回郵 52 元。

40.**學佛的覺醒**　正枝居士 著　回郵 52 元

41.**導師之真實義**　蔡正禮老師 著　回郵 31 元

42.**淺談達賴喇嘛之雙身法**—兼論解讀「密續」之達文西密碼
吳明芷居士 著　回郵 31 元

43.**魔界轉世**　張正玄居士 著　回郵 31 元

44.**一貫道與開悟**　蔡正禮老師 著　回郵 31 元

45.**博愛**—愛盡天下女人　正覺教育基金會 編印　回郵 36 元

46.**意識虛妄經教彙編**—實證解脫道的關鍵經文　正覺同修會編印　回郵 36 元

47.**邪箭囈語**—破斥藏密外道多識仁波切《破魔金剛箭雨論》之邪說
陸正元老師著　上、下冊回郵各 52 元

48.**真假沙門**—依 佛聖教闡釋佛教僧寶之定義
蔡正禮老師著　俟正覺電子報連載後結集出版

49.**真假禪宗**—藉評論釋性廣《印順導師對變質禪法之批判
及對禪宗之肯定》以顯示真假禪宗
附論一：凡夫知見 無助於佛法之信解行證
附論二：世間與出世間一切法皆從如來藏實際而生而顯
余正偉老師著　俟正覺電子報連載後結集出版　回郵未定

★ 上列贈書之郵資，係台灣本島地區郵資，大陸、港、澳地區及外國地區，請另計酌增（大陸、港、澳、國外地區之郵票不許通用）。尚未出版之書，請勿先寄來郵資，以免增加作業煩擾。

★ 本目錄若有變動，唯於後印之書籍及「成佛之道」網站上修正公佈之，不另行個別通知。

函索書籍請寄：佛教正覺同修會　103 台北市承德路 3 段 277 號 9 樓
台灣地區函索書籍者請附寄郵票，無時間購買郵票者可以等值現金抵用，但不接受郵政劃撥、支票、匯票。大陸地區得以人民幣計算，國外地區請以美元計算（請勿寄來當地郵票，在台灣地區不能使用）。欲以掛號寄遞者，請另附掛號郵資。

親自索閱：正覺同修會各共修處。　★請於共修時間前往取書，餘時無人在道場，請勿前往索取；共修時間與地點，詳見書末正覺同修會共修現況表（以近期之共修現況表爲準）。

註：正智出版社發售之局版書，請向各大書局購閱。若書局之書架上已經售出而無陳列者，請向書局櫃台指定洽購；若書局不便代購者，請於正覺同修會共修時間前往各共修處請購，正智出版社已派人於共修時間送書前往各共修處流通。 郵政劃撥購書及 大陸地區 購書，請詳別頁正智出版社發售書籍目錄最後頁之說明。

成佛之道 網站：http://www.a202.idv.tw　正覺同修會已出版之結緣書籍，多已登載於 成佛之道 網站，若住外國、或住處遙遠，不便取得正覺同修會贈閱書籍者，可以從本網站閱讀及下載。

＊＊假藏傳佛教修雙身法，非佛教＊＊

正智出版社 籌募弘法基金發售書籍目錄 2023/05/18

1.**宗門正眼**—公案拈提 第一輯 重拈 平實導師著 500 元

因重寫內容大幅度增加故，字體必須改小，並增爲 576 頁 主文 546 頁。比初版更精彩、更有內容。初版《禪門摩尼寶聚》之讀者，可寄回本公司免費調換新版書。免附回郵，亦無截止期限。（2007 年起，每冊附贈本公司精製公案拈提〈超意境〉CD 一片。市售價格 280 元，多購多贈。）

2.**禪淨圓融** 平實導師著 200 元（第一版舊書可換新版書。）

3.**真實如來藏** 平實導師著 400 元

4.**禪—悟前與悟後** 平實導師著 上、下冊，每冊 250 元

5.**宗門法眼**—公案拈提 第二輯 平實導師著 500 元

（2007 年起，每冊附贈本公司精製公案拈提〈超意境〉CD 一片）

6.**楞伽經詳解** 平實導師著 全套共 10 輯 每輯 250 元

7.**宗門道眼**—公案拈提 第三輯 平實導師著 500 元

（2007 年起，每冊附贈本公司精製公案拈提〈超意境〉CD 一片）

8.**宗門血脈**—公案拈提 第四輯 平實導師著 500 元

（2007 年起，每冊附贈本公司精製公案拈提〈超意境〉CD 一片）

9.**宗通與說通**—成佛之道 平實導師著 主文 381 頁 全書 400 頁售價 300 元

10.**宗門正道**—公案拈提 第五輯 平實導師著 500 元

（2007 年起，每冊附贈本公司精製公案拈提〈超意境〉CD 一片）

11.**狂密與真密 一～四輯** 平實導師著 西藏密宗是人間最邪淫的宗教，本質不是佛教，只是披著佛教外衣的印度教性力派流毒的喇嘛教。此書中將西藏密宗密傳之男女雙身合修樂空雙運所有祕密與修法，毫無保留完全公開，並將全部喇嘛們所不知道的部分也一併公開。內容比大辣出版社喧騰一時的《西藏慾經》更詳細。並且函蓋藏密的所有祕密及其錯誤的中觀見、如來藏見……等，藏密的所有法義都在書中詳述、分析、辨正。每輯主文三百餘頁 每輯全書約 400 頁 售價每輯 300 元

12.**宗門正義**—公案拈提 第六輯 平實導師著 500 元

（2007 年起，每冊附贈本公司精製公案拈提〈超意境〉CD 一片）

13.**心經密意**—心經與解脫道、佛菩提道、祖師公案之關係與密意 平實導師述 300 元

14.**宗門密意**—公案拈提 第七輯 平實導師著 500 元

（2007 年起，每冊附贈本公司精製公案拈提〈超意境〉CD 一片）

15.**淨土聖道**—兼評「選擇本願念佛」 正德老師著 200 元

16.**起信論講記** 平實導師述著 共六輯 每輯三百餘頁 售價各 250 元

17.**優婆塞戒經講記** 平實導師述著 共八輯 每輯三百餘頁 售價各 250 元

18.**真假活佛**—略論附佛外道盧勝彥之邪說（對前岳靈犀網站主張「盧勝彥是證悟者」之修正） 正犀居士（岳靈犀）著 流通價 140 元

19.**阿含正義**—唯識學探源 平實導師著 共七輯 每輯 300 元

20.**超意境 CD** 以平實導師公案拈提書中超越意境之頌詞，加上曲風優美

的旋律，錄成令人嚮往的超意境歌曲，其中包括正覺發願文及平實導師親自譜成的黃梅調歌曲一首。詞曲雋永，殊堪翫味，可供學禪者吟詠，有助於見道。內附設計精美的彩色小冊，解說每一首詞的背景本事。每片 280 元。【每購買公案拈提書籍一冊，即贈送一片。】

21.**菩薩底憂鬱** CD 將菩薩情懷及禪宗公案寫成新詞，並製作成超越意境的優美歌曲。 1.主題曲〈菩薩底憂鬱〉，描述地後菩薩能離三界生死而迴向繼續生在人間，但因尚未斷盡習氣種子而有極深沈之憂鬱，非三賢位菩薩及二乘聖者所知，此憂鬱在七地滿心位方才斷盡；本曲之詞中所說義理極深，昔來所未曾見；此曲係以優美的情歌風格寫詞及作曲，聞者得以激發嚮往諸地菩薩境界之大心，詞、曲都非常優美，難得一見；其中勝妙義理之解說，已印在附贈之彩色小冊中。 2.以各輯公案拈提中直示禪門入處之頌文，作成各種不同曲風之超意境歌曲，值得玩味、參究；聆聽公案拈提之優美歌曲時，請同時閱讀內附之印刷精美說明小冊，可以領會超越三界的證悟境界；未悟者可以因此引發求悟之意向及疑情，眞發菩提心而邁向求悟之途，乃至因此眞實悟入般若，成眞菩薩。 3.正覺總持咒新曲，總持佛法大意；總持咒之義理，已加以解說並印在隨附之小冊中。本 CD 共有十首歌曲，長達 63 分鐘。每盒各附贈二張購書優惠券。每片 320 元。

22.**禪意無限** CD 平實導師以公案拈提書中偈頌寫成不同風格曲子，與他人所寫不同風格曲子共同錄製出版，幫助參禪人進入禪門超越意識之境界。盒中附贈彩色印製的精美解說小冊，以供聆聽時閱讀，令參禪人得以發起參禪之疑情，即有機會證悟本來面目而發起實相智慧，實證大乘菩提般若，能如實證知般若經中的眞實意。本 CD 共有十首歌曲，長達 69 分鐘，每盒各附贈二張購書優惠券。每片 320 元。

23.**我的菩提路**第一輯　釋悟圓、釋善藏等人合著　售價 300 元

24.**我的菩提路**第二輯　郭正益等人合著　售價 300 元

（初版首刷至第四刷，都可以寄來免費更換爲第二版，免附郵費）

25.**我的菩提路**第三輯　王美伶等人合著　售價 300 元

26.**我的菩提路**第四輯　陳晏平等人合著　售價 300 元

27.**我的菩提路**第五輯　林慈慧等人合著　售價 300 元

28.**我的菩提路**第六輯　劉惠莉等人合著　售價 300 元

29.**我的菩提路**第七輯　余正偉等人合著　售價 300 元

30.**鈍鳥與靈龜**—考證後代凡夫對大慧宗杲禪師的無根誹謗。

平實導師著 共 458 頁 售價 350 元

31.**維摩詰經講記** 平實導師述 共六輯 每輯三百餘頁 售價各 250 元

32.**真假外道**—破劉東亮、杜大威、釋證嚴常見外道見　正光老師著　200 元

33.**勝鬘經講記**—兼論印順《勝鬘經講記》對於《勝鬘經》之誤解。

平實導師述　共六輯　每輯三百餘頁　售價250 元

34.**楞嚴經講記** 平實導師述 共**15**輯，每輯三百餘頁 售價300元

35.**明心與眼見佛性**—駁慧廣〈蕭氏「眼見佛性」與「明心」之非〉文中謬說
正光老師著 共448頁 售價300元

36.**見性與看話頭** 黃正倖老師 著，本書是禪宗參禪的方法論。
內文375頁，全書416頁，售價300元。

37.**達賴真面目**—玩盡天下女人 白正偉老師 等著 中英對照彩色精裝大本 800元

38.**喇嘛性世界**—揭開假藏傳佛教譚崔瑜伽的面紗 張善思 等人著 200元

39.**假藏傳佛教的神話**—性、謊言、喇嘛教 正玄教授編著 200元

40.**金剛經宗通** 平實導師述 共九輯 每輯售價250元。

41.**空行母**—性別、身分定位，以及藏傳佛教。
珍妮·坎貝爾著 呂艾倫 中譯 售價250元

42.**末代達賴**—性交教主的悲歌 張善思、呂艾倫、辛燕編著 售價250元

43.**霧峰無霧**—給哥哥的信 辨正釋印順對佛法的無量誤解
游宗明 老師著 售價250元

44.**霧峰無霧**—第二輯—救護佛子向正道 細說釋印順對佛法的各類誤解
游宗明 老師著 售價250元

45.**第七意識與第八意識？**—穿越時空「超意識」
平實導師述 每冊300元

46.**黯淡的達賴**—失去光彩的諾貝爾和平獎
正覺教育基金會編著 每冊250元

47.**童女迦葉考**—論呂凱文〈佛教輪迴思想的論述分析〉之謬。
平實導師 著 定價180元

48.**人間佛教**—實證者必定不悖三乘菩提
平實導師 述，定價400元

49.**實相經宗通** 平實導師述 共八輯 每輯250元

50.**真心告訴您(一)**—達賴喇嘛在幹什麼？
正覺教育基金會編著 售價250元

51.**中觀金鑑**—詳述應成派中觀的起源與其破法本質
孫正德老師著 分為上、中、下三冊，每冊250元

52.**藏傳佛教要義**—《狂密與真密》之簡體字版 平實導師 著 上、下冊
僅在大陸流通 每冊300元

53.**法華經講義** 平實導師述 共二十五輯 每輯三百餘頁 售價300元

54.**西藏「活佛轉世」制度**—附佛、造神、世俗法
許正豐、張正玄老師合著 定價150元

55.**廣論三部曲** 郭正益老師著 定價150元

56.**真心告訴您(二)**—達賴喇嘛是佛教僧侶嗎？
—補祝達賴喇嘛八十大壽
正覺教育基金會編著 售價300元

57.**次法**—實證佛法前應有的條件
張善思居士著 分為上、下二冊，每冊250元

58.**涅槃**—解說四種涅槃之實證及內涵　平實導師著 上、下冊 各350元
59.**山法**—西藏關於他空與佛藏之根本論
篤補巴・喜饒堅贊著　　傑弗里・霍普金斯英譯
張火慶教授、呂艾倫老師中譯　精裝大本1200元
60.**佛藏經講義**　平實導師述　共二十一輯 每輯三百餘頁 售價300元。
61.**成唯識論**　大唐 玄奘菩薩所著鉅論。重新正確斷句，並以不同字體及標點符號顯示質疑文，令得易讀。全書288頁，精裝大本400元。
62.**大法鼓經講義**　平實導師述 2023年1月30日開始出版　共六輯 每二個月出版一輯，每輯300元
63.**成唯識論釋**—詳解大唐玄奘菩薩所著《成唯識論》，平實導師著述。共十輯，每輯內文四百餘頁，12級字編排，於每講完一輯的分量以後即予出版，2023年五月底出版第一輯，以後每七到十個月出版一輯，每輯400元。
64.**假鋒虛焰金剛乘**—揭示顯密正理，兼破索達吉師徒《般若鋒兮金剛焰》
釋正安法師著 簡體字版 即將出版 售價未定
65.**廣論之平議**—宗喀巴《菩提道次第廣論》之平議　正雄居士著
約二或三輯　俟正覺電子報連載後結集出版　書價未定
66.**不退轉法輪經講義** 平實導師講述 《大法鼓經講義》出版後發行
67.**八識規矩頌**詳解　○○居士 註解　出版日期另訂　書價未定。
68.**中觀正義**—註解平實導師《中論正義頌》。
○○法師（居士）著　出版日期未定　書價未定
69.**中論正義**—釋龍樹菩薩《中論》頌正理。
孫正德老師著　出版日期未定　書價未定
70.**中國佛教史**—依中國佛教正法史實而論。 ○○老師 著　書價未定。
71.**印度佛教史**—法義與考證。依法義史實評論印順《印度佛教思想史、佛教史地考論》之謬說　正偉老師著　出版日期未定　書價未定
72.**阿含經講記**—將選錄四阿含中數部重要經典全經講解之，講後整理出版。
平實導師述　約二輯　每輯300元　出版日期未定
73.**實積經講記** 平實導師述　每輯三百餘頁 優惠價300元 出版日期未定
74.**解深密經講義**　平實導師述 約四輯　將於重講後整理出版
75.**修習止觀坐禪法要講記**　平實導師述　每輯三百餘頁
將於正覺寺建成後重講、以講記逐輯出版　出版日期未定
76.**無門關**—《無門關》公案拈提　平實導師著　出版日期未定
77.**中觀再論**—兼述印順《中觀今論》謬誤之平議。 正光老師著 出版日期未定
78.**輪迴與超度**—佛教超度法會之真義。
○○法師（居士）著　出版日期未定　書價未定
79.《**釋摩訶衍論**》**平議**—對偽稱龍樹所造《釋摩訶衍論》之平議
○○法師（居士）著　出版日期未定　書價未定

80.**正覺發願文**註解—以真實大願為因 得證菩提

正德老師著　出版日期未定　書價未定

81.**正覺總持咒**—佛法之總持　正圜老師著　出版日期未定　書價未定

82.**三自性**—依四食、五蘊、十二因緣、十八界法，說三性三無性。

作者未定　出版日期未定

83.**道品**—從三自性說大小乘三十七道品　作者未定　出版日期未定

84.**大乘緣起觀**—依四聖諦七真如現觀十二緣起 作者未定　出版日期未定

85.**三德**—論解脫德、法身德、般若德。　作者未定　出版日期未定

86.**真假如來藏**—對印順《如來藏之研究》謬說之平議　作者未定 出版日期未定

87.**大乘道次第**　作者未定　出版日期未定　書價未定

88.**四緣**—依如來藏故有四緣。　作者未定　出版日期未定

89.**空之探究**—印順《空之探究》謬誤之平議　作者未定 出版日期未定

90.**十法義**—論阿含經中十法之正義　作者未定　出版日期未定

91.**外道見**—論述外道六十二見　作者未定　出版日期未定

正智出版社有限公司　書籍介紹

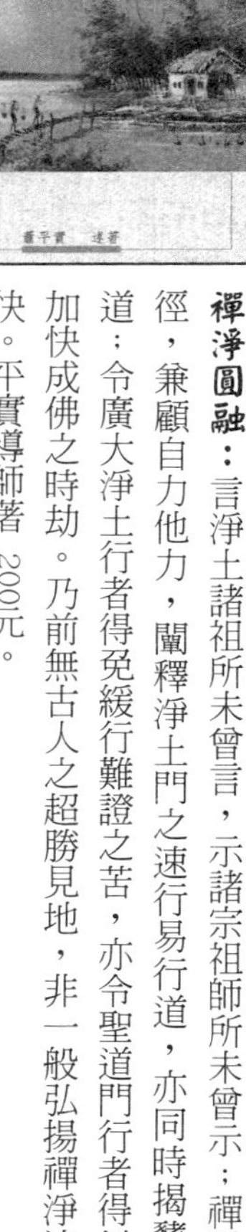

禪淨圓融：言淨土諸祖所未曾言，示諸宗祖師所未曾示；禪淨圓融，另闢成佛捷徑，兼顧自力他力，闡釋淨土門之速行易行道，亦同時揭櫫聖教門之速行易行道；令廣大淨土行者得免緩行難證之苦，亦令聖道門行者得以藉著淨土速行道而加快成佛之時劫。乃前無古人之超勝見地，非一般弘揚禪淨法門典籍也，先讀為快。平實導師著 200元。

宗門正眼—公案拈提第一輯：繼承克勤圜悟大師碧巖錄宗旨之禪門鉅作。先則舉示當代大法師之邪說，消弭當代禪門大師鄉愿之心態，摧破當今禪門「世俗禪」之妄談；次則旁通教法，表顯宗門正理；繼以道之次第，消弭古今狂禪；後藉言語及文字機鋒，直示宗門入處。悲智雙運，禪味十足，數百年來難得一睹之禪門鉅著也。平實導師著　500元（原初版書《禪門摩尼寶聚》，改版後補充為五百餘頁新書，總計多達二十四萬字，內容更精彩，並改名為《宗門正眼》，讀者原購初版《禪門摩尼寶聚》皆可寄回本公司免費換新，免附回郵，亦無截止期限）（2007年起，凡購買公案拈提第一輯至第七輯，每購一輯皆贈送本公司精製公案拈提〈超意境〉CD一片，市售價格280元，多購多贈）。

禪—悟前與悟後：本書能建立學人悟道之信心與正確知見，圓滿具足而有次第地詳述禪悟之功夫與禪悟之內容，指陳參禪中細微淆訛之處，能使學人明自眞心、見自本性。若未能悟入，亦能以正確知見辨別古今中外一切大師究係眞悟？或屬錯悟？便有能力揀擇，捨名師而選明師，後時必有悟道之緣。一旦悟道，遲者七次人天往返，便出三界，速者一生取辨。學人欲求開悟者，不可不讀。　平實導

智、不斷探索而不能得之生命實相；是古今中外許多大師自以為悟而當面錯過之生命實相。如來藏即是阿賴耶識，乃是一切有情本自具足、不生不滅之真實心。當代中外大師於此書出版之前所未能言者，作者於本書中盡情流露、詳細闡釋。真悟者讀之，必能增益悟境、智慧增上；錯悟者讀之，必能檢討自己之錯誤，免犯大妄語業；未悟者讀之，能知參禪之理路，亦能以之檢查一切名師是否真悟。此書是一切哲學家、宗教家、學佛者及欲昇華心智之人必讀之鉅著。　平實導師著　售價400元。

宗門法眼—公案拈提第二輯：列舉實例，闡釋土城廣欽老和尚之悟處；並直示這位不識字的老和尚妙智橫生之根由，繼而剖析禪宗歷代大德之開悟公案，解析當代密宗高僧卡盧仁波切之錯悟證據，並例舉當代顯宗高僧、大居士之錯悟證據（凡健在者，為免影響其名聞利養，皆隱其名）。藉辨正當代名師之邪見，向廣大佛子指陳禪悟之正道，彰顯宗門法眼。悲勇兼出，強捋虎鬚；慈智雙運，巧探驪龍；摩尼寶珠在手，直示宗門入處，禪味十足；若非大悟徹底，不能為之。禪門精奇人物，允宜人手一冊，供作參究及悟後印證之圭臬。本書於2008年4月改版，增寫為大約500頁篇幅，以利學人研讀參究時更易悟入宗門正法，以前所購初版首刷及初版二刷舊書，皆可免費換取新書。平實導師著　500元（2007年起，凡購買公案拈提第一輯至第七輯，每購一輯皆贈送本公司精製公案拈提〈超意境〉CD一片，市售價格280元，多購多贈）。

宗門道眼—公案拈提第三輯：繼宗門法眼之後，再以金剛之作略、慈悲之胸懷、犀利之筆觸，舉示寒山、拾得、布袋三大士之悟處，消弭當代錯悟者對於寒山大士……等之誤會及誹謗。　亦舉出民初以來與虛雲和尚齊名之蜀郡鹽亭袁煥仙夫子——南懷瑾老師之師，其「悟處」何在？並蒐羅許多真悟祖師之證悟公案，顯示禪宗歷代祖師之睿智，指陳部分祖師、奧修及當代顯密大師之謬悟，作為殷鑑，幫助禪子建立及修正參禪之方向及知見。假使讀者閱此書已，一時尚未能悟，亦可一面加功用行，一面以此宗門道眼辨別真假善知識，避開錯誤之印證及歧路，可免大妄語業之長劫慘痛果報。欲修禪宗之禪者，務請細讀。平實導師著　售價500元（2007年起，凡購買公案拈提第一輯至第七輯，每購一輯皆贈送本公司精製公案拈提〈超意境〉CD一片，市售價格280元，多購多贈）。

楞伽經詳解：本經是禪宗見道者印證所悟眞僞之根本經典，亦是禪宗見道者悟後起修之依據經典；故達摩祖師於印證二祖慧可大師之後，將此經典連同佛缽祖衣一併交付二祖，令其依此經典佛示金言、進入修道位，修學一切種智。由此可知此經對於眞悟之人修學佛道，是非常重要之一部經典。此經能破外道邪說，亦破佛門中錯悟名師之謬說，亦破禪宗部分祖師之狂禪：不讀經典、一向主張「一悟即成究竟佛」之謬執。並開示愚夫所行禪、觀察義禪、攀緣如禪、如來禪等差別，令行者對於三乘禪法差異有所分辨；亦糾正禪宗祖師古來對於如來禪之誤解，嗣後可免以訛傳訛之弊。此經亦是法相唯識宗之根本經典，禪者悟後欲修一切種智而入初地者，必須詳讀。　平實導師著，全套共十輯，已全部出版完畢，每輯主文約320頁，每冊約352頁，定價250元。

宗門血脈—公案拈提第四輯：末法怪象—許多修行人自以爲悟，每將無念靈知認作眞實；崇尚二乘法諸師及其徒眾，則將外於如來藏之緣起性空—無因論之無常空、斷滅空、一切法空—錯認爲　佛所說之般若空性。這兩種現象已於當今海峽兩岸及美加地區顯密大師之中普遍存在；人人自以爲悟，心高氣壯，便敢寫書解釋祖師證悟之公案，大多出於意識思惟所得，言不及義，錯誤百出，因此誤導廣大佛子同陷大妄語之地獄業中而不能自知。彼等書中所說之悟處，其實處處違背第一義經典之聖言量。彼等諸人不論是否身披袈裟，都非佛法宗門血脈，或雖有禪宗法脈之傳承，亦只徒具形式；猶如螟蛉，非眞血脈，未悟得根本眞實故。禪子欲知　佛、祖之眞血脈者，請讀此書，便知分曉。平實導師著，主文452頁，全書464頁，定價500元（2007年起，凡購買公案拈提第一輯至第七輯，每購一輯皆贈送本公司精製公案拈提〈超意境〉CD一片，市售價格280元，多購多贈）。

宗通與說通：古今中外，錯誤之人如麻似粟，每以常見外道所說之靈知心，認作眞心；或妄想虛空之勝性能量爲眞如，或錯認物質四大元素藉冥性（靈知心本體）能成就吾人色身及知覺，或認初禪至四禪中之了知心爲不生不滅之涅槃心。此等皆非通宗者之見地。復有錯悟之人一向主張「宗門與教門不相干」，此即尚未通達宗門之人也。其實宗門與教門互通不二，宗門所證者乃是眞如與佛性，教門所說者乃說宗門證悟之眞如佛性，故教門與宗門不二。本書作者以宗教二門互通之見地，細說「宗通與說通」，從初見道至悟後起修之道、細說分明；並將諸宗諸派在整體佛教中之地位與次第，加以明確之教判，學人讀之即可了知佛法之梗概也。

佛子所證二果之菩提果爲佛菩提，故名大菩提果，其慧名爲一切種智—函蓋二乘解脫果。然此大乘二果修證，須經由禪宗之宗門證悟方能相應。而宗門證悟極難，自古已然；其所以難者，咎在古今佛教界普遍存在三種邪見：1.以修定認作佛法，　2.以無因論之緣起性空—否定涅槃本際如來藏以後之一切法空作爲佛法，3.以常見外道邪見（離語言妄念之靈知性）作爲佛法。　如是邪見，或因自身正見未立所致，或因邪師之邪教導所致，或因無始劫來虛妄熏習所致。若不破除此三種邪見，永劫不悟宗門眞義、不入大乘正道，唯能外門廣修菩薩行。　平實導師於此書中，有極爲詳細之說明，有志佛子欲摧邪見、入於內門修菩薩行者，當閱此書。主文共496頁，全書512頁。售價500元（2007年起，凡購買公案拈提第一輯至第七輯，每購一輯皆贈送本公司精製公案拈提〈超意境〉CD一片，市售價格280元，多購多贈）。

狂密與眞密：密教之修學，皆由有相之觀行法門而入，其最終目標仍不離顯教經典所說第一義諦之修證；若離顯教第一義經典、或違背顯教第一義經典，即非佛教。西藏密教之觀行法，如灌頂、觀想、遷識法、寶瓶氣、大聖歡喜雙身修法、喜金剛、無上瑜伽、大樂光明、樂空雙運等，皆是印度教兩性生生不息思想之轉化，自始至終皆以如何能運用交合淫樂之法達到全身受樂爲其中心思想，純屬欲界五欲的貪愛，不能令人超出欲界輪迴，更不能令人斷除我見；何況大乘之明心與見性，更無論矣！故密宗之法絕非佛法也。而其明光大手印、大圓滿法教，又皆同以常見外道所說離語言妄念之無念靈知心錯認爲佛地之眞如，不能直指不生不滅之眞如。西藏密宗所有法王與徒衆，都尚未開頂門眼，不能辨別眞僞，以依人不依法、依密續不依經典故，不肯將其上師喇嘛所說對照第一義經典，純依密續之藏密祖師所說爲準，因此而誇大其證德與證量，動輒謂彼祖師上師爲究竟佛、爲地上菩薩；如今台海兩岸亦有自謂其師證量高於　釋迦文佛者，然觀其師所述，猶未見道，仍在觀行即佛階段，尚未到禪宗相似即佛、分證即佛階位，竟敢標榜爲究竟佛及地上法王，誑惑初機學人。凡此怪象皆是狂密，不同於眞密之修行者。近年狂密盛行，密宗行者被誤導者極衆，動輒自謂已證佛地眞如，自視爲究竟佛，陷於大妄語業中而不知自省，反謗顯宗眞修實證者之證量粗淺；或如義雲高與釋性圓…等人，於報紙上公然誹謗眞實證道者爲「騙子、無道人、人妖、癩蛤蟆…」等，造下誹謗大乘勝義僧之大惡業；或以外道法中有爲有作之甘露、魔術……等法，誑騙初機學人，狂言彼外道法爲眞佛法。如是怪象，在西藏密宗及附藏密之外道中，不一而足，舉之不盡，學人宜應愼思明辨，以免上當後又犯毀破菩薩戒之重罪。密宗學人若欲遠離邪知邪見者，請閱此書，即能了知密宗之邪謬，從此遠離邪見與邪修，轉入眞正之佛道。　平實導師著　共四輯　每輯約400頁（主文約340頁）每輯售價300元。

宗門正義—公案拈提第六輯：佛教有六大危機，乃是藏密化、世俗化、膚淺化、學術化、宗門密意失傳、悟後進修諸地之次第混淆；其中尤以宗門密意之失傳，爲當代佛教最大之危機。由宗門密意失傳故，易令　世尊本懷普被錯解，易令　世尊正法被轉易爲外道法，以及加以淺化、世俗化，是故宗門密意之廣泛弘傳與具緣佛弟子，極爲重要。然而欲令宗門密意之廣泛弘傳予具緣之佛弟子者，必須同時配合錯誤知見之解析、普令佛弟子知之，然後輔以公案解析之直示入處，方能令具緣之佛弟子悟入。而此二者，皆須以公案拈提之方式爲之，方易成其功、竟其業，是故平實導師續作宗門正義一書，以利學人。全書500餘頁，售價500元（2007年起，凡購買公案拈提第一輯至第七輯，每購一輯皆贈送本公司精製公案拈提〈超意境〉CD一片，市售價格280元，多購多贈）。

心經密意—心經與解脫道、佛菩提道、祖師公案之關係與密意。二乘菩提所證之解脫道，實依第八識心之斷除煩惱障現行而立解脫之名；大乘菩提所證之佛菩提道，實依親證第八識如來藏之涅槃性、清淨自性、及其中道性而立般若之名；禪宗祖師公案所證之眞心，即是此第八識如來藏；是故三乘佛法所修所證之三乘菩提，皆依此如來藏心而立名也。此第八識如來藏，即是《心經》所說之心也。證得此如來藏已，即能漸入大乘佛菩提道，亦可因證知此心而了知二乘無學所不能知之無餘涅槃本際，是故《心經》之密意，與三乘佛菩提之關係極爲密切、不可分割，三乘佛法皆依此心而立名故。今者平實導師以其所證解脫道之無生智及佛菩提之般若種智，將《心經》與解脫道、佛菩提道、祖師公案之關係與密意，以演講之方式，用淺顯之語句和盤托出，發前人所未言，呈三乘菩提之眞義，令人藉此《心經密意》一舉而窺三乘菩提之堂奧，迥異諸方言不及義之說；欲求眞實佛智者、不可不讀！　主文317頁，連同跋文及序文…等共384頁，售價300元。

宗門密意—公案拈提第七輯：佛教之世俗化，將導致學人以信仰作爲學佛，則將以感應及世間法之庇祐，作爲學佛之主要目標，不能了知學佛之主要目標爲親證三乘菩提。大乘菩提則以般若實相智慧爲主要修習目標，以二乘菩提解脫道爲附帶修習之標的；是故學習大乘法者，應以禪宗之證悟爲要務，能親入大乘菩提之實相般若智慧中故，般若實相智慧非二乘聖人所能知故。此書則以台灣世俗化佛教之三大法師，說法似是而非之實例，配合眞悟祖師之公案解析，提示證悟般若之關節，令學人易得悟入。平實導師著，全書五百餘頁，售價500元（2007年起，

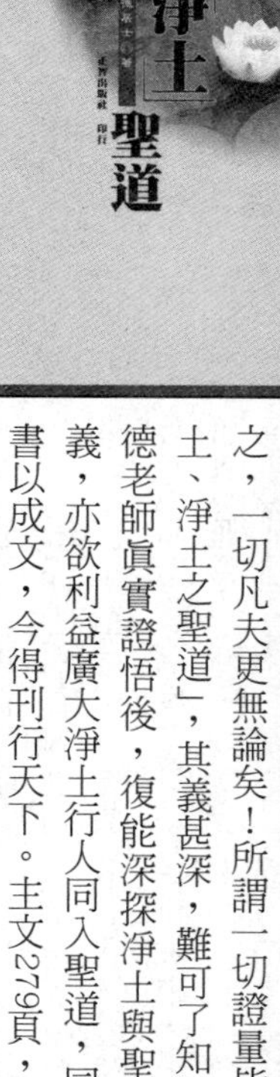

之，一切凡夫更無論矣！所謂一切證量皆歸淨土是也！是故大乘法中「聖道之淨土、淨土之聖道」，其義甚深，難可了知；乃至眞悟之人，初心亦難知也。今有正德老師眞實證悟後，復能深探淨土與聖道之緊密關係，憐憫衆生之誤會淨土實義，亦欲利益廣大淨土行人同入聖道，同獲淨土中之聖道門要義，乃振奮心神、書以成文，今得刊行天下。主文279頁，連同序文等共301頁，總有十一萬六千餘字，正德老師著，成本價200元。

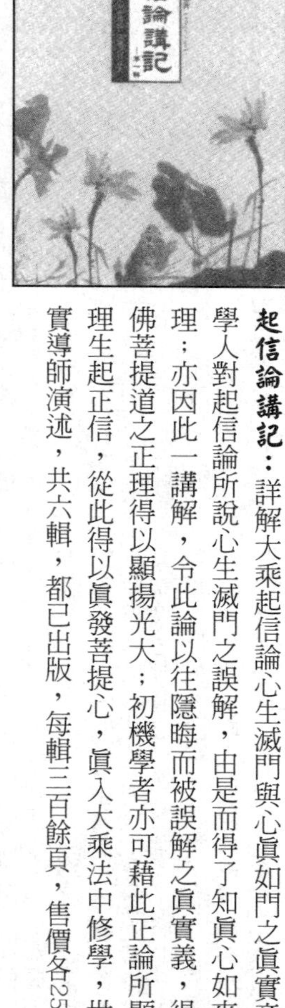

起信論講記：詳解大乘起信論心生滅門與心眞如門之眞實意旨，消除以往大師與學人對起信論所說心生滅門之誤解，由是而得了知眞心如來藏之非常非斷中道正理；亦因此一講解，令此論以往隱晦而被誤解之眞實義，得以如實顯示，令大乘佛菩提道之正理得以顯揚光大；初機學者亦可藉此正論所顯示之法義，對大乘法理生起正信，從此得以眞發菩提心，眞入大乘法中修學，世世常修菩薩正行。平實導師演述，共六輯，都已出版，每輯三百餘頁，售價各250元。

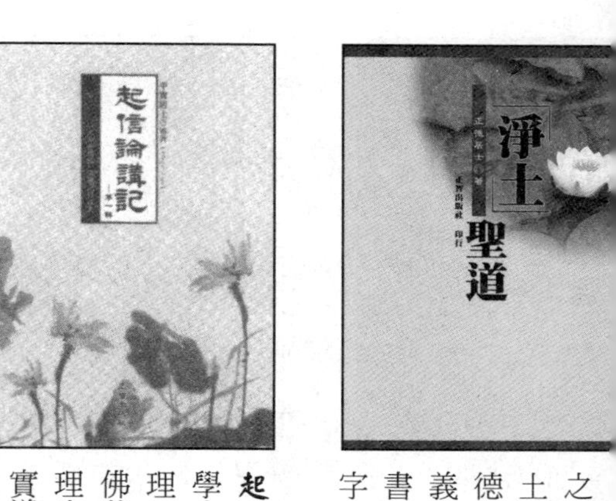

優婆塞戒經講記：本經詳述在家菩薩修學大乘佛法，應如何受持菩薩戒？對人間善行應如何看待？對三寶應如何護持？應如何正確地修集此世後世證法之福德？應如何修集後世「行菩薩道之資糧」？並詳述第一義諦之正義：五蘊非我非異我、自作自受、異作異受、不作不受……等深妙法義，乃是修學大乘佛法、行菩薩行之在家菩薩所應當了知者。出家菩薩今世或未來世登地已，捨報之後多數將如華嚴經中諸大菩薩，以在家菩薩身而修行菩薩行，故亦應以此經所述正理而修之，配合《楞伽經、解深密經、楞嚴經、華嚴經》等道次第正理，方得漸次成就佛道；故此經是一切大乘行者皆應證知之正法。平實導師講述，每輯三百餘頁，售價各250元；共八輯，已全部出版。

真假活佛—略論附佛外道盧勝彥之邪說：人人身中都有眞活佛，永生不滅而有大神用，但衆生都不了知，所以常被身外的西藏密宗假活佛籠罩欺瞞。本來就眞實存在的眞活佛，才是眞正的密宗無上密！諾那活佛因此而說禪宗是大密宗，但藏密的所有活佛都不知道、也不曾實證自身中的眞活佛。本書詳實宣示眞活佛的道理，舉證盧勝彥的「佛法」不是眞佛法，也顯示盧勝彥是假活佛，直接的闡釋第一義佛法見道的眞實正理。眞佛宗的所有上師與學人們，都應該詳細閱讀，包括盧勝彥個人在內。正犀居士著，優惠價140元。

阿含正義—唯識學探源：廣說四大部《阿含經》諸經中隱說之眞正義理，一一舉示佛陀本懷，令阿含時期初轉法輪根本經典之眞義，如實顯現於佛子眼前。並提示末法大師對於阿含眞義誤解之實例，一一比對之，證實唯識增上慧學確於原始佛法之阿含諸經中已隱覆密意而略說之，證實 世尊確於原始佛法中已曾密意而說第八識如來藏之總相；亦證實 世尊在四阿含中已說此藏識是名色十八界之因、之本—證明如來藏是能生萬法之根本心。佛子可據此修正以往受諸大師（譬如西藏密宗應成派中觀師：印順、昭慧、性廣、大願、達賴、宗喀巴、寂天、月稱、……等人）誤導之邪見，建立正見，轉入正道乃至親證初果而無困難；書中並詳說三果所證的心解脫，以及四果慧解脫的親證，都是如實可行的具體知見與行門。全書共七輯，已出版完畢。平實導師著，每輯三百餘頁，售價300元。

超意境CD：以平實導師公案拈提書中超越意境之頌詞，加上曲風優美的旋律，錄成令人嚮往的超意境歌曲，其中包括正覺發願文及平實導師親自譜成的黃梅調歌曲一首。詞曲雋永，殊堪翫味，可供學禪者吟詠，有助於見道。內附設計精美的彩色小冊，解說每一首詞的背景本事。每片280元。【每購買公案拈提書籍一冊，即贈送一片。】

…末法時代的今天仍然有人能得實證，由正覺同修會釋悟圓、釋善藏法師等二十餘位實證如來藏者所寫的見道報告，已爲當代學人見證宗門正法之絲縷不絕，證明大乘義學的法脈仍然存在，爲末法時代求悟般若之學人照耀出光明的坦途。由二十餘位大乘見道者所繕，敘述各種不同的學法、見道因緣與過程，參禪求悟者必讀。全書三百餘頁，售價300元。

我的菩提路第二輯：由郭正益老師等人合著，書中詳述彼等諸人歷經各處道場學法，一一修學而加以檢擇之不同過程以後，因閱讀正覺同修會、正智出版社書籍而發起抉擇分，轉入正覺同修會中修學；乃至學法及見道之過程，都一一詳述之。**本書已改版印製重新流通**，讀者原購的初版書，不論是第一刷或第二、三、四刷，都可以寄回換新，免附郵費。

我的菩提路第三輯：由王美伶老師等人合著。自從正覺同修會成立以來，每年夏初、冬初都舉辦精進禪三共修，藉以助益會中同修們得以證悟明心發起般若實相智慧；凡已實證而被平實導師印證者，皆書具見道報告用以證明佛法之眞實可證而非玄學，證明佛法並非純屬思想、理論而無實質，是故每年都能有人證明正覺同修會的「實證佛教」主張並非虛語。特別是眼見佛性一法，自古以來中國禪宗祖師實證者極寡，較之明心開悟的證境更難令人信受；至2017年初，正覺同修會中的證悟明心者已近五百人，然而其中眼見佛性者至今唯十餘人爾，可謂難能可貴，是故明心後欲冀眼見佛性者實屬不易。黃正倖老師是懸絕七年無人見性後的第一人，她於2009年的見性報告刊於本書的第二輯中，爲大衆證明佛性確實可以眼見；其後七年之中求見性者都屬解悟佛性而無人眼見，幸而又經七年後的2016冬初，以及2017夏初的禪三，復有三人眼見佛性，希冀鼓舞四衆佛子求見佛性之大心，今則具載一則於書末，顯示求見佛性之事實經歷，供養現代佛教界欲得見性之四衆弟子。全書四百頁，售價300元，已於2017年6月30日發行。

我的菩提路第四輯：由陳晏平等人著。中國禪宗祖師往往有所謂「見性」之言，所言多屬看見如來藏具有能令人發起成佛之自性，並非《大般涅槃經》中 如來所說之眼見佛性。眼見佛性者，於親見佛性之時，即能於山河大地眼見自己佛性，亦能於他人身上眼見自己佛性及對方之佛性，如是境界無法爲尚未實證者解釋；勉強說之，縱使眞實明心證悟之人聞之，亦只能以自身明心之境界想像之，但不論如何想像多屬非量，能有正確之比量者亦是稀有，故說眼見佛性極爲困難。眼見佛性之人若所見極分明時，在所見佛性之境界下所眼見之山河大地、自己五蘊身心皆是虛幻，自有異於明心者之解脫功德受用，此後永不思證二乘涅槃，必定邁向成佛之道而進入第十住位中，已超第一阿僧祇劫三分有一，可謂之爲超劫精進也。今又有明心之後眼見佛性之人出於人間，將其明心及後來見性之報告，連同其餘證悟明心者之精彩報告一同收錄於此書中，供養眞求佛法實證之四眾佛子。全書380頁，售價300元，已於2018年6月30日發行。

我的菩提路第五輯：林慈慧老師等人著，本輯中所舉學人從相似正法中來到正覺同修會的過程，各人都有不同，發生的因緣亦是各有差別，然而都會指向同一個目標——證實生命實相的源底，確證自己生從何來、死往何去的事實，所以最後都證明佛法眞實而可親證，絕非玄學；本書將彼等諸人的始修及末後證悟之實例，羅列出來以供學人參考。本期亦有一位會裡的老師，是從1995年即開始追隨 平實導師修學，1997年明心後持續進修不斷，直到2017年眼見佛性之實例，足可證明《大般涅槃經》中世尊開示眼見佛性之法正眞無訛，第十住位的實證在末法時代的今天仍有可能，如今一併具載於書中以供學人參考，並供養現代佛教界欲得見性之四眾弟子。全書四百頁，售價300元，已於2019年12月31日發行。

我的菩提路第六輯：劉惠莉老師等人著，本輯中舉示劉老師明心多年以後的眼見佛性實錄，供末法時代學人了知明心之異於見性本質，足可證明《大般涅槃經》中世尊開示眼見佛性之法正眞無訛。亦列舉多篇學人從各道場來到正覺學法之不同過程，以及如何發覺邪見之異於正法的所在，最後終能在正覺禪三中悟入的實況，以證明佛教正法仍在末法時代的人間繼續弘揚的事實，鼓舞一切眞實學法的菩薩大眾思之：我等諸人亦可有因緣證悟，絕非空想白思。約四百頁，售價300元，已於2020年6月30日發行。

相討論眼見佛性之諸多疑訛處；除了證明《大般涅槃經》中世尊開示眼見佛性之法正眞無訛以外，亦得一解明心後尙未見性者之所未知處，甚爲精彩。此外亦列舉多篇學人從各不同宗教進入正覺學法之不同過程，以及發覺諸方道場邪見之內容與過程，最終得於正覺精進禪三中悟入的實況，足供末法精進學人借鑑，以彼鑑己而生信心，得以投入了義正法中修學及實證。凡此，皆足以證明不唯明心所證之第七住位般若智慧及解脫功德仍可實證，乃至第十住位的實證與當場發起如幻觀之實證，於末法時代的今天皆仍有可能。本書約四百頁，售價300元。

鈍鳥與靈龜：鈍鳥及靈龜二物，被宗門證悟者說爲二種人：前者是精修禪定而無智慧者，也是以定爲禪的愚癡禪人；後者是或有禪定、或無禪定的宗門證悟者，凡已證悟者皆是靈龜。但後者被人虛造事實，用以嘲笑大慧宗杲禪師，說他雖是靈龜，卻不免被天童禪師預記「患背」痛苦而亡：「鈍鳥離巢易，靈龜脫殼難。」藉以貶低大慧宗杲的證量。同時將天童禪師實證如來藏的證量，曲解爲意識境界的離念靈知。自從大慧禪師入滅以後，錯悟凡夫對他的不實毀謗就一直存在著，不曾止息，並且捏造的假事實也隨著年月的增加而越來越多，終至編成「鈍鳥與靈龜」的假公案、假故事。本書是考證大慧與天童之間的不朽情誼，顯現這件假公案的虛妄不實；更見大慧宗杲面對惡勢力時的正直不阿，亦顯示大慧對天童禪師的至情深義，將使後人對大慧宗杲的誣謗至此而止，不再有人誤犯毀謗賢聖的惡業。書中亦舉證宗門的所悟確以第八識如來藏爲標的，詳讀之後必可改正以前被錯悟大師誤導的參禪知見，日後必定有助於實證禪宗的開悟境界，得階大乘眞見道位中，即是實證般若之賢聖。全書459頁，售價350元。

維摩詰經講記：本經係 世尊在世時，由等覺菩薩維摩詰居士藉疾病而演說之大乘菩提無上妙義，所說函蓋甚廣，然極簡略，是故今時諸方大師與學人讀之悉皆錯解，何況能知其中隱含之深妙正義，是故普遍無法爲人解說；若強爲人說，則成依文解義而有諸多過失。今由平實導師公開宣講之後，詳實解釋其中密意，令維摩詰菩薩所說大乘不可思議解脫之深妙正法得以正確宣流於人間，利益當代學人及與諸方大師。書中詳實演述大乘佛法深妙不共二乘之智慧境界，顯示諸法之中絕待之實相境界，建立大乘菩薩妙道於永遠不敗不壞之地，以此成就護法偉功，欲冀永利娑婆人天。已經宣講圓滿整理成書流通，以利諸方大師及諸學人。全書共六輯，每輯三百餘頁，售價各250元。

真假外道：本書具體舉證佛門中的常見外道知見實例，並加以教證及理證上的辨正，幫助讀者輕鬆而快速的了知常見外道的錯誤知見，進而遠離佛門內外的常見外道知見，因此即能改正修學方向而快速實證佛法。游正光老師著　。成本價200元。

勝鬘經講記：如來藏爲三乘菩提之所依，若離如來藏心體及其含藏之一切種子，即無三界有情及一切世間法，亦無二乘菩提緣起性空之出世間法；本經詳說無始無明、一念無明皆依如來藏而有之正理，藉著詳解煩惱障與所知障間之關係，令學人深入了知二乘菩提與佛菩提相異之妙理；聞後即可了知佛菩提之特勝處及三乘修道之方向與原理，邁向攝受正法而速成佛道的境界中。平實導師講述，共六輯，每輯三百餘頁，售價各250元。

楞嚴經講記：楞嚴經係大乘祕密教之重要經典，亦是佛教中普受重視之經典；經中宣說明心與見性之內涵極爲詳細，將一切法都會歸如來藏及佛性－妙眞如性；亦闡釋五陰區宇及五陰盡的境界，作諸地菩薩自我檢驗證量之依據，旁及佛菩提道修學過程中之種種魔境，以及外道誤會涅槃之狀況，亦兼述明三界世間之起源，具足宣示大乘菩提之奧祕。然因言句深澀難解，法義亦復深妙寬廣，學人讀之普難通達，是故讀者大多誤會，不能如實理解佛所說之明心與見性內涵，亦因是故多有悟錯之人引爲開悟之證言，成就大妄語罪。今由平實導師詳細講解之後，整理成文，以易讀易懂之語體文刊行天下，以利學人。全書

明心與眼見佛性：本書細述明心與眼見佛性之異同，同時顯示了中國禪宗破初參明心與重關眼見佛性二關之間的關聯；書中又藉法義辨正而旁述其他許多勝妙法義，讀後必能遠離佛門長久以來積非成是的錯誤知見，令讀者在佛法的實證上有極大助益。也藉慧廣法師的謬論來教導佛門學人回歸正知正見，遠離古今禪門錯悟者所墮的意識境界，非唯有助於斷我見，也對未來的開悟明心實證第八識如來藏有所助益，是故學禪者都應細讀之。 游正光老師著　　共448頁　　售價300元。

菩薩底憂鬱CD：將菩薩情懷及禪宗公案寫成新詞，並製作成超越意境的優美歌曲。 1.主題曲〈菩薩底憂鬱〉，描述地後菩薩能離三界生死而迴向繼續生在人間，但因尚未斷盡習氣種子而有極深沈之憂鬱，非三賢位菩薩及二乘聖者所知，此憂鬱在七地滿心位方才斷盡；本曲之詞中所說義理極深，昔來所未曾見；此曲係以優美的情歌風格寫詞及作曲，聞者得以激發嚮往諸地菩薩境界之大心，詞、曲都非常優美，難得一見；其中勝妙義理之解說，已印在附贈之彩色小冊中。 2.以各輯公案拈提中直示禪門入處之頌文，作成各種不同曲風之超意境歌曲，值得玩味、參究；聆聽公案拈提之優美歌曲時，請同時閱讀內附之印刷精美說明小冊，可以領會超越三界的證悟境界；未悟者可以因此引發求悟之意向及疑情，眞發菩提心而邁向求悟之途，乃至因此眞實悟入般若，成眞菩薩。 3.正覺總持咒新曲，總持佛法大意；總持咒之義理，已加以解說並印在隨附之小冊中。本CD共有十首歌曲，長達63分鐘，附贈二張購書優惠券。每片320元。

金剛經宗通：三界唯心，萬法唯識，是成佛之修證內容，是諸地菩薩之所修；般若則是成佛之道（實證三界唯心、萬法唯識）的入門，若未證悟實相般若，即無成佛之可能，必將永在外門廣行菩薩六度，永在凡夫位中。然而實相般若的發起，全賴實證萬法的實相；若欲證知萬法的眞相，則必須探究萬法之所從來，則須實證自心如來—金剛心如來藏，然後現觀這個金剛心的金剛性、眞實性、如如性、清淨性、涅槃性、能生萬法的自性性、本住性，名爲證眞如；進而現觀三界六道唯是此金剛心所成，人間萬法須藉八識心王和合運作方能現起。如是實證《華嚴經》的「三界唯心、萬法唯識」以後，由此等現觀而發起實相般若智慧，繼續進修第十住位的如幻觀、第十行位的陽焰觀、第十迴向位的如夢觀，再生起增上意樂而勇發十無盡願，方能滿足三賢位的實證，轉入初地；自知成佛之道而無偏倚，從此按部就班、次第進修乃至成佛。第八識自心如來是般若智慧之所依，般若智慧的修證則要從實證金剛心自心如來開始；《金剛經》則是解說自心如來之經典，是一切三賢位菩薩所應進修之實相般若經典。這一套書，是將平實導師宣講的《金剛經宗通》內容，整理成文字而流通之；書中所說義理，迥異古今諸家依文解義之說，指出大乘見道方向與理路，有益於禪宗學人求開悟見道，及轉入內門廣修六度萬行。已於2013年9月出版完畢，總共9輯，每輯約三百餘頁，售價各250元。

禪意無限CD：平實導師以公案拈提書中偈頌寫成不同風格曲子，與他人所寫不同風格曲子共同錄製出版，幫助參禪人進入禪門超越意識之境界。盒中附贈彩色印製的精美解說小冊，以供聆聽時閱讀，令參禪人得以發起參禪之疑情，即有機會證悟本來面目，實證大乘菩提般若。本CD共有十首歌曲，長達69分鐘，每盒各附贈二張購書優惠券。每片320元。

往佛教深妙的哲學內涵，於是進入當年盛行於歐美的假藏傳佛教密宗，擔任卡盧仁波切的翻譯工作多年以後，被邀請成爲卡盧的空行母（又名佛母、明妃），開始了她在密宗裡的實修過程；後來發覺在密宗雙身法中的修行，其實無法使自己成佛，也發覺密宗對女性歧視而處處貶抑，並剝奪女性在雙身法中擔任一半角色時應有的身分定位。當她發覺自己只是雙身法中被喇嘛利用的工具，沒有獲得絲毫應有的尊重與基本定位時，發現了密宗的父權社會控制女性的本質；於是作者傷心地離開了卡盧仁波切與密宗，但是卻被恐嚇不許講出她在密宗裡的經歷，也不許她說出自己對密宗的教義與教制下對女性剝削的本質，否則將被咒殺死亡。後來她去加拿大定居，十餘年後方才擺脫這個恐嚇陰影，下定決心將親身經歷的實情及觀察到的事實寫下來並且出版，公諸於世。出版之後，她被流亡的達賴集團人士大力攻訐，誣指她爲精神狀態失常、說謊……等。但有智之士並未被達賴集團的政治操作及各國政府政治運作吹捧達賴的表相所欺，使她的書銷售無阻而又再版。正智出版社鑑於作者此書是親身經歷的事實，所說具有針對「藏傳佛教」而作學術研究的價值，也有使人認清假藏傳佛教剝削佛母、明妃的男性本位實質，因此洽請作者同意中譯而出版於華人地區。珍妮．坎貝爾女士著，呂艾倫 中譯，每冊250元。

霧峰無霧—給哥哥的信 本書作者藉兄弟之間信件往來論義，略述佛法大義；並以多篇短文辨義，舉出釋印順對佛法的無量誤解證據，並一一給予簡單而清晰的辨正，令人一讀即知。久讀、多讀之後即能認清楚釋印順的六識論見解，與眞實佛法之牴觸是多麼嚴重；於是在久讀、多讀之後，於不知不覺之間提升了對佛法的極深入理解，正知正見就在不知不覺間建立起來了。當三乘佛法的正知見建立起來之後，對於三乘菩提的見道條件便將隨之具足，於是聲聞解脫道的見道也就水到渠成；接著大乘見道的因緣也將次第成熟，未來自然也會有親見大乘菩提之道的因緣，悟入大乘實相般若也將自然成功，自能通達般若系列諸經而成實義菩薩。作者居住於南投縣霧峰鄉，自喻見道之後不復再見霧峰之霧，故鄉原野美景一一明見，於是立此書名爲《霧峰無霧》；讀者若欲撥霧見月，可以此書爲緣。游宗明 老師著 已於2015年出版售價250元。

霧峰無霧—第二輯—救護佛子向正道 本書作者藉釋印順著作中之各種錯謬法義提出辨正，以詳實的文義一一提出理論上及實證上之解析，列舉釋印順對佛法的無量誤解證據，藉此教導佛門大師與學人釐清佛法義理，遠離岐途轉入正道，然後知所進修，久之便能見道明心而入大乘勝義僧數。被釋印順誤導的大師與學人極多，很難救轉，是故作者大發悲心深入解說其錯謬之所在，佐以各種義理辨正而令讀者在不知不覺之間轉歸正道。如是久讀之後欲得斷身見、證初果，即不為難事；乃至久之亦得大乘見道而得證眞如，脫離空有二邊而住中道，實相般若智慧生起，於佛法不再茫然，漸漸亦知悟後進修之道。屆此之時，對於大乘般若等深妙法之迷雲暗霧亦將一掃而空，生命及宇宙萬物之故鄉原野美景一一明見，是故本書仍名《霧峰無霧》，為第二輯；讀者若欲撥雲見日、離霧見月，可以此書為緣。游宗明 老師著 已於2019年出版 售價250元。

假藏傳佛教的神話—性、謊言、喇嘛教：本書編著者是由一首名為「阿姊鼓」的歌曲為緣起，展開了序幕，揭開假藏傳佛教—喇嘛教—的神秘面紗。其重點是蒐集、摘錄網路上質疑「喇嘛教」的帖子，以揭穿「假藏傳佛教的神話」為主題，串聯成書，並附加彩色插圖以及說明，讓讀者們瞭解西藏密宗及相關人事如何被操作為「神話」的過程，以及神話背後的眞相。作者：張正玄教授。售價200元。

達賴真面目—玩盡天下女人：假使您不想戴綠帽子，請記得詳細閱讀此書；假使您不想讓好朋友戴綠帽子，請您將此書介紹給您的好朋友。假使您想保護家中的女性，也想要保護好朋友的女眷，請記得將此書送給家中的女性和好友的女眷都來閱讀。本書為印刷精美的大本彩色中英對照精裝本，為您揭開達賴喇嘛的眞面目，內容精彩不容錯過，為利益社會大衆，特別以優惠價格嘉惠所有讀者。編著者：白志偉等。大開版雪銅紙彩色精裝本。售價800元。

領五百大比丘遊行於人間的歷史事實，是以童貞行而依止菩薩戒弘化於人間的大菩薩，不依別解脫戒（聲聞戒）來弘化於人間。這是大乘佛教與聲聞佛教同時存在於佛世的歷史明證，證明大乘佛教不是從聲聞法中分裂出來的部派佛教的產物，卻是聲聞佛教分裂出來的部派佛教聲聞凡夫僧所不樂見的史實；於是古今聲聞法中的凡夫都欲加以扭曲而作詭說，更是末法時代高聲大呼「大乘非佛說」的六識論聲聞凡夫極力想要扭曲的佛教史實之一，於是想方設法扭曲迦葉菩薩為聲聞僧，以及扭曲迦葉童女為比丘僧等荒謬不實之論著便陸續出現，古時聲聞僧寫作的《分別功德論》是最具體之事例，現代之代表作則是呂凱文先生的〈佛教輪迴思想的論述分析〉論文。鑑於如是假藉學術考證以籠罩大眾之不實謬論，未來仍將繼續造作及流竄於佛教界，繼續扼殺大乘佛教學人法身慧命，必須舉證辨正之，遂成此書。平實導師 著，每冊180元。

末代達賴—性交教主的悲歌：簡介從藏傳偽佛教（喇嘛教）的修行核心—性力派男女雙修，探討達賴喇嘛及藏傳偽佛教的修行內涵。書中引用外國知名學者著作、世界各地新聞報導，包含：歷代達賴喇嘛的祕史、達賴六世修雙身法的事蹟，以及《時輪續》中的性交灌頂儀式……等；達賴喇嘛書中開示的雙修法、達賴喇嘛的黑暗政治手段；達賴喇嘛所領導的寺院爆發喇嘛性侵兒童；新聞報導《西藏生死書》作者索甲仁波切性侵女信徒、澳洲喇嘛秋達公開道歉、美國最大假藏傳佛教組織領導人邱陽創巴仁波切的性氾濫，等等事件背後真相的揭露。作者：張善思、呂艾倫、辛燕。售價250元。

黯淡的達賴—失去光彩的諾貝爾和平獎：本書舉出很多證據與論述，詳述達賴喇嘛不為世人所知的一面，顯示達賴喇嘛並不是真正的和平使者，而是假借諾貝爾和平獎的光環來欺騙世人；透過本書的說明與舉證，讀者可以更清楚的瞭解，達賴喇嘛是結合暴力、黑暗、淫欲於喇嘛教裡的集團首領，其政治行為與宗教主張，早已讓諾貝爾和平獎的光環染污了。　本書由財團法人正覺教育基金會寫作、編輯，由正覺出版社印行，每冊250元。

第七意識與第八意識？——穿越時空「超意識」：「三界唯心，萬法唯識」是佛教中應該實證的聖教，也是《華嚴經》中明載而可以實證的法界實相。唯心者，三界一切境界、一切諸法唯是一心所成就，即是每一個有情的第八識如來藏，不是意識心。唯識者，即是人類各各都具足的八識心王——眼識、耳鼻舌身意識、意根、阿賴耶識，第八阿賴耶識又名如來藏，人類五陰相應的萬法，莫不由八識心王共同運作而成就，故說萬法唯識。依聖教量及現量、比量，都可以證明意識是二法因緣生，是由第八識藉意根與法塵二法為因緣而出生，又是夜夜斷滅不存之生滅心，即無可能反過來出生第七識意根、第八識如來藏，當知不可能從生滅性的意識心中，細分出恆審思量的第七識意根，更無可能細分出恆而不審的第八識如來藏。本書是將演講內容整理成文字，細說如是內容，並已在《正覺電子報》連載完畢，今彙集成書以廣流通，欲幫助佛門有緣人斷除意識我見，跳脫於識陰之外而取證聲聞初果；嗣後修學禪宗時即得不墮外道神我之中，得以求證第八識金剛心而發起般若實智。平實導師 述，每冊300元。

中觀金鑑——詳述應成派中觀的起源與其破法本質：學佛人往往迷於中觀學派之不同學說，被應成派與自續派所迷惑；修學般若中觀二十年後自以為實證般若中觀了，卻仍不曾入門，甫聞實證般若中觀者之所說，則茫無所知，迷惑不解；隨後信心盡失，不知如何實證佛法；凡此，皆因惑於這二派中觀學說所致。自續派中觀所說同於常見，以意識境界立為第八識如來藏之境界，應成派所說則同於斷見，但又同立意識為常住法，故亦具足斷常二見。今者孫正德老師有鑑於此，乃將起源於密宗的應成派中觀學說，追本溯源，詳考其來源之外，亦一一舉證其立論內容，詳加辨正，令密宗雙身法祖師以識陰境界而造之應成派中觀學說本質，詳細呈現於學人眼前，令其維護雙身法之目的無所遁形。若欲遠離密宗此二大派中觀謬說，欲於三乘菩提有所進道者，允宜具足閱讀並細加思惟，反覆讀之以後將可捨棄邪道返歸正道，則於般若之實證即有可能，證後自能現觀如來藏之中道境界而成就中觀。本書分上、中、下三冊，每冊250元，全部出版完畢。

只是日本人企圖擺脫中國正統佛教的影響，而在明治維新時期才開始提出來的說法；台灣佛教、大陸佛教的淺學無智之人，由於未曾實證佛法而迷信日本人錯誤的學術考證，錯認爲這些別有用心的日本佛學考證的講法爲天竺佛教的眞實歷史；甚至還有更激進的反對佛教者提出「釋迦牟尼佛並非眞實存在，只是後人捏造的假歷史人物」，竟然也有少數佛教徒願意跟著「學術」的假光環而信受不疑，亦導致部分台灣佛教界人士，造作了反對中國大乘佛教而推崇南洋小乘佛教的行爲，使台灣佛教的信仰者難以檢擇，亦導致一般大陸人士開始轉入基督教的盲目迷信中。在這些佛教及外教人士之中，也就有一分人根據此邪說而大聲主張「大乘非佛說」的謬論，這些人以「人間佛教」的名義來抵制中國正統佛教，公然宣稱中國的大乘佛教是由聲聞部派佛教的凡夫僧所創造出來的。這樣的說法流傳於台灣及大陸佛教界凡夫僧之中已久，卻非眞正的佛教歷史中曾經發生過的事，只是繼承六識論的聲聞法中凡夫僧，以及別有居心的日本佛教界，依自己的意識境界立場，純憑臆想而編造出來的妄想說法，卻已經影響許多無智之凡夫僧俗信受不移。本書則是從佛教的經藏法義實質及實證的現量內涵本質立論，證明大乘佛法本是佛說，是從《阿含正義》尚未說過的不同面向來討論「人間佛教」的議題，證明「大乘眞佛說」。閱讀本書可以斷除六識論邪見，迴入三乘菩提正道發起實證的因緣；也能斷除禪宗學人學禪時普遍存在之錯誤知見，對於建立參禪時的正知見有很深的著墨。 平實導師 述，內文488頁，全書528頁，定價400元。

喇嘛性世界—揭開假藏傳佛教譚崔瑜伽的面紗：這個世界中的喇嘛，號稱來自世外桃源的香格里拉，穿著或紅或黃的喇嘛長袍，散布於我們的身邊傳教灌頂，吸引了無數的人嚮往學習；這些喇嘛虔誠地爲大衆祈福，手中拿著寶杵（金剛）與寶鈴（蓮花），口中唸著咒語：「唵．嘛呢．叭咪．吽……」，咒語的意思是說：「我至誠歸命金剛杵上的寶珠伸向蓮花寶穴之中」！ 「喇嘛性世界」是什麼樣的「世界」呢？ 本書將爲您呈現喇嘛世界的面貌。 當您發現眞相以後，您將會唸：「噢！喇嘛．性．世界，譚崔性交嘛！」作者：張善思、呂艾倫。售價200元。

見性與看話頭：黃正倖老師的《見性與看話頭》於《正覺電子報》連載完畢，今結集出版。書中詳說禪宗看話頭的詳細方法，並細說看話頭與眼見佛性的關係，以及眼見佛性者求見佛性前必須具備的條件。本書是禪宗實修者追求明心開悟時參禪的方法書，也是求見佛性者作功夫時必讀的方法書，內容兼顧眼見佛性的理論與實修之方法，是依實修之體驗配合理論而詳述，條理分明而且極爲詳實、周全、深入。本書內文375頁，全書416頁，售價300元。

實相經宗通：學佛之目的在於實證一切法界背後之實相，禪宗稱之爲本來面目或本地風光，佛菩提道中稱之爲實相法界；此實相法界即是金剛藏，又名佛法之祕密藏，即是能生有情五陰、十八界及宇宙萬有（山河大地、諸天、三惡道世間）的第八識如來藏，又名阿賴耶識心，即是禪宗祖師所說的眞如心，此心即是三界萬有背後的實相。證得此第八識心時，自能瞭解般若諸經中隱說的種種密意，即得發起實相般若——實相智慧。每見學佛人修學佛法二十年後仍對實相般若茫然無知，亦不知如何入門，茫無所趣；更因不知三乘菩提的互異互同，是故越是久學者對佛法越覺茫然，都肇因於尚未瞭解佛法的全貌，亦未瞭解佛法的修證內容即是第八識心所致。本書對於修學佛法者所應實證的實相境界提出明確解析，並提示趣入佛菩提道的入手處，有心親證實相般若的佛法實修者，宜詳讀之，於佛菩提道之實證即有下手處。平實導師述著，共八輯，已於2016年出版完畢，每輯成本價250元。

真心告訴您（一）——**達賴喇嘛在幹什麼？**這是一本報導篇章的選集，更是「破邪顯正」的暮鼓晨鐘。「破邪」是戳破假象，說明達賴喇嘛及其所率領的密宗四大派法王、喇嘛們，弘傳的佛法是仿冒的佛法；他們是假藏傳佛教，是坦特羅（譚崔性交）外道法和藏地崇奉鬼神的苯教混合成的「喇嘛教」，推廣的是以所謂「無上瑜伽」的男女雙身法冒充佛法的假佛教，詐財騙色誤導眾生，常常造成信徒家庭破碎、家中兒少失怙的嚴重後果。「顯正」是揭發眞相，指出眞正的藏傳佛教只有一個，就是覺囊巴，傳的是　釋迦牟尼佛演繹的第八識如來藏妙法，稱爲他空見大

成。世尊一代時教，總分五時三教，即是華嚴時、聲聞緣覺教、般若教、種智唯識教、法華時；依此五時三教區分為藏、通、別、圓四教。本經是最後一時的圓教經典，圓滿收攝一切法教於本經中，是故最後的圓教聖訓中，特地指出無有三乘菩提，其實唯有一佛乘；皆因眾生愚迷故，方便區分為三乘菩提以助眾生證道。世尊於此經中特地說明如來示現於人間的唯一大事因緣，便是為有緣眾生「開、示、悟、入」諸佛的所知所見——第八識如來藏妙真如心，並於諸品中隱說「妙法蓮花」如來藏心的密意。然因此經所說甚深難解，真義隱晦，古來難得有人能窺堂奧；平實導師以知如是密意故，特為末法佛門四眾演述《妙法蓮華經》中各品蘊含之密意，使古來未曾被古德註解出來的「此經」密意，如實顯示於當代學人眼前。乃至〈藥王菩薩本事品〉、〈妙音菩薩品〉、〈觀世音菩薩普門品〉、〈普賢菩薩勸發品〉中的微細密意，亦皆一併詳述之，可謂開前人所未曾言之密意，示前人所未見之妙法。最後乃至以〈法華大義〉而總其成，全經妙旨貫通始終，而依佛旨圓攝於一心如來藏妙心，厥為曠古未有之大說也。平實導師述，共有25輯，已於2019/05/31出版完畢。每輯300元。

西藏「活佛轉世」制度—附佛、造神、世俗法：歷來關於喇嘛教活佛轉世的研究，多針對歷史及文化兩部分，於其所以成立的理論基礎，較少系統化的探討。尤其是此制度是否依據「佛法」而施設？是否合乎佛法真實義？現有的文獻大多含糊其詞，或人云亦云，不曾有明確的闡釋與如實的見解。因此本文先從活佛轉世的由來，探索此制度的起源、背景與功能，並進而從活佛的尋訪與認證之過程，發掘活佛轉世的特徵，以確認「活佛轉世」在佛法中應具足何種果德。定價150元。

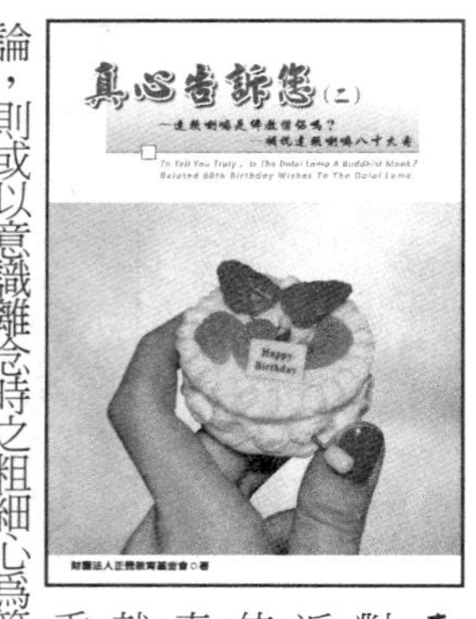

真心告訴您（二）—達賴喇嘛是佛教僧侶嗎？補祝達賴喇嘛八十大壽：這是一本針對當今達賴喇嘛所領導的喇嘛教，冒用佛教名相、於師徒間或師兄姊間，實修男女邪淫，而從佛法三乘菩提的現量與聖教量，揭發其謊言與邪術，證明達賴及其喇嘛教是仿冒佛教的外道，是「假藏傳佛教」。藏密四大派教義雖有「八識論」與「六識論」的表面差異，然其實修之內容，皆共許「無上瑜伽」四部灌頂為究竟「成佛」之法門，也就是共以男女雙修之邪淫法為「即身成佛」之密要，雖美其名曰「欲貪為道」之「金剛乘」，並誇稱其成就超越於（應身佛）釋迦牟尼佛所傳之顯教般若乘之上；然詳考其理論，則或以意識離念時之粗細心為第八識如來藏，或以中脈裡的明點為第八識如來藏，或如宗喀巴與達賴堅決主張第六意識為常恆不變之眞心者，分別墮於外道之常見與斷見中；全然違背 佛說能生五蘊之如來藏的實質。售價300元。

涅槃—解說四種涅槃之實證及內涵：眞正學佛之人，首要即是見道，由見道故方有涅槃之實證，證涅槃者方能出生死，但涅槃有四種：二乘聖者的有餘涅槃、無餘涅槃，以及大乘聖者的本來自性清淨涅槃、佛地的無住處涅槃。大乘聖者實證本來自性清淨涅槃，入地前再取證二乘涅槃，然後起惑潤生捨離二乘涅槃，繼續進修而在七地心前斷盡三界愛之習氣種子，依七地無生法忍之具足而證得念念入滅盡定；八地後進斷異熟生死，直至妙覺地下生人間成佛，具足四種涅槃，方是眞正成佛。此理古來少人言，以致誤會涅槃正理者比比皆是，今於此書中廣說四種涅槃、如何實證之理、實證前應有之條件，實屬本世紀佛教界極重要之著作，令人對涅槃有正確無訛之認識，然後可以依之實行而得實證。本書共有上下二冊，每冊各四百餘頁，對涅槃詳加解說，每冊各350元。

佛藏經講義：本經說明為何佛菩提難以實證之原因，都因往昔無數阿僧祇劫前的邪見，引生此世求證時之業障而難以實證。即以諸法實相詳細解說，繼之以念佛品、念法品、念僧品，說明諸佛與法之實質；然後以淨戒品之說明，期待佛弟子四衆堅持清淨戒而轉化心性，並以往古品的實例說明歷代學佛人在實證上的業障由來，教導四衆務必滅除邪見轉入正見中，不再造作謗法及謗賢聖之大惡業，以免未來世尋求實證之法與世間戲論法的差異，指出佛法實證之標的即是法——第八識如來藏；並顯示實證後的智慧，如實擊大法鼓、演深妙法，演說如來祕密教法，非二乘定性及諸凡夫所能得聞，唯有具足菩薩性者方能得聞。正聞之後即得依於 世尊大願而拔除邪見，入於正法而得實證；深解不了義經之方便說，亦能實解了義經所說之眞實義，得以證法——如來藏，而得發起根本無分別智，乃至進修而發起後得無分別智；並堅持布施及受持清淨戒而轉化心性，得以現觀眞我眞法如來藏之各種層面。此爲第一義諦聖教，並授記末法最後餘八十年時，一切世間樂見離車童子以七地證量而示現爲凡夫身，將繼續護持此經所說正法。平實導師於此經中有極深入的解說，總共六輯，每輯300元，於2023/01/30 開始每二個月發行一輯。

成唯識論釋：本論係大唐玄奘菩薩揉合當時天竺十大論師的說法加以辨正而著成，攝盡佛門證悟菩薩及部派佛教聲聞凡夫論師對佛法的論述，並函蓋當時天竺諸大外道對生命實相的錯誤論述加以辨正，是由玄奘大師依據無生法忍證量加以評論確定而成爲此論。平實導師弘法初期即已依於證量略講過一次，歷時大約四年，當時正覺同修會規模尚小，聞法成員亦多尚未證悟，是故並未整理成書；如今正覺同修會中的證悟同修已超過六百人，鑑於此論在護持正法、實證佛法及悟後進修上的重要性，已於2022年初重講，並已經預先註釋完畢編輯成書，名爲《成唯識論釋》，總共十輯，每輯目次41頁、序文7頁、每輯內文多達四百餘頁，並將原本13級字縮小爲12級字編排，以增加其內容；於增上班宣講時的內容將會更詳細於書中所說，涉及佛法密意的詳細內容只於增上班中宣講，於書中皆依佛誡隱覆密意而說，然已足夠所有學人藉此一窺佛法堂奧而進入正道、免入岐途。重新判教後編成的〈目次〉已經詳盡判定論中諸段句義，用供學人參考；是故讀者閱完此論之釋，即可深解成佛之道的正確內涵。本書總共十輯，預定每一輯內容講述完畢時即予出版，第一輯於2023年五月底出版，然後每七至十個月出版下一輯，每輯定價400元。

不退轉法輪經講義：世尊弘法有五時三教之別，分為藏、通、別、圓四教之理，本經是大乘般若期前的通教經典，所說之大乘般若正理與所證解脫果，通於二乘解脫道，佛法智慧則通大乘般若，皆屬大乘般若與解脫甚深之理，故其所證解脫果位通於二乘法教；而其中所說第八識無分別法之正理，即是世尊降生人間的唯一大事因緣。如是第八識能仁而且寂靜，恆順眾生於生死之中從無乖違，識體中所藏之本來無漏性的有為法以及真如涅槃境界，皆能助益學人最後成就佛道；此謂釋迦意為能仁，牟尼意為寂靜，此第八識即名釋迦牟尼，釋迦牟尼即是能仁寂靜的第八識真如；若有人聽聞如是第八識常住、如來不滅之正理，信受奉行之人皆有大乘實證之因緣，永得不退於成佛之道，是故聽聞釋迦牟尼名號而解其義者，皆得不退轉於無上正等正覺，未來世中必有實證之因緣。如是深妙經典，已由平實導師詳述圓滿並整理成書，預定於《大法鼓經講義》發行圓滿之後接著梓行，每二個月發行一輯，總共十輯，每輯300元。

解深密經講義：本經是所有尋求大乘見道及悟後欲入地者所應詳讀串習的三經之一，即是《楞伽經》、《解深密經》、《楞嚴經》三經中的一經，亦可作為見道真假的自我印證依據。此經是　世尊晚年第三轉法輪時，宣說地上菩薩所應熏修之無生法忍唯識正義經典；經中總說真見道位所見的智慧總相，兼及相見道位所應熏修的七真如等法；亦開示入地應修之十地真如等義理，乃是大乘一切種智增上慧學，以阿陀那識—如來藏—阿賴耶識為成佛之道的主體。禪宗之證悟者，若欲修證初地無生法忍乃至八地無生法忍者，必須修學《楞伽經、解深密經、楞嚴經》所說之八識心王一切種智。此三經所說正法，方是真正成佛之道；印順法師否定第八識如來藏之後所說萬法緣起性空之法，墮於六識論中而著作的《成佛之道》，乃宗本於密宗宗喀巴六識論邪思而寫成的邪見，是以誤會後之二乘解脫道取代大乘真正成佛之道，承襲自古天竺部派佛教聲聞凡夫論師的邪見，尚且不符二乘解脫道正理，亦已墮於斷滅見及常見中，所說全屬臆想所得的外道見，不符本經、諸經中佛所說的正義。平實導師曾於本會郭故理事長往生時，於喪宅中從**首七**開始宣講此經，於每一七起各宣講三小時，至**十七**而快速略講圓滿，作為郭老之往生後的佛事功德，迴向郭老早證八地、速返娑婆住持正法。茲為今時後世學人故，已經開始重講《解深密經》，以淺顯之語句講畢後，將會整理成文並梓行流通，用供證悟者進道；亦令諸方未悟者，據此經中佛語正義修正邪見，依之速能入道。平實導師述著，全書輯數未定，每輯三百餘頁，將於未來重講完畢後逐輯陸續出版。

盡之坐禪而證禪定境界，卻不知修除性障之行門才是修證四禪八定不可或缺之要素，故智者大師云「性障初禪」；性障不除，初禪永不現前，云何修證二禪等？又：行者學定，若唯知數息，而不解六妙門之方便善巧者，欲求一心入定，未到地定極難可得，智者大師名之為「事障未來」：障礙未到地定之修證。又禪定之修證，不可違背二乘菩提及第一義法，否則縱使具足四禪八定，亦不能實證涅槃而出三界。此諸知見，智者大師於《修習止觀坐禪法要》中皆有闡釋。作者平實導師以其第一義之見地及禪定之實證證量，曾加以詳細解析。將俟正覺寺竣工啓用後重講，不限制聽講者資格；講後將以語體文整理出版。欲修習世間定及增上定之學者，宜細讀之。平實導師述著。

阿含經講記—小乘解脫道之修證：小乘解脫道之修證：數百年來，南傳佛法所說證果之不實，所說解脫道之虛妄，所弘解脫道法義之世俗化，皆已少人知之；阿含解脫道從南洋傳入台灣與大陸之後，所說法義虛謬之事，亦復少人知之；今時台灣全島印順系統之法師居士，多不知南傳佛法數百年來所說解脫道之義理已然偏斜、已然世俗化、已非眞正之二乘解脫正道，猶極力推崇與弘揚。彼等南傳佛法近代所謂之證果者皆非眞實證果者，譬如阿迦曼、葛印卡、帕奧禪師、一行禪師……等人，悉皆未斷我見故。近年更有台灣南部大願法師，高抬南傳佛法之二乘修證行門為「捷徑究竟解脫之道」者，然而南傳佛法縱使眞修實證，得成阿羅漢，至高唯是二乘菩提解脫之道，絕非究竟解脫，無餘涅槃中之實際尚未得證故，法界之實相尚未了知故，習氣種子待除故，一切種智未實證故，焉得謂為「究竟解脫」？即使南傳佛法近代眞有實證之阿羅漢，尚且不及三賢位中之七住明心菩薩本來自性清淨涅槃智慧境界，則不能知此賢位菩薩所證之無餘涅槃實際，仍非大乘佛法中之見道者，何況彼等普未實證聲聞果乃至未斷我見之人？謬充證果已屬逾越，更何況是誤會二乘菩提之後，以未斷我見之凡夫知見所說之二乘菩提解脫偏斜法道，焉可高抬為「究竟解脫」？而且自稱「捷徑之道」？又妄言解脫之道即是成佛之道，完全否定般若實智、否定三乘菩提所依之如來藏心體，此理大大不通也！平實導師為令修學二乘菩提欲證解脫果者，普得迴入二乘菩提正見、正道中，是故選錄四阿含諸經中，對於二乘解脫道法義有具足圓滿說明之經典，預定未來十年內將會加以詳細講解，令學佛人得以了知二乘解脫道之修證理路與行門，庶免被

總經銷：　聯合發行股份有限公司

231 新北市新店區寶橋路 235 巷 6 弄 6 號 4F

Tel.02－2917-8022（代表號）　Fax.02－2915-6275（代表號）

零售：1.**全台連鎖經銷書局：**

三民書局、誠品書局、何嘉仁書店

敦煌書店、紀伊國屋、金石堂書局、建宏書局

諾貝爾圖書城、墊腳石圖書文化廣場

2.**台北市：**佛化人生 **大安區**羅斯福路 3 段 325 號 6 樓之 4　台電大樓對面

3.**新北市：**春大地書店 **蘆洲區**中正路 117 號

4.**桃園市：**御書堂 **龍潭區**中正路 123 號

5.**新竹市：**大學書局 **東區**建功路 10 號

6.**台中市：**瑞成書局 **東區**雙十路 1 段 4 之 33 號

佛教詠春書局 **南屯區**永春東路 884 號

文春書店 **霧峰區**中正路 1087 號

7.**彰化市：**心泉佛教文化中心 南瑤路 286 號

8.**高雄市：**政大書城 **前鎮區**中華五路 789 號 2 樓（高雄夢時代店）

明儀書局 **三民區**明福街 2 號

青年書局 **苓雅區**青年一路 141 號

9.**台東市：**東普佛教文物流通處 博愛路 282 號

10.**其餘鄉鎮市經銷書局：**請電詢總經銷**聯合**公司。

11.**大陸地區請洽：**

香港：樂文書店

銅鑼灣店 :香港銅鑼灣駱克道 506 號 2 樓

電話 : (852) 2881 1150　email: luckwinbs@gmail.com

廈門：廈門外圖臺灣書店有限公司

地址:廈門市思明區湖濱南路809 號 廈門外圖書城3 樓 郵編:361004

電話：0592-5061658（臺灣地區請撥打 86-592-5061658）

E-mail：JKB118＠188.COM

12.**美國：世界日報圖書部：**紐約圖書部　電話 7187468889#6262

洛杉磯圖書部　電話 3232616972#202

13.**國內外地區網路購書：**

正智出版社 書香園地　http://books.enlighten.org.tw/

（書籍簡介、經銷書局可直接聯結下列網路書局購書）

三民 網路書局　http://www.sanmin.com.tw

誠品 網路書局　http://www.eslitebooks.com

博客來 網路書局　http://www.books.com.tw

金石堂 網路書局　http://www.kingstone.com.tw

聯合 網路書局　http:// www.nh.com.tw

附註：1.請儘量向各經銷書局購買：郵政劃撥需要八天才能寄到（本公司在您劃撥後第四天才能接到劃撥單，次日寄出後第二天您才能收到書籍，此六天中可能會遇到週休二日，是故共需八天才能收到書籍）若想要早日收到書籍者，請劃撥完畢後，將劃撥收據貼在紙上，旁邊寫上您的姓名、住址、郵區、電話、買書詳細內容，直接傳眞到本公司 02-28344822，並來電 02-28316727、28327495 確認是否已收到您的傳眞，即可提前收到書籍。 2.因台灣每月皆有五十餘種宗教類書籍上架，書局書架空間有限，故唯有新書方有機會上架，通常每次只能有一本新書上架；本公司出版新書，大多上架不久便已售出，若書局未再叫貨補充者，書架上即無新書陳列，則請直接向書局櫃台訂購。 3.若書局不便代購時，可於晚上共修時間向正覺同修會各共修處請購（共修時間及地點，詳閱**共修現況表**。每年例行年假期間請勿前往請書，年假期間請見共修現況表）。 4.郵購：郵政劃撥帳號 19068241。 5.正覺同修會會員購書都以八折計價（戶籍台北市者爲一般會員，外縣市爲護持會員）都可獲得優待，欲一次購買全部書籍者，可以考慮入會，節省書費。入會費一千元（第一年初加入時才需要繳），年費二千元。**6.尚未出版之書籍，請勿預先郵寄書款與本公司，謝謝您！** 7.若欲一次購齊本公司書籍，或同時取得正覺同修會贈閱之全部書籍者，請於正覺同修會共修時間，親到各共修處請購及索取；**台北市讀者**請洽：103 台北市承德路三段 267 號 10 樓（捷運淡水線 圓山站旁）請書時間：週一至週五爲 18.00~21.00，第一、三、五週週六爲 10.00~21.00，雙週之週六爲 10.00~18.00 請購處專線電話：25957295-分機 14（於請書時間方有人接聽）。

敬告大陸讀者：

大陸讀者購書、索書捷徑（尚未在大陸出版的書籍，以下二個途徑都可以購得，電子書另包括結緣書籍）：

1.廈門外國圖書公司：廈門市思明區湖濱南路 809 號 廈門外圖書城 3F
郵編：361004　電話：0592-5061658　網址：http://www.xibc.com.cn/

2.電子書：正智出版社有限公司及正覺同修會在台灣印行的各種局版書、結緣書，已有『**正覺電子書**』陸續上線中，提供讀者於手機、平板電腦上購書、下載、閱讀正智出版社、正覺同修會及正覺教育基金會所出版之電子書，詳細訊息敬請參閱『正覺電子書』專頁：http://books.enlighten.org.tw/ebook

關於平實導師的書訊，請上網查閱：

成佛之道　http://www.a202.idv.tw

正智出版社 書香園地　http://books.enlighten.org.tw/

中國網採訪佛教正覺同修會、正覺教育基金會訊息：

http://foundation.enlighten.org.tw/newsflash/20150817_1

http://video.enlighten.org.tw/zh-CN/visit_category/visit10

★ 正智出版社有限公司售書之稅後盈餘，全部捐助財團法人正覺寺籌備處、佛教正覺同修會、正覺教育基金會，供作弘法及購建道場之用；懇請諸方大德支持，功德無量。

★ 聲　明 ★

本社於 2015/01/01 開始調整本目錄中部分書籍之售價，以因應各項成本的持續增加。

＊ 喇嘛教修外道雙身法、墮識陰境界，非佛教 ＊

＊ 弘揚如來藏他空見的覺囊派才是真正藏傳佛教 ＊

售後服務—換書啓事（免附回郵）　　2017/12/05

《楞伽經詳解》第三輯初版免費調換新書啓事：茲因 平實導師弘法早期尚未回復往世全部證量，有些法義接受他人的說法，寫書當時並未察覺而有二處（同一種法義）跟著誤說，如今發現已將之修正。茲爲顧及讀者權益，已開始免費調換新書；敬請所有讀者將以前所購第三輯（不論第幾刷），攜回或寄回本公司免費換新；郵寄者之回郵由本公司負擔，不需寄來郵票。因此而造成讀者閱讀、以及換書的不便，在此向所有讀者致上萬分的歉意，祈請讀者大眾見諒！

《楞嚴經講記》第 14 輯初版首刷本免費調換新書啓事：本講記第 14 輯出版前因 平實導師諸事繁忙，未將之重新閱讀而只改正校對時發現的錯別字，故未能發覺十年前所說法義有部分錯誤，於第 15 輯付印前重閱時才發覺第 14 輯中有部分錯誤尚未改正。今已重新審閱修改並已重印完成，煩請所有讀者將以前所購第 14 輯初版首刷本，寄回本公司免費換新（初版二刷本無錯誤），本公司將於寄回新書時同時附上您寄書來換新時的郵資，並在此向所有讀者致上最誠懇的歉意。

《心經密意》初版書免費調換二版新書啓事：本書係演講錄音整理成書，講時因時間所限，省略部分段落未講。後於再版時補寫增加 13 頁，維持原價流通之。茲爲顧及初版讀者權益，自 2003/9/30 開始免費調換新書，原有初版一刷、二刷書籍，皆可寄來本公司換書。

《宗門法眼》已經增寫改版爲 464 頁新書，2008 年 6 月中旬出版。讀者原有初版之第一刷、第二刷書本，都可以寄回本公司免費調換改版新書。改版後之公案及錯悟事例維持不變，但將內容加以增說，較改版前更具有廣度與深度，將更能助益讀者參究實相。

換書者**免附回郵**，亦無截止期限；舊書請寄：111 台北郵政 73-151 號信箱 或 103 台北市承德路三段 267 號 10 樓 正智出版社有限公司。舊書若有塗鴨、殘缺、破損者，仍可換取新書；但缺頁之舊書至少應仍有五分之三頁數，方可換書。所有讀者不必顧念本公司是否有盈餘之問題，都請踴躍寄來換書；本公司成立之目的不是營利，只要能眞實利益學人，即已達到成立及運作之目的。若以郵寄方式換書者，免附回郵；並於寄回新書時，由本公司附上您寄來書籍時耗用的郵資。造成您不便之處，再次致上萬分的歉意。

正智出版社有限公司 啓

免費換書公告

2023/7/

《法華經講義》第十三輯初版免費調換新書啓事：本書因謄稿、印製等關人員作業疏失，導致該書中的經文及內文用字將「**親近**」誤植成「清淨」。茲爲顧及讀者權益，自 2017/8/30 開始免費調換新書；敬請所有讀者將以前所購第十三輯初版首刷及二刷本，攜回或寄回本公司免費換新。錯誤更正說明如下：

一、第 256 頁第 10 行~第 14 行：【就是先要具備「**法親近處**」、「**眾生親近處**」；法**親近**處就是在實相之法有所實證，如果在實相法上有所實證，他在二乘菩提中自然也能有所實證，以這個作爲第一個**親近**處——第一個基礎。然後還要有第二個基礎，就是瞭解應該如何善待眾生；對於眾生不要有排斥或者是貪取之心，平等觀待而攝受、親近一切有情。以這兩個**親近**處作爲基礎，來實行其他三個安樂行法。】。

二、第 268 頁第 13 行：【具足了那兩個「**親近處**」，使你能夠在末法時代，如實而圓滿的演述《法華經》時，那麼你作這個夢，它就是如理作意的，完全符合邏輯去完成這個過程，就表示你那個晚上，在那短短的一場夢中，已經度了不少眾生了。

《大法鼓經講義》第一輯初版免費調換二版新書啓事：本書因校對相關人員作業疏失錯失別字，導致該書中的內文 255 頁倒數 5 行有二字錯植而無發現，乃「『**智慧**』的滅除不容易」應更正爲「『**煩惱**』的滅除不容易」。茲爲顧及讀者權益，自 2023/4/1 開始免費調換新書，或請自行更正其中的錯誤之處；敬請所有讀者將以前所購第一輯初版首刷及二刷本，攜回或寄回本公司免費換新。

《涅槃》下冊初版一刷至六刷**免費調換新書啓事**：本書因法義上有少處疏失而重新印製，乃第 20 頁倒數 6 行的「法智忍、法智」更正爲「**法智、類智**」，同頁倒數 4 行的「類智忍、類智」更正爲「**法智忍、類智忍**」；並將書中引文重新標點後重印。敬請讀者攜回或寄回本公司免費換新。

換書者**免附回郵**，郵寄者之回郵由本公司負擔，不需寄來郵票，亦無截止期限；同時對因此而造成讀者閱讀、以及換書的困擾及不便，在此向所有讀者致上最誠懇的歉意，祈請讀者大眾見諒！

正智出版社有限公司 敬啓

圖書館出版品預行編目(CIP)資料

涅 槃 / 平實導師著. -- 初版. --
臺北市 : 正智, 2018.07-2018.09
冊 ; 公分
ISBN 978-986-96548-0-7(上冊 : 平裝)
ISBN 978-986-96548-4-5(下冊 : 平裝)

1. 佛教教理 2. 涅槃

220.126 107009957

涅槃（下冊）

——解說四種涅槃之實證及內涵

作　　者：平實導師
校　　對：王美伶 張善思 編譯組
出 版 者：正智出版社有限公司
電話：〇二 28327495 28316727（白天）
傳眞：〇二 28344822
111 台北郵政 73-151 號信箱
郵政劃撥帳號：一九〇六八二四一
正覺講堂：總機 〇二 25957295（夜間）
總 經 銷：聯合發行股份有限公司
231 新北市新店區寶橋路 235 巷 6 弄 6 號 4 樓
電話：〇二 29178022（代表號）
傳眞：〇二 29156275
初版首刷：二〇一八年九月三十日　二千冊
初版七刷：二〇二三年七月一日　二千冊
定　　價：新台幣三五〇元

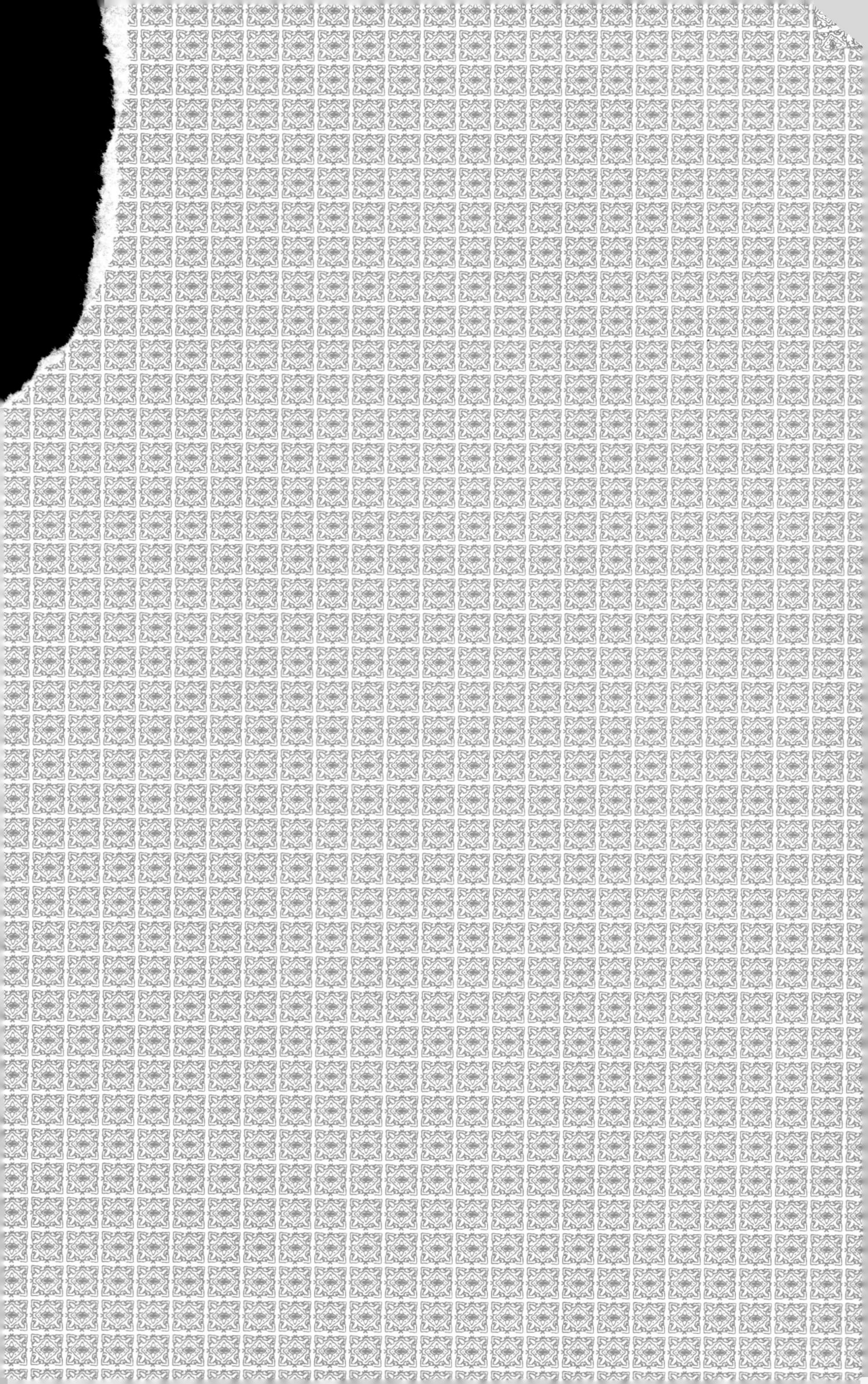